YI GE BU LA
JUEZHAN JUESHENG
TUOPIN GONGJIAN DE
LILUN YU SHIJIAN

一个不落

决战决胜脱贫攻坚的理论与实践

黄承伟 著

广西人民出版社

图书在版编目（CIP）数据

一个不落：决战决胜脱贫攻坚的理论与实践 / 黄承伟著 . — 南宁：广西人民出版社，2021.2
ISBN 978-7-219-10507-8

Ⅰ . ①一…　Ⅱ . ①黄…　Ⅲ . ①扶贫—研究—中国　Ⅳ . ① F126

中国版本图书馆 CIP 数据核字（2020）第 231786 号

总 策 划　韦鸿学　温六零
策　　划　韦向克　周　莉
责任编辑　覃结玲
责任校对　梁小琪　李新楠　文　慧
封面设计　广大迅风艺术
责任排版　李宗娟

出版发行　广西人民出版社
社　　址　广西南宁市桂春路 6 号
邮　　编　530021
印　　刷　广西民族印刷包装集团有限公司
开　　本　787mm × 1092mm　1 / 16
印　　张　16.75
字　　数　266 千字
版　　次　2021 年 2 月　第 1 版
印　　次　2021 年 2 月　第 1 次印刷
书　　号　ISBN 978-7-219-10507-8
定　　价　60. 00 元

我一直惦记着贫困地区的乡亲们，乡亲们一天不脱贫，我就一天放不下心来。我们党是全心全意为人民服务的党，党的一切工作就是要为老百姓排忧解难谋幸福。全面小康路上一个不能少，脱贫致富一个不能落下。要一代接着一代干，既要加快脱贫致富，又要推动乡村全面振兴、走向现代化。

——2018 年 10 月 22 日—25 日，

习近平总书记在广东考察时的讲话

咱们过去闹革命的时候，共产党是穷苦老百姓的党，就立志为老百姓翻身得解放去奋斗。如今，国家发展日新月异，我们回过头来看看，还有没有生活困难的老百姓？现在有条件了，更要帮助贫困群众过上好生活。全面小康路上一个也不能少，每一个贫困群众都要帮扶，这才是共产党。

——2019 年 4 月 15 日—17 日，

习近平总书记在重庆考察时的讲话

目录

/contents/

第一章 世界奇迹

第二章 指导思想

第三章 制度优势

第四章 基本方略

第五章 精准扶贫

第六章 社会动员

第七章 内生动力

第八章 决战决胜

第九章 前景展望

后 记

第一章
世界奇迹

SHIJIE QIJI

一个不落

YI GE BU LA

我们在扶贫脱贫方面取得的成就和经验，为全球减贫事业贡献了中国智慧和中国方案，彰显了中国共产党领导和我国社会主义制度的政治优势，赢得了国际社会高度评价，很多国家和国际组织表示希望分享中国减贫经验。在发展中国家中，只有中国实现了快速发展和大规模减贫同步，贫困人口共享改革发展成果，这是一个了不起的人间奇迹。

——习近平：《在解决"两不愁三保障"突出问题座谈会上的讲话》（2019 年 4 月 16 日）

新中国成立以来的 70 年，是中国人民和中华民族沧桑巨变的 70 年。70 年来，特别是改革开放 40 多年来，中国共产党始终不忘初心、牢记使命，带领中国人民在经济社会发展取得"当惊世界殊"发展成就的同时，实现了贫困人口大幅度减少。党的十八大以来全面打响新时代脱贫攻坚战，贫困人口从 2012 年底的 9899 万人减少到 2019 年底的 551 万人，累计减贫 9348 万人，贫困发生率下降到 0.6%，脱贫攻坚创造了历史上最好的减贫成绩，中华民族千百年来的绝对贫困问题有望得到历史性解决①。近 8 年的精准扶贫、4 年多的脱贫攻坚战实践及其成就表明，中国新时代脱贫攻坚，是中国共产党领导和中国特色社会主义政治制度的有力彰显，是中国发展道路、理论、制度和文化"四个自信"的生动呈现。本章系统回顾中国减贫战略的演进过程，全面总结了脱贫攻坚的重大意义，深刻阐述脱贫攻坚的世界贡献。

① 黄承伟：《脱贫攻坚伟大成就彰显我国制度优势》，《红旗文稿》，2020 年第 8 期。

一、中国减贫战略演进

新中国成立以后，扶贫开发始终是中国共产党和中国政府的重大任务。无论是在社会主义革命和建设时期、改革开放和社会主义现代化建设时期，还是中国特色社会主义新时代，都确定了不同的扶贫战略，制定相应的政策体系，不断推进扶贫开发道路的发展，取得了举世瞩目的减贫成就，为全球减贫事业作出了巨大贡献。

（一）1949—1977年，社会主义革命和建设时期，实施计划经济体制下的广义扶贫战略

新中国成立以后，中国共产党领导人民实行土地改革，对农业、手工业和资本主义工商业进行社会主义改造，开展大规模的社会主义建设。社会主义制度建立、国民经济发展，为从根本上解决中国的贫困问题提供了最基本的制度保证和物质保障。通过大规模的基础设施建设，初步建立起农村供销合作及信用合作系统，形成以“五保”制度和特困群体救济为主的基本社会保障体系，新中国第一次在全国范围内减少了农村贫困现象。

这一时期扶贫开发的战略及政策措施：一是为缓解普遍的绝对贫困提供基本条件，通过在全国范围内开展大规模的基础设施建设、农田水利建设，广大农村灌溉设施和交通条件得到明显改善。同时，加强农村科技服务网络建设，基本覆盖全国所有乡镇的农业技术推广服务网络系统为贫困地区贫困人口提高生产力提供了技术支撑。二是通过全国性农村合作信用体系建设，为缓解贫困改善农村金融服务。三是大力发展农村基础教育和基本医疗保障事业，通过建设农村小学学校和乡村卫生所，实施免费教育和乡村合作医疗、赤脚医生等政策措施，为农村人口发展提供了有力的保障。四是初步建立最基本的农村社会保障体系，这一体系与当时的国家财力及发展水平相适应，主要是“五保”制度和特困群体救济政策两个方面。这一时期的扶贫战略及政策具有两个突出特点：其一是基础性。在基础设施、公共服务及金融、科技服务等方面为缓解贫困提供基础性条件。其二是普惠性。大部分政策措施针对的是所有农村地区。

20世纪50—70年代，城乡居民生活有所改善，但农村贫困问题始终突

出。按照 2010 年标准，1978 年末中国农村贫困人口为 7.7 亿，农村贫困发生率高达 97.5%。20 世纪 50—60 年代普遍性绝对贫困不仅没有缓解，还一度出现了农村大范围饥荒。这一时期，国家扶贫战略为救济式扶贫，也就是自上而下建立完善全国性民政救济系统，重点对边远落后地区、因灾致贫人口和战争伤残人口实施“输血式”生活救济。这种救济式扶贫战略，最大的好处是以救济方式满足贫困人口临界生存的保障性需要，其不足是难以提高贫困人口的发展能力，无法从根本上使贫困人口最终摆脱贫困。

（二）1978—1985 年，实施农村经济体制变革推动减贫战略

这一战略实施的宏观背景是中国开始实施改革开放政策。改革首先从农村开始，最主要的政策措施就是以解放农村生产力为目的，推行以家庭承包经营为基础、统分结合的双层经营体制，实施提高农产品价格、发展农村商品经济等配套改革。农村经济体制的深刻变革，促进了中国农村经济的超常规增长，从而带动贫困人口急剧减少。这一阶段的扶贫战略可以理解为制度减贫，也就是通过建立和完善具有缓解贫困作用的农村制度实现减贫。这些制度主要包括农村土地制度、市场制度以及就业制度、农村金融组织发展制度、劳务输出制度等。制度改革释放的效应，不仅促进了农村经济的快速增长，而且带动了绝对贫困人口的大幅度减少。这一时期，由于自然、历史等多种致贫因素逐渐显现，中国政府及其有关部门制定相应的扶贫政策，开展一系列帮困活动，其主要目的是帮助经济发展明显落后、贫困人口较为密集的地区加快脱贫。其中，1982 年国家启动实施“三西（甘肃定西、河西，宁夏西海固）农业建设计划”，这实际上是中国专项扶贫计划的雏形，拉开了有组织、有计划、大规模扶贫开发的序幕。1984 年国家实施以工代赈，其目的主要是改善贫困地区的基础设施，帮助贫困地区和贫困人口形成生产条件。其主要作用机制是救济对象通过参加必要的社会工程建设获得赈济金或赈济物，即贫困人口要通过出工投劳来获得救济。国家出台了一系列改善农村教育的社会政策，旨在通过加强农村教育，促进农村物质条件改善和农村人力资源开发。1984 年 9 月，中共中央、国务院发布《关于帮助贫困地区尽快改变面貌的通知》，这是中国开展有计划扶贫的基础性文件，标志着国家实施专

项扶贫工作探索全面开始。这一时期扶贫战略政策的主要特点：一是制度改革释放活力，以生产率的提高带动和促进减贫。二是注重人力资源开发对减贫的重要作用，发展农村教育，实施以工代赈项目，为开发式扶贫方针奠定基础。三是“三西”农业建设开展区域扶贫开发实验。

（三）1986—1993年，实施区域开发式扶贫战略

这一时期中国的贫困问题呈现三大特征：一是贫困人口区域集中。贫困人口主要分布在老、少、边、穷地区。二是区域性贫困与群体性贫困并重。农村区域发展不平衡问题开始凸显，特别是老、少、边、穷地区的经济、社会和文化发展水平开始较大落后于沿海发达地区，成为“需要特殊对待的政策问题”。三是贫困问题的综合性突出。区域性贫困以及分布在贫困区域的贫困人口规模大、致贫原因复杂，有组织大规模的帮扶需求明显。与这些特点相适应，中国政府实施区域开发式扶贫战略：（1）把扶贫开发纳入国家发展总体规划，明确把解决大多数贫困地区贫困人口的温饱问题作为中国政府扶贫工作的长期目标。1986年4月第六届全国人民代表大会第四次会议通过的《中华人民共和国国民经济和社会发展第七个五年计划》，将“老、少、边、穷地区的经济发展”单列一章。（2）成立专门扶贫机构——国务院贫困地区经济开发领导小组，原来的道义式扶贫转向制度性扶贫，为农村扶贫开发逐步实现规范化、机构化、制度化进行机构安排。这一时期扶贫战略政策的主要特点集中体现在两个关键词上：一是“区域发展带动”。战略政策制定的重点就是以区域开发带动扶贫。在实践过程中，一些贫困地区开发式扶贫从“促进区域经济增长带动扶贫”战略演变为“贫困地区工业化项目投资”战略。实践证明，这种方式总体上有利于县域经济的发展，但缺乏与贫困农户的直接联系。二是“开发式扶贫”。强调扶贫开发要注重开发贫困人口的人力资源，把物质资源开发和贫困群众开发利用资源、市场的能力集合起来。总体而言，尽管这一时期的措施发挥了一定效果，但由于同期农村经济增速减缓，加之剩余贫困人口脱贫难度增加，与前一时期相比，这一时期贫困人口的比例下降速度有所减缓，返贫现象有所增加。

（四）1994—2000年，实施综合性扶贫攻坚战略

这一时期扶贫战略政策的主要内容和特点体现在三个方面：一是国务院1994年3月颁布《国家八七扶贫攻坚计划》。这是有明确目标、任务、一揽子扶贫政策措施的国家级扶贫计划。明确要求集中人力、物力、财力，用7年左右的时间，基本解决8000万农村贫困人口的温饱问题。提出以贫困村为基本单位，以贫困户为主要工作对象，以扶持贫困户创造稳定解决温饱的条件发展种养业为重点，坚持扶持到村到户，坚持多渠道增加扶贫投入。该计划围绕扶贫资金安排、扶贫项目实施制定了一系列确保扶贫开发到村到户的措施。促进扶贫开发工作由道义性扶贫向制度性扶贫转变，由救济性扶贫向开发性扶贫转变，由扶持贫困地区（主要是贫困县）向扶持贫困村、贫困户转变，并较大幅度增加了扶贫资金。二是国家在宏观经济政策中明确提出加快中西部地区的经济发展计划。该计划实际上将扶贫到户与促进中西部地区经济发展的宏观政策相结合，对缓解农村贫困产生了积极影响。三是构建综合扶贫战略政策体系。中央人民政府大幅度增加扶贫开发投入，明确资金、任务、权利、责任“四个到省”的扶贫工作责任制。建立东部沿海地区支持西部欠发达地区的扶贫协作机制。推行入户项目支持、最低生活救助、科技扶贫、劳动力转移、生态移民等多元化扶贫措施。2000年，中国政府宣布“八七扶贫攻坚计划”确定的战略目标基本实现，全国农村贫困人口的温饱问题基本解决。

（五）2001—2012年，实施整村推进与“两轮驱动”扶贫战略

这一时期扶贫战略主要体现在《中国农村扶贫开发纲要（2001—2010年）》和《中国农村扶贫开发纲要（2011—2020）》的政策制定和实施安排上。第一个十年扶贫纲要在中西部地区确定592个国家扶贫开发重点县，把贫困瞄准重心下移到村，全国范围内确定了15万个贫困村，战略政策主要以整村推进、产业发展、劳动力转移为重点进行构建与实施，贫困人口继续减少。2007年，以全国全面实施农村最低生活保障制度为标志，中国的扶贫开发进入扶贫开发政策与最低生活保障制度衔接的“两轮驱动”阶段。第二个十年扶贫纲要体现的扶贫战略意图和政策构建重点是，确定了14个集中连片

特困地区。扶贫开发的重点范围覆盖14个集中连片特困地区、592个国家扶贫开发重点县，继续坚持开发式扶贫方针、坚持扶贫到村到户。这一时期扶贫开发成效明显：一方面，大多数贫困群体的温饱问题得以解决；另一方面，扶贫开发对促进国民经济持续健康发展，缓解区域、城乡差距扩大趋势，作出了重要贡献。

（六）2013年至今，实施精准扶贫精准脱贫方略

以中国共产党第十八次全体代表大会召开为标志，中国发展进入新时代。以习近平同志为核心的党中央，把扶贫开发摆在治国理政的突出位置。习近平总书记提出一系列扶贫开发的新思想新观点，作出一系列新部署，形成了习近平扶贫重要论述。在习近平扶贫重要论述指引下，2015年10月召开的党的十八届五中全会作出“打赢脱贫攻坚战”的决定。新时代脱贫攻坚是中国扶贫开发的新发展，中国扶贫开发战略政策体系呈现新时代特点：一是确定全新扶贫目标，即到2020年“现行标准下农村贫困人口实现脱贫，消除绝对贫困；贫困县全部摘帽，解决区域性整体贫困”。这一目标既符合国情，又与国际接轨，脱贫标准略高于国际水准。二是确定基本方略，即精准扶贫精准脱贫方略。这一方略是一整套全新的贫困治理体系，其核心内容集中体现在做到“六个精准”，即扶持对象精准、项目安排精准、资金使用精准、措施到户精准、因村派人精准、脱贫成效精准；实施“五个一批”，即发展生产脱贫一批、易地搬迁脱贫一批、生态补偿脱贫一批、发展教育脱贫一批、社会保障兜底一批；解决好“四个问题”，即扶持谁、谁来扶、怎么扶、如何退。三是坚持发挥中国共产党领导的政治优势和社会主义集中力量办大事的制度优势，构建省市县乡村五级抓扶贫、层层落实责任制的治理格局。四是坚持广泛动员全社会力量，支持和鼓励全社会采取灵活多样的形式参与扶贫。五是坚持创新扶贫开发机制，为贫困人口贫困村建档立卡，向贫困村派驻第一书记和工作队，出台一系列精准扶贫政策，为脱贫攻坚源源不断地释放改革红利。六是扶贫同扶志、扶智相结合。始终注重贫困人口内生动力的激发及培育。这一时期，贫困地区基本公共服务体系建设加快推进，城乡基本养老保险制度全面建立，具有减贫兜底功能的社会保障体系日益完善。

二、脱贫攻坚的重大意义

党的十八大以来，以习近平同志为核心的党中央把脱贫攻坚摆在治国理政突出位置，纳入“五位一体”总体布局、“四个全面”战略布局进行部署。习近平总书记亲自谋划、亲自挂帅、亲自督战，全党全国全社会动员起来，以2020年彻底消除绝对贫困为主要目标，全面实施精准扶贫精准脱贫方略，建立完善脱贫攻坚制度体系，深入推进脱贫攻坚战。经过近5年脱贫攻坚、7年多精准扶贫，中国创造了人类减贫史上的奇迹。2012年至今，中国连续7年每年减贫1000万人以上，到2019年底，全国贫困人口减到551万人，贫困发生率降至0.6%①。截至2020年5月中旬，全国832个贫困县中已有780个县宣布摘帽，目前还剩下52个未摘帽贫困县，区域性整体贫困基本得到解决②。脱贫攻坚大幅度提高了贫困群众收入水平。2013年至2019年，832个贫困县农民人均可支配收入由6079元增加到11567元，年均增长9.7%，比同期全国农民人均可支配收入增幅高2.2%。全国建档立卡贫困户人均纯收入由2015年的3416元增加到2019年的9808元，年均增幅30.2%③。贫困群众“两不愁”质量水平明显提升，“三保障”突出问题总体解决。脱贫攻坚明显改善了贫困地区基本生产生活条件。具备条件的建制村全部通硬化路，村村都有卫生室和村医，义务教育薄弱学校的办学条件得到改善，农网供电可靠率、深度贫困地区贫困村通宽带比例接近百分之百，近千万贫困人口通过易地扶贫搬迁摆脱了“一方水土养活不了一方人”的困境。贫困地区群众出行难、用电难、上学难、看病难、通信难等长期没有解决的老大难问题普遍解决，义务教育、基本医疗、住房安全有了保障。脱贫攻坚目标的实现，意味着现行标准下农村贫困人口全部脱贫，贫困县全部摘帽，区域性贫困问题得到解决，完成了全面建成小康社会的底线任务，确保了小康社会的成色。

---

① 习近平：《坚决克服新冠肺炎疫情影响　坚决夺取脱贫攻坚战全面胜利》，《人民日报》2020年3月7日。

② 黄俊毅：《脱贫攻坚目标任务和进度不变　全国832个贫困县中已有780个宣布摘帽》，据中国经济网：http://www.ce.cn/xwzx/gnsz/gdxw/202005/19/t20200519_34934055.shtml。

③ 习近平：《坚决克服新冠肺炎疫情影响　坚决夺取脱贫攻坚战全面胜利》，《人民日报》2020年3月7日。

脱贫攻坚战的伟大胜利，具有多重重大意义。认识和总结脱贫攻坚的意义，既要体现脱贫攻坚目标任务完成的直接效果，更要总结由此产生的间接影响，还要客观分析其形成的多重溢出效应。既要总结物质层面的成效，又要呈现其在促进国家治理体系和治理能力现代化进程的贡献。既要看到打赢脱贫攻坚战给贫困地区发展带来的巨大变化，又要看到脱贫攻坚为贫困地区开启新征程奠定的坚实基础。具体可以从历史、政治、实践、理论和国际维度认识。

（一）从历史维度看，脱贫攻坚目标完成是全面建成小康社会的标志性指标，中华民族千百年来的绝对贫困问题有望得到历史性解决

习近平总书记指出："党中央把贫困人口脱贫作为全面建成小康社会的底线任务和标志性指标。"① "没有农村和欠发达地区的全面小康，就没有全国的全面小康，没有人掉队的小康才是真的全面建成小康社会。"② "全面小康是全体中国人民的小康，不能出现有人掉队。"③ 这些论述，深刻指出了全面建成小康社会，最艰巨最繁重的任务在农村特别是农村贫困地区，只有把这块全面建成小康社会的最大短板补齐，才能确保全面建成小康社会的成色。如期打赢脱贫攻坚战将在中华民族几千年历史发展中首次整体消除绝对贫困现象④，实现中国人民苦苦追求的解决贫困、实现小康的伟大梦想，足以载入中华民族乃至人类社会发展史册⑤。从更高意义上讲，脱贫攻坚关系全体中国人民福祉，关系中华民族伟大复兴，关系社会主义现代化强国战略目标的实现。只有打赢脱贫攻坚战，全面建成小康社会，才能向中华民族伟大复兴迈出关键一步⑥。

---

① 《强化支撑体系加大政策倾斜　聚焦精准发力攻克坚中之坚》，《人民日报》2017年6月25日。

② 中共中央宣传部：《习近平总书记系列重要讲话读本》，学习出版社、人民出版社，2016。

③ 习近平：《携手消除贫困　促进共同发展——在2015减贫与发展高层论坛的主旨演讲》，《人民日报》2015年10月17日。

④ 黄承伟：《深刻认识打赢脱贫攻坚战的伟大意义》，《光明日报》，2018年9月25日。

⑤ 唐任伍：《脱贫攻坚：中国方案、中国经验和中国贡献》，据人民论坛网：http://www.rmlt.com.cn/2020/0116/566873.shtml。

⑥ 吴传毅：《决战决胜脱贫攻坚彰显制度优势》，《光明日报》2020年3月11日。

（二）从政治维度看，打赢脱贫攻坚战是中国共产党的执政宗旨、政治优势和制度优势的充分彰显，进一步坚定了中国特色社会主义的道路自信、理论自信、制度自信和文化自信①

首先，脱贫攻坚是社会主义本质要求的重要体现。“消除贫困、改善民生、实现共同富裕，是社会主义的本质要求，是我们党的重要使命。改革开放以来，经过全国范围有计划有组织的大规模开发式扶贫，我国贫困人口大量减少，贫困地区面貌显著变化，但扶贫开发工作依然面临十分艰巨而繁重的任务，已进入啃硬骨头、攻坚拔寨的冲刺期。”②“贫穷不是社会主义。如果贫困地区长期贫困，面貌长期得不到改变，群众生活长期得不到明显提高，那就没有体现我国社会主义制度的优越性，那也不是社会主义。”③习近平总书记从社会主义本质要求、中国特色社会主义制度优越性的高度，指出了脱贫攻坚的重大政治意义，阐明了做好扶贫开发工作、坚决打赢脱贫攻坚战的重要性紧迫性，实际上是要求全党必须增强打赢脱贫攻坚战的责任感和使命感，为全国全社会参与脱贫攻坚奠定了思想基础。

其次，到2020年现行标准下的农村贫困人口全部脱贫是中国共产党向全国人民和国际社会作出的郑重承诺。“让各族群众都过上好日子，是我一直以来的心愿，也是我们共同奋斗的目标。”④“人民对美好生活的向往，就是我们的奋斗目标。”⑤“让老百姓过上好日子是我们一切工作的出发点和落脚点。”⑥习近平总书记从中国共产党初心使命、以人民为中心的发展思想的高度，深刻指出了打赢脱贫攻坚战是中国共产党执政为民、使发展成果更多更公平惠及全体人民的生动实践，是马克思主义政党执政宗旨和价值追求的生动呈现，是中国共产党人深厚的人民情怀的生动体现。

---

① 唐任伍：《脱贫攻坚：中国方案、中国经验和中国贡献》，据人民论坛网：http://www.rmlt.com.cn/2020/0116/566873.shtml。

② 《习近平：确保农村贫困人口到2020年如期脱贫》，据新华网：http://www.xinhuanet.com/politics/2015－06/19/c_1115674737.htm。

③ 习近平：《在党的十八届二中全会第二次全体会议上的讲话》（2013年2月28日），载《习近平扶贫论述摘编》，中央文献出版社，2018，第5页。

④ 2019年4月10日，习近平总书记给云南省贡山县独龙江乡的回信。

⑤ 2012年11月15日，习近平总书记在十八届中央政治局常委同中外记者见面时的讲话。

⑥ 2013年8月28日至31日，习近平总书记在辽宁考察时的讲话。

（三）从实践维度看，脱贫攻坚实践和贫困治理进程中形成的相应制度安排、实践策略和有效经验，进一步完善和提升了中国国家治理体系与治理能力，为国家治理体系和治理能力现代化提供了成功的创新案例和经验示范①

脱贫攻坚明显加快了贫困地区经济社会发展进程，为后发展地区缩小与发达地区的发展差距奠定基础。中国贫困地区坚持以脱贫攻坚统揽经济社会发展全局，贫困地区呈现出新的发展局面。国家为实现“两不愁三保障”和安全饮水，持续加大对贫困地区投入力度。据不完全统计，2013年以来，财政专项扶贫资金、涉农整合资金、易地扶贫搬迁和危房改造资金、政府债券、小额信贷、扶贫贷款以及社会扶贫资金逐年增加，年均投入过万亿元②，主要用于投资基础设施、住房改造和产业发展，加上对上下游的拉动，扶贫投资实际将带动数万亿社会总投资，在带动贫困地区经济增长和实现结构调整方面产生积极影响。实施精准扶贫方略，明显拓宽了贫困家庭的增收渠道。如发展产业、转移就业实现增收，安排生态护林员、护草员、保洁员、治安员等公益岗位实现增收，对无业可帮、无力可扶的贫困户通过综合性保障兜底措施实现增收，农村地区基础设施和公共服务条件改善带动非贫困农户实现发展增收。农村居民收入增加必然促进地区消费结构升级，促进消费总需求直接增加。加上贫困地区道路、网络宽带、电力、学校、医院等基础设施和公共服务设施建设不断提升，农村居民对汽车、冰箱等生产生活用品以及教育、娱乐服务消费品需求会逐步提高。这些变化既为推进供给侧结构性改革提供了空间，也为拉动宏观经济高质量增长提供新的广阔市场和动力③。在基础设施和公共服务设施改善的同时，特色产业不断壮大，产业扶贫、电商扶贫、光伏扶贫、旅游扶贫等较快发展，促进了优质产品和服务的供给，明显增强了贫困地区经济活力和发展后劲。生态扶贫、易地扶贫搬迁、退耕还林还草等政策措施实施，不仅明显改善了贫困地区生态环境，拓宽了原生态特色产品转化为农民增收

① 张琦：《打赢脱贫攻坚战是治理能力现代化的成功实践》，据人民论坛网：http://www.rmlt.com.cn/2020/0127/566878.shtml。

② 贾希为：《脱贫攻坚是一场伟大革命》，《前线》2020年第2期。

③ 同上。

的来源，还增加了优质产品和服务的有效供给。脱贫攻坚带来上述多个方面的良性改变，为实现贫困地区公共服务均等化和缓解区域发展不均衡问题奠定了坚实基础。

脱贫攻坚明显提升了乡村治理能力，有力促进了国家贫困治理体系和治理能力现代化。中国共产党推进抓党建促脱贫攻坚，通过组织开展贫困识别、精准帮扶、贫困退出，基层组织建设得到加强，基层党组织的战斗堡垒作用和共产党员的先锋模范作用得到充分发挥，农村基层党组织凝聚力和战斗力明显增强，农村基层治理能力和管理水平明显提高，党群干群关系更加密切，巩固了党在农村的执政基础。2015 年以来，全国共派出 25.5 万个驻村工作队、累计选派 290 多万名县级以上党政机关和国有企事业单位干部到贫困村和软弱涣散村担任第一书记或驻村干部，目前在岗 91.8 万人，为打通精准扶贫政策落地的“最后一公里”奠定了基础①。在 2020 年初突发的新冠肺炎疫情防控中，贫困地区基层干部展现出较强的战斗力，许多驻村工作队拉起来就是防“疫”队、战“疫”队，呈现了干部经受脱贫工作历练的成果。脱贫攻坚促进了全社会合力攻坚良好局面的形成。东西部扶贫协作，产生了助力西部地区脱贫攻坚和区域协调发展的效果。定点扶贫畅通了党政军机关特别是中央国家机关了解农村与贫困地区的渠道，推进了干部作风转变，成为锻炼培养干部的重要平台。政府、市场、社会协同推进的大扶贫格局的形成，为贫困治理体系完善营造了环境和氛围。脱贫攻坚建立了中国特色脱贫攻坚制度体系，包括与“中央统筹、省负总责、市县抓落实”体制机制相适应，在各负其责基础上合力脱贫攻坚的责任体系；针对多维致贫因素、形成政策“组合拳”的政策体系；确保扶贫投入力度与打赢脱贫攻坚战要求相适应的投入体系；发挥社会主义制度集中力量办大事优势的社会动员体系；确保中央决策部署落地落实的督查体系；体现最严格的考核评估要求，确保真扶贫、扶真贫、真脱贫的考核体系。脱贫攻坚制度体系既为打赢脱贫攻坚战提供了坚实的制

---

① 习近平：《坚决克服新冠肺炎疫情影响　坚决夺取脱贫攻坚战全面胜利》，《人民日报》2020 年 3 月 7 日。

度支撑和保障，也为国家贫困治理体系形成奠定基础。为解决“扶持谁”的问题，实施精准识别，建档立卡，不断提高贫困识别的准确率。为解决好“谁来扶”的问题，开展驻村帮扶，解决了精准扶贫“最后一公里”的问题。为解决好“怎么扶”的问题，实施“五个一批”工程，保证精准扶贫扶到点上、扶到根上。为解决好“如何退”的问题，制定退出标准和程序，制订脱贫年度计划和滚动规划，开展第三方评估，保持政策稳定。精准扶贫工作机制的创新与完善，促进了国家贫困治理体系和治理能力现代化。

脱贫攻坚注重扶贫同扶志、扶智相结合，不断提升贫困家庭内生脱贫动力。中国共产党作为马克思主义政党，始终坚持以人民为中心的发展思想，始终把人民作为贫困治理的根本动力、参与主体和受益群体，始终坚持把让贫困人口有实实在在的获得感作为脱贫攻坚的直接目标，把激发贫困群众内生动力作为脱贫攻坚的根本目标。在受到突如其来的新冠肺炎疫情影响的情况下，中国共产党依然向人民表达了兑现承诺的坚定决心。习近平总书记在决战决胜脱贫攻坚座谈会上强调，到 2020 年现行标准下的农村贫困人口全部脱贫，是党中央向全国人民作出的郑重承诺，必须如期实现，没有任何退路和弹性①。这无疑极大增强了中国人民打赢脱贫攻坚战的必胜信心。大力实施教育扶贫、健康扶贫，增加了贫困家庭人力资本的积累，提高了其人力资本的质量。通过加强对贫困群众的技能培训、思想引导，增强其脱贫意愿、信心和能力。通过实施控辍保学，提高义务教育巩固率，切断贫困代际传递。同时，坚持脱贫攻坚靠人民，在推进脱贫攻坚中，注重扶贫同扶志、扶智相结合，树立脱贫光荣、扶贫光荣的良好风尚；加强对贫困家庭劳动力技能培训和转移就业服务，促进贫困群众就地就近就业；推行扶贫资金项目公告公示制度，扶贫资金分配在中央部门和省市县本级公告，扶贫项目要求在乡村公示，在年度考核和脱贫退出时了解贫困户和非贫困户的满意度，从制度上保证了农村群众的知情权、参与

① 习近平：《坚决克服新冠肺炎疫情影响 坚决夺取脱贫攻坚战全面胜利》（2020 年 3 月 6 日），《人民日报》2020 年 3 月 7 日。

权和监督权；抓好农村精神文明建设和移风易俗，抵制陈规陋习，激发内生动力等，最大限度地激发了广大贫困人口参与生产发展的积极性、主动性和创造性，培育提升贫困群众可持续的内生脱贫动力。

（四）从理论维度看，脱贫攻坚战的伟大成就不仅彰显了中国共产党领导和中国特色社会主义的政治制度优势，也彰显了中国共产党的治理能力

脱贫攻坚伟大成就彰显的中国政治制度优势，主要体现在：一是坚持党对脱贫攻坚的全面领导。习近平总书记亲自挂帅出征高位推进，省市县乡村五级书记抓扶贫，强化“中央统筹、省负总责、市县抓落实”的管理机制，发挥村党组织在脱贫攻坚中的战斗堡垒作用。二是坚持以人民为中心的发展思想。明确目标任务，确定精准方略；出台一系列专项政策和超常规举措；建立脱贫攻坚制度体系，提供制度保障。聚焦“三区三州”（西藏自治区，青海、四川、甘肃、云南四省藏区，南疆和田地区、阿克苏地区、喀什地区、克孜勒苏柯尔克孜自治州四地区和四川凉山州、云南怒江州、甘肃临夏州）等深度贫困地区。实施挂牌督战，巩固脱贫成果。三是坚持精准扶贫方略。做到扶持对象精准、项目安排精准、资金使用精准、措施到户精准、因村派人精准、脱贫成效精准“六个精准”。实施发展生产脱贫一批、易地搬迁脱贫一批、生态补偿脱贫一批、发展教育脱贫一批、社会保障兜底一批“五个一批”脱贫工程。解决好扶持谁、谁来扶、怎么扶、如何退等“四个问题”。四是坚持完善大扶贫格局。充分发挥政府在脱贫攻坚中的主体和主导作用，持续加大各行各业扶贫力度，包括东西部扶贫协作、中央国家机关定点帮扶、军队扶贫、民营企业扶贫、社会组织扶贫、公民个人扶贫的中国特色社会扶贫体系不断丰富发展。五是坚持激发脱贫内生动力。尊重贫困群众脱贫攻坚的主体地位，多措并举激发内生动力，坚持外部帮扶与内生动力结合，注重贫困地区基层干部的能力建设和素质培养。六是坚持较真碰硬考核评估。建立完善科学的考核评估体系，综合运用考核评估结果，建设完备的监督体系。

脱贫攻坚的伟大实践及成就，同样彰显了中国共产党在组织领导、改革创新、社会动员和贯彻落实等方面的卓越能力。脱贫攻坚中党的组织领

导能力集中体现在党的领导核心高度重视和亲自指挥，党中央建立并完善脱贫攻坚的责任体系，层层压实脱贫责任。主要通过完善“中央统筹、省负总责、市县抓落实”的扶贫管理体制、建立并完善五级书记一起抓扶贫的领导责任体制、建立并完善全党全社会广泛参与的帮扶责任体制三个方面实现。脱贫攻坚在扶贫理论、扶贫方略、脱贫攻坚制度体系、精准扶贫工作机制等方面的重大创新，彰显了中国共产党的改革创新能力。中国共产党在脱贫攻坚战中的社会动员能力集中体现在不断强化社会动员和宣传体系建设，凝聚了全社会参与的新社会扶贫格局。各地各部门的贯彻落实能力实际上构成了中国共产党执政能力的重要内容，主要体现在增加投入、完善政策、严格考核、加强监督、作风能力建设等方面。

（五）从国际维度看，中国脱贫攻坚为全球减贫作出重大贡献，不仅创造了中国历史上的奇迹，也创造了世界历史上的奇迹，对于发展中国家的反贫困行动以及整个人类的生存与发展也都具有深远的影响

“中国是全球最早实现千年发展目标中减贫目标的发展中国家，为全球减贫事业作出了重大贡献。”① “消除贫困是人类的共同使命。中国在致力于自身消除贫困的同时，始终积极开展南南合作，力所能及向其他发展中国家提供不附加任何政治条件的援助，支持和帮助广大发展中国家特别是最不发达国家消除贫困。”② 习近平总书记从携手共建一个没有贫困、共同发展的人类命运共同体的全球视野，深刻揭示了脱贫攻坚对于实现人类更好发展的意义，中国减贫不仅解决好自身贫困问题，也必将为全球减贫贡献中国智慧、中国方案，这实际上是为深化国际减贫合作、展现大国责任担当指明了方向。

中国成为对世界减贫作出最大贡献的国家，同时作为负责任的大国，中国一直推动和倡导坚持减贫和共享发展、构建人类命运共同体，如期完成脱贫攻坚目标，能够为其他国家注入强大的信心，为增进各国民生福祉作出新

① 习近平：《携手消除贫困　促进共同发展——在 2015 减贫与发展高层论坛的主旨演讲》，《人民日报》2015 年 10 月 17 日。

② 同上。

贡献，提供新示范[①]。精准扶贫、脱贫攻坚的中国经验和中国方案，对于推动广大发展中国家加快摆脱贫困[②]，特别是给世界上那些既希望加快发展又希望保持自身独立性的国家和民族提供了一种崭新的选择。此外，中国消除了绝对贫困，就可以在自己力所能及的范围内援助发展中国家[③]，这些都将对整个人类社会反贫困作出更大贡献。

在全球仍有 7 亿极端贫困人口的情况下，国际社会对中国的减贫成就经验尤为关注。各界国际人士从不同角度充分肯定中国新时代脱贫攻坚成就及其重大意义贡献。代表性观点如下：虽然新冠肺炎疫情在中国和世界各地肆虐，但是中国共产党并未放弃 2020 年现行标准下农村贫困人口全部脱贫等目标任务，这是中国共产党和中国政府决心的体现，也是中国人民对自身发展道路信心的体现。中国共产党的基层干部对党中央的决策部署落实积极、具体，这得益于中国共产党内部的凝聚力、执行力，也得益于中国高效的政治体制，从 2012 年到 2019 年底，短短 7 年多的时间，中国有 9000 多万贫困人口实现脱贫，世界上没有另外一个国家能做到这一点。许多国家特别是发展中国家都在研究学习中国的减贫经验。中国追求的发展不是仅国内生产总值的快速增长，而是将发展与减贫紧密联系，着力增进民生福祉。在这一点上，中国是世界各国特别是广大发展中国家的榜样。中国的脱贫攻坚目标任务接近完成，证明中国制度和治理模式具有优越性[④]。世界经济论坛总裁博尔格·布伦德表示，“在人类历史上，我们从未看到有那么多人摆脱了极端贫困”，“这是中国的一个伟大成就”[⑤]。

中国减贫的成功经验在于持续快速的经济增长、创造大量就业、经济增长成果为人民所共享。每个国家都有其特有的国情和发展道路，中国显然找

---

① 张琦：《以更大决心更强力度推进脱贫攻坚》，《光明日报》2020 年 3 月 10 日。

② 杨秋宝：《精准扶贫、脱贫攻坚的突出成就和重大意义》，《经济日报》2017 年 9 月 19 日。

③ 唐任伍：《脱贫攻坚：中国方案、中国经验和中国贡献》，据人民论坛网：http://www.rmlt.com.cn/2020/0116/566873.shtml。

④ 张朋辉等：《“推动人类共同的发展事业不断进步”——国际人士坚信中国将如期完成脱贫攻坚目标任务》，《人民日报》2020 年 3 月 8 日。

⑤ 《书写全球减贫史重要篇章（和音）——世界瞩目中国“两会时间”》，《人民日报》2020 年 5 月 27 日。

到了一条适合自己的发展道路，这让中国人民享受到发展成果，也给其他发展中国家带来信心和启示。中国切实有效的举措让数亿人摆脱贫困，中国的减贫经验为世界带来福祉。作为最大的发展中国家，中国如期实现全面脱贫，对广大发展中国家来说是一个巨大鼓舞。中国与广大发展中国家分享自己的精准扶贫等经验，有助于发展中国家更快更好地摆脱贫困，有力推动实现联合国 2030 年可持续发展议程目标①。

三、脱贫攻坚的世界贡献

2020 年脱贫攻坚任务完成后，中国将有 1 亿左右贫困人口实现脱贫，提前 10 年实现联合国 2030 年可持续发展议程的减贫目标，书写世界反贫困史上的伟大传奇。中国新时代脱贫攻坚极大坚定了全球减贫的决心信心，习近平扶贫重要论述引领大规模的脱贫攻坚成功实践展示了全球减贫的中国智慧，精准扶贫精准脱贫方略为全球减贫提供了中国方案。

（一）中国脱贫攻坚战为全球减贫事业作出了中国贡献，为发展中国家政府开展减贫树立了标杆

从减贫速度看，中国明显快于全球。世界银行发布的数据显示，按照每人每天 1.9 美元的国际贫困标准，从 1981 年末到 2015 年末，我国贫困发生率累计下降了 87.6%，年均下降 2.6%，同期全球贫困发生率累计下降 32.2%，年均下降 0.9%。特别是 2013 年实施精准扶贫以来，平均每年减少贫困人口 1300 多万，7 年减少 9300 多万②。加快了全球减贫进程，为其他发展中国家树立了标杆，提供了榜样，坚定了全世界消除贫困的信心。在中国精准扶贫的实践中，政府是贫困识别、贫困干预、贫困退出以及脱贫成效评估等减贫全过程的主导性主体。在脱贫攻坚战中，中国政府加大财政专项投

---

① 张朋辉等：《“推动人类共同的发展事业不断进步”——国际人士坚信中国将如期完成脱贫攻坚目标任务》，《人民日报》2020 年 3 月 8 日。

② 黄承伟：《充分认识习近平总书记关于精准扶贫精准脱贫基本方略的重大意义》，《党建》2020 年第 6 期。

入，通过“中央统筹、省负总责、市县抓落实”多层级政府间合力协作制度安排提升政府扶贫整体效能，激发并形成扶贫合力，不断完善政府、市场、社会互动和专项扶贫、行业扶贫、社会扶贫联动的大扶贫格局，凝聚摆脱贫困的强大动力。中国政府发挥减贫主导作用为全球应对经济增长带动减贫普遍弱化的挑战树立了典范。

（二）习近平扶贫论述是中国新时代脱贫攻坚最大的理论成果，为全球减贫事业贡献了中国智慧

习近平扶贫论述是习近平新时代中国特色社会主义思想的重要组成部分，是马克思主义反贫困理论中国化的最新成果，是中国特色减贫道路的最新发展，是打赢脱贫攻坚战的根本遵循。习近平扶贫论述具有丰富内涵：一是坚持把脱贫攻坚摆在治国理政的重要位置。把新时代扶贫开发的战略定位提高到新的高度，为制定新时代脱贫攻坚顶层设计、体制机制创新奠定了思想基础。二是始终坚持党对脱贫攻坚的领导。充分发挥社会主义集中力量办大事的制度优势，五级书记抓扶贫，实行“中央统筹、省负总责、市县抓落实”的管理体制机制。三是坚持精准方略。做到“六个精准”基本要求，实施“五个一批”的脱贫路径，达到切实解决扶持谁、谁来扶、怎么扶、如何退“四个问题”的根本目的。四是坚持加大投入管好用好扶贫资金。改革财政扶贫资金使用管理机制，完善扶贫资金项目公告公示制度，做到阳光化管理。五是坚持广泛动员社会参与脱贫攻坚。不断加大社会扶贫工作力度，凝聚更大扶贫合力。六是坚持从严要求促进真抓实干。把扶贫工作的从严要求和干部作风治理结合起来，把精准扶贫精准脱贫过程和国家贫困治理体系和治理能力现代化结合起来。七是坚持群众主体激发内生动力。尊重贫困群众的主体地位和首创精神，把激发扶贫对象的内生动力摆在突出位置，扶贫同扶志、扶智相结合，充分发挥第一书记、驻村工作队的作用，把贫困群众的积极性调动起来，把他们自力更生的精神激发出来，不断提高他们共享发展成果的能力。八是坚持携手消除贫困、共建人类命运共同体的价值取向。在致力于自身消除贫困的同时，始终积极开展南南合作，力所能及地向其他发展中国家提供不附加任何政治条件的援助，支持和帮助广大发展中国家特别是最不发达国家消除贫困。在习近平扶贫论述指引下，中国脱贫攻坚的决定性成就证明了这套思想体系的科学性、普遍性、指导性，成为全球减贫治理中国智慧的核心内容。

（三）中国精准扶贫方略的成功实践，为解决贫困治理等一系列世界难题提供了中国方案

按照精准扶贫方略的顶层设计，中国逐步形成和完善了自上而下（指标规模控制、分级负责、逐级分解）与自下而上（村民民主评议）相结合的精准识别机制，对国际减贫瞄准方法的完善具有积极意义。围绕解决好扶持谁、谁来扶、怎么扶、如何退“四个问题”构建的精准扶贫精准脱贫基本方略落实的工作机制，为解决一系列贫困治理难题提供了方法。此外，精准扶贫精准脱贫基本方略不仅强调中国共产党领导的政治优势和社会主义制度集中力量办大事的制度优势，也强调要发挥脱贫主体的能动性，智、志双扶，从而激发脱贫内生动力。其中包含的内源式扶贫、合力扶贫、制度扶贫等理论及实践，对于为国际贫困治理理论创新提供借鉴，对于推动广大发展中国家加快摆脱贫困的进程，都有重要作用。联合国秘书长古特雷斯曾高度肯定中国的减贫方略，他指出：“精准减贫方略是帮助最贫困人口、实现 2030 年可持续发展议程宏伟目标的唯一途径。中国已实现数亿人脱贫，中国的经验可以为其他发展中国家提供有益借鉴。”① 可以说，中国巨大的减贫成就坚定了全球减贫信心，而中国精准扶贫精准脱贫基本方略的设计及其实践为全球减贫提供了中国方案。

---

① 《扶贫开发持续强力推进脱贫攻坚取得历史性重大成就——新中国成立 70 周年经济社会发展成就系列报告之十五》，网址：http://www.gov.cn/xinwen/2019—08/12/content_5420656.htm。

案例：贵州即将彻底撕掉千百年来绝对贫困的标签

贵州是全国脱贫攻坚主战场之一。习近平总书记非常关心贵州脱贫攻坚工作，多次作出重要指示，要求贵州“尽锐出战、务求精准，确保按时打赢脱贫攻坚战”。贵州牢记嘱托、感恩奋进，坚持以脱贫攻坚统揽经济社会发展全局，持续开展“春风行动”“夏秋攻势”“秋后算账”“冬季充电”，开展两轮“五个专项治理”，推动脱贫攻坚连战连胜、再战再捷。党的十八大以来，全省累计减少贫困人口892万，贫困发生率降至0.85%，57个县摘帽退出，由全国贫困人口最多的省份成为全国减贫人数最多的省份，成为中国新时代脱贫攻坚恢宏成功实践的缩影。

一是“组组通”硬化路惠及千万群众。贵州山地和丘陵占总面积的92.5%，交通出行难是决胜脱贫攻坚突出的短板之一。贵州在西部地区率先实现县县通高速基础上，在全国率先启动农村“组组通”硬化路三年大决战，全面建成7.87万公里农村“组组通”硬化路，实现3.99万个30户以上自然村寨100%通硬化路，惠及1200万农村人口，彻底解决了长期制约贵州农村发展的交通瓶颈问题。

二是易地扶贫搬迁改变了188万农村群众的世代命运。2015年6月，习近平总书记在贵州考察调研时强调，要对“一方水土养不起一方人”地方的贫困人口实施易地搬迁。贵州采取超常规举措，开展贵州历史上规模空前的易地扶贫搬迁工作，探索“六个坚持”，做好搬迁“前半篇文章”，全面完成188万人、10090个自然村寨易地扶贫搬迁任务，加上水库移民、生态移民，有近200万群众搬出了世世代代居住的偏僻山沟。强化后续扶持“五个体系”建设，做好脱贫“后半篇文章”，确保“搬得出、稳得住、可就业、逐步能致富”。

三是农村产业革命推动传统农业实现“六个转变”。过去，贵州农业生产分散、粗放低效、结构单一等问题突出。2018年初，贵州提出来一场振兴农村经济的深刻的产业革命，深入推进思想观念、发展方式、工作作风“三场革命”，全面推行“八要素”，全力推动传统农业实现从自给自足向参与现代市场经济转变、从主要种植低效作物向种植高效经济作物转变、从粗放量小向集约规模转变、从“提篮小卖”向现代商贸物流转变、从村民“户自为战”向形成紧密相连的产业发展共同体转变、从单一种植养殖向一二三产业融合发展转变。2018年、2019年，贵州农业产业增加值分别增长6.8%、5.7%，连续两年位居全国前列，农民人均可支配收入分别增长9.6%、9.7%，突破1万元大关。

四是教育医疗住房和饮水安全保障短板不断补齐。在西部率先实现县域义务教育基本均衡发展，实现建档立卡贫困家庭辍学学生动态清零；在全国率先建成省市县乡四级公立医院远程医疗服务体系，完成行政村卫生室建设和合格村医配备，建档立卡贫困人口全部参加医疗保险，实现“三重医疗保障”；基本完成农村危房改造、老旧住房透风漏雨和人畜混居整治任务；基本解决288.24万农村人口饮水安全问题。

第二章
指导思想

ZHIDAO SIXIANG

一个不落

YI GE BU LA

> 要突出抓好各级扶贫干部学习培训工作，中央层面要重点对省级负责同志开展轮训，省、市、县都要加大干部培训力度，分级安排培训活动。各级培训方式要有所区别，突出重点。对县级以上领导干部，重点是提高思想认识，引导树立正确政绩观，掌握精准脱贫方法论，培养研究攻坚问题、解决攻坚难题能力。对基层干部，重点是提高实际能力，要多采用案例教学、现场教学等实战培训方式，培育懂扶贫、会帮扶、作风硬的扶贫干部队伍，增强精准扶贫精准脱贫工作能力。
>
> ——习近平：《在打好精准脱贫攻坚战座谈会上的讲话》(2018 年 2 月 12 日)

新中国成立以来 70 年的扶贫实践，逐步形成和发展了中国特色扶贫开发理论。这一理论是马克思反贫困理论中国化的重要成果，是中国共产党历代代表人物立足国内减贫发展实践，不断形成、发展和完善的社会主义建设的理论成果。在不同的历史时期，国家制定不同的扶贫战略，出台相应的政策措施，取得了举世瞩目的减贫成就。中国长时期、大规模的成功减贫实践及伟大成就，证明了中国扶贫理论的科学性和实践性，具有普遍指导意义。

一、中国扶贫理论的形成发展

追溯和讨论从毛泽东到习近平等中国领导人关于扶贫开发的思想观点，是梳理和总结中国特色扶贫开发理论体系形成、发展过程的基础。

新中国成立到党的十八大，是中国扶贫理论形成发展的重要时期。围绕马克思有关贫困及消除贫困的理论，毛泽东提出了共同富裕思想，并形成了对于贫困及扶贫开发的初步认识。在此基础上，邓小平、江泽民、胡锦涛等人不断进行共同富裕思想的深化和拓展，推动了中国扶贫理论的形成和发展。

（一）马克思关于贫困及消除贫困的理论，为中国扶贫理论的产生提供了理论基础

贫困作为特定的社会经济现象为人们所重视，且被纳入理论研究领域始于资本主义工业革命之后①。18世纪中期至19世纪中期，西方资本主义的兴起和发展，不仅导致地主对农民的残酷剥削，也激化了资产阶级与无产阶级的矛盾，农民生活贫困成为突出的社会现象，无产阶级开始由自在阶级向自为阶级转变。马克思关于贫困及消除贫困的理论产生以前，亚当·斯密、马尔萨斯等经济学家已经开始用古典经济学框架对贫困现象进行研究。特别是马尔萨斯的人口学说，将贫困归结为人口过度自然增长，提出抑制人口增长消除贫困的主张。马尔萨斯站在资产阶级立场辩护劳动阶级贫困的原因，逐渐受到了发达国家农业发展实证经验以及空想社会主义者的反证和抨击，但大都仅局限在对劳动大众的感情诉求及对当时资本主义制度的道德批判上②。

马克思最早从制度层面对资本主义社会贫困现象进行分析，揭示贫困根源。马克思有关贫困及消除贫困的思想主要反映在其《1844年经济学哲学手稿》《资本论》等一系列著作中。1843年，马克思在《摩塞尔记者的辩护》一文中表达了对摩塞尔两岸地区农民贫困的认识。通过对劳动者贫困化的关注，马克思认识到社会不同等级中富人和穷人的对立和冲突，并站在劳动者的立场试图揭露贫困的真实原因，对“非人的生活”进行解释③。在《1844年经济学哲学手稿》中，马克思分析了在社会财富减退、增进及繁荣达到顶点的

① 王朝明：《马克思主义贫困理论的创新与发展》，《当代经济研究》2008年第2期。

② 同上。

③ 苗泉竹：《关注贫困化——马克思理论批判的着力点和理论发展的张力所在》，《学术论坛》2005年第7期。

三种状态下工人的状况，提出“即使在对工人最有利的社会状态中，工人的结局也必然是：劳动过度和早死，沦为机器，沦为资本的奴隶（资本的积累作为某种有危险的东西而与他相对立），发生新的竞争以及一部分工人饿死或行乞”[①]。在此，马克思将贫困的根源归结为异化，指出工人沦为机器和资本奴隶的命运与异化劳动分不开。在《资本论》中，马克思对资本主义生产方式进行了解剖和批判，指出资本主义社会“在一极是财富的积累，同时在另一极，即在把自己的产品作为资本来生产的阶级方面，是贫困、劳动折磨、受奴役、无知、粗野和道德堕落的积累”[②]。“生产资料越是大量集中，工人也就越要相应地聚集在同一个空间，因此，资本主义的积累越迅速，工人的居住状况就越悲惨。”[③] 同时，马克思通过资本有机构成变化引起的相对人口过剩，总结了资本主义积累的一般规律：“可供支配的劳动力同资本的膨胀力一样，是由同一些原因发展起来的。因此，产业后备军的相对量和财富的力量一同增长。但是同现役劳动军相比，这种后备军越大，常备的过剩人口也就越多，他们的贫困同他们所受的劳动折磨成正比。最后，工人阶级中贫苦阶层和产业后备军越大，官方认为需要救济的贫民也就越多。这就是资本主义积累的绝对的、一般的规律。”[④] 因此，在资本主义制度下，企图把无产阶级经济地位的改变寄希望于资本主义生产的高度发展是不可能的，无产阶级摆脱贫困的唯一出路是“剥夺者被剥夺”。马克思论证了共产主义制度代替资本主义制度的必然性，提出共产主义制度，全面否定资本主义制度“是在资本主义时代的成就的基础上，也就是说，在协作和对土地及靠劳动本身生产的生产资料的共同占有的基础上，重新建立个人所有制”[⑤]。在此基础上，马克思、恩格斯构建了科学社会主义理论，提出了消灭贫困，实现人类共同富裕的反贫困目标。

马克思关于贫困及消除贫困的理论主要是基于早期资本主义国家的贫困

---

① 《马克思恩格斯全集》第42卷，人民出版社，1979，第52－53页。

② 《马克思恩格斯全集》第23卷，人民出版社，1972，第708页。

③ 同上书，第721页。

④ 《资本论》第1卷，人民出版社，2004，第742页。

⑤ 同上书，第874页。

现象，更多将贫困作为生产关系的产物而非一种社会经济现象来研究[①]。但马克思最早从制度层面分析资本主义贫困问题，并指出消除贫困的目标和根本出路在于消灭雇佣剥削制度，实现全人类共同富裕。因此，马克思关于贫困及反贫困的理论不仅确立了中国看待和分析贫困问题的唯物主义立场，也指明了消除贫困的根本路径和方向，对于中国社会主义初级阶段的反贫困实践具有重大的理论和现实意义，也构成了中国扶贫理论的基础和理论渊源。

（二）毛泽东提出的共同富裕思想，为中国扶贫理论的形成奠定了基础

新中国成立之初，面对贫穷与落后的基本国情，党和国家领导人将反贫困作为巩固和发展社会主义制度的基础，提出通过工业化和合作化实现反贫困的战略构想，形成了对于贫困及缓解贫困的基本认识，即从社会主义制度建立的历史背景分析中国的贫困问题，从满足人民群众利益角度分析反贫困问题。执政之初的毛泽东，一方面面临新中国严峻的经济社会发展形势，肩负改变国家一穷二白落后面貌的重任；另一方面，出生于农村的毛泽东，对中国的农村及其贫困有着直观、深刻的认识。时刻以人民利益为重，关心人民疾苦，是毛泽东生平和事业的出发点和立足点，并影响其以后的反贫困理论和实践。因此，在继承马克思主义贫困理论的基础上，毛泽东对中国革命和建设发展过程中反贫困的实践进行经验总结和理论升华，形成了一系列反贫困理论。

毛泽东的反贫困理论始于其对群众生活的重视和关心，并体现在其发表的一系列讲话和论著当中。20世纪三四十年代，毛泽东在《兴国调查》《长冈乡调查》《才溪乡调查》等著作中，对中国的农村社会和农民状况进行了分析。在对中国贫困问题根源的认识上，毛泽东明确指出，现今中国的贫困问题主要是由已经被推翻的半殖民地半封建社会的制度造成的。因此，他指出，社会主义是中国的唯一出路，只有进到社会主义时代才是真正幸福的时代。具体而言，毛泽东提出中国共产党是消除贫困问题的坚定领导力量，全体中国人民尤其农民群众是反贫困的主导力量；工业化和现代化是实现反贫困目

---

① 华正学：《试论马克思反贫困理论的思想精粹》，《农业经济》，2014年第6期。

标的前提和基础，合作化是反贫困的基本战略。1943 年，毛泽东依据列宁的合作社理论，提出合作社是人民群众“由穷苦变富裕的必由之路”①。新中国成立后，毛泽东开始指引中国农民的合作化建设，指出“全国大多数农民，为了摆脱贫困，改善生活，为了抵御灾荒，只有联合起来，向社会主义大道前进，才能达到目的”②。1955 年，毛泽东在《关于农业合作化问题》的报告中提出了“共同富裕”理念，并对如何实现共同富裕提出了具体设想：“在逐步地实现社会主义工业化和逐步地实现对于手工业、对于资本主义工商业的社会主义改造的同时，逐步地实现对于整个农业的社会主义的改造，即实行合作化，在农村中消灭富农经济制度和个体经济制度，使全体农村人民共同富裕起来。”③ 随后，在《关于正确处理人民内部矛盾的问题》一文中，毛泽东继续提出共同富裕的具体目标：在几年内“使现在还存在的农村中一小部分缺粮户不再缺粮，除了专门经营经济作物的某些农户以外，通通变为余粮户或者自给户，使农村中没有了贫农，使全体农民达到中农和中农以上的生活水平”④。

毛泽东阐释了中国贫困问题产生的根源，基于当时国情的深刻认识，制定了反贫困的奋斗目标以及消除贫困的步骤和战略，并提出坚持中国共产党的领导以及农村反贫困工作中农民的主体地位，为中国农村反贫困提供了良好的制度基础。毛泽东的反贫困理论是马克思主义贫困理论中国化的重要成果，尤其是其关于共同富裕的思想及反贫困实践，为邓小平等进一步深化共同富裕的思想以及 20 世纪 70 年代后期至 90 年代上半期中国的扶贫开发积累了经验。由于国情和时代的局限，毛泽东尚未对中国的贫困问题形成系统的认识，没有明确提出中国的扶贫开发理论，但其提出共同富裕等一系列思想观点，为中国政府启动大规模、有组织、有计划的扶贫开发以及扶贫理论的形成奠定了基础。

---

① 《毛泽东选集》第 3 卷，人民出版社，1991，第 932 页。

② 毛泽东：《毛泽东著作选读》（甲种本），人民出版社，1966，第 306 页。

③ 同上书，第 313 页。

④ 同上书，第 344 页。

（三）邓小平深化共同富裕思想，建立了中国扶贫理论体系

邓小平扶贫理论的产生发展与中国社会主义建设的时代背景密不可分。一方面，改革开放之初，邓小平面临着怎样建设社会主义、怎样摆脱国家贫困面貌等重大现实问题，以及迅速改变计划经济体制、“大跃进”、“文化大革命”等战略性失误造成的困难局面；另一方面，1986年以后，随着改革开放深入进行，中国政府开始实施大规模、有组织、有计划的农村扶贫开发。因此，邓小平的扶贫理论既是对中国发展实际的认识，也是对扶贫开发实践经验的总结，是在改革开放进程中，随着贫困问题明显缓解逐步形成的。

邓小平一直关注中国的贫困问题，对扶贫的必要性和紧迫性予以高度重视。1957年，邓小平提出：“我们的国家还是一个贫穷的国家，落后的国家。要把这么一个贫穷落后的国家建设成为社会主义的先进的工业国家，需要长期的刻苦的努力。”① 1978年3月18日，邓小平在全国科学大会开幕式讲话时指出：“我们现在的生产技术水平是什么状况？几亿人口搞饭吃，粮食问题还没有真正过关。”② 贫困落后的基本国情以及对共同富裕的追求，促使邓小平不断思考中国的扶贫开发问题。在扶贫战略目标方面，邓小平继承了毛泽东关于共同富裕的思想，提出共同富裕是社会主义的本质特征，实现全体人民的共同富裕是扶贫的战略目标。1985年3月7日，邓小平在全国科技工作会议上提出：“社会主义的目的就是要全国人民共同富裕，不是两极分化。如果我们的政策导致两极分化，我们就失败了；如果产生了什么新的资产阶级，那我们就真是走了邪路了。”③ 他认为，贫困同社会主义不但没有必然的联系，而且是不相容的。“贫穷不是社会主义，社会主义要消灭贫穷”④，“搞社会主义，一定要使生产力发达，贫穷不是社会主义。我们要坚持社会主义，要建设对资本主义具有优越性的社会主义，首先必须摆脱贫穷”⑤。因此，邓小平明确指出：“社会主义的本质，是解放生产力，发展生产力，消灭剥削，消除

---

① 《邓小平文选》第1卷，人民出版社，1994，第262页。
② 《邓小平文选》第2卷，人民出版社，1994，第90页。
③ 《邓小平文选》第3卷，人民出版社，1993，第110－111页。
④ 同上书，第116页。
⑤ 同上书，第225页。

两极分化，最终达到共同富裕。”[①] 即高度发达的生产力是实现共同富裕的前提，坚持社会主义道路、坚持四项基本原则是实现共同富裕的政治保证。农民的富裕是中国消除贫困及实现共同富裕的关键，因此，邓小平主张将农村经济的发展、农民生活水平的提高与中国经济的发展、摆脱贫困紧密结合起来。“中国社会是不是安定，中国经济能不能发展，首先要看农村能不能发展，农民生活是不是好起来”[②]，“农民没有摆脱贫困，就是我国没有摆脱贫困”[③]。同时，邓小平反复强调改革对于发展和消除贫困的重要性，主张用改革促进反贫困工作的开展。他提出“三步走”的发展目标和步骤，提出要在21世纪中叶达到中等发达国家水平。此外，邓小平在探索建设有中国特色社会主义过程中，深刻认识到摆脱贫困落后的艰巨性、复杂性和长期性。1992年，邓小平在南方谈话中特别强调：“我们搞社会主义才几十年，还处在初级阶段。巩固和发展社会主义制度，还需要一个很长的历史阶段，需要我们几代人、十几代人，甚至几十代人坚持不懈地努力奋斗，决不能掉以轻心。”[④]

邓小平在毛泽东共同富裕思想的基础上，深刻总结了中国近30年社会主义建设实践，以其对马克思主义贫困理论的理解，进一步深化了共同富裕思想，打破了过去局限于所有制和分配方式的社会主义本质认识观，以及单纯强调共同富裕对反贫困的思想禁锢[⑤]。他还首次提出制度性贫困以及中国反贫困的总体战略，主张在中国社会改革、开放、发展的进程中消除贫困，将消除贫困与计划生育相结合，对于贫困的实质、反贫困战略及对策措施方面提出一系列构想。总之，邓小平在深化共同富裕思想基础上，初步形成了中国扶贫理论体系。

（四）江泽民将扶贫开发与国家发展战略相结合，发展了中国扶贫理论

20世纪80年代以来，国家成立专门扶贫开发领导机构，先后颁布实施

---

① 《邓小平文选》第3卷，人民出版社，1993，第373页。

② 同上书，1993，第77－78页。

③ 同上书，1993，第237页。

④ 同上书，1993，第379－380页。

⑤ 孙辉：《邓小平与江泽民反贫困思想之比较》，《中共济南市委党校、济南市行政学院、济南市社会主义学院学报》，2002年第4期。

《中共中央　国务院关于尽快解决农村贫困人口温饱问题的决定》《国家八七扶贫攻坚计划》《中共中央　国务院关于进一步加强扶贫开发工作的决定》等一系列政策，中国继续大力推进专项扶贫开发计划，农村的减贫继续取得显著成效。同时，伴随扶贫开发的深入，中国的贫困现状及扶贫任务亦发生变化。这是以江泽民同志为主要代表的中国共产党人面临的扶贫开发现状，也是江泽民发展中国扶贫理论的历史背景。

总体上看，江泽民在毛泽东、邓小平扶贫理论基础上，进一步推进中国扶贫理论发展。他将扶贫开发与国家发展战略相结合，重申了反贫困的必要性和重要性，并对扶贫策略、扶贫主体、扶贫模式等具体问题进行了深刻阐述。江泽民反复强调扶贫开发工作的重大政治、经济和社会意义。1999 年 6 月 9 日，江泽民在中央扶贫开发工作会议上指出："下个世纪继续开展扶贫开发，要首先解决剩余贫困人口的温饱问题，巩固扶贫成果，使已经解决温饱的人口向小康迈进，同时在稳定解决温饱的基础上，全面推进贫困地区经济社会发展。这项工作，必须同我们对下个世纪整个经济发展战略的考虑结合起来，同加快中西部地区建设、缩小东西部地区发展差距，实现共同富裕的目标结合起来。"① 2000 年 3 月，江泽民参加九届全国人大三次会议山西、贵州代表团的全体会议时指出："扶贫攻坚已经进入决战阶段，各级党委、政府要进一步增强责任感、紧迫感，认真总结经验，采取有力措施，加大工作力度，确保实现基本解决农村贫困人口温饱问题的目标。"② 对于中国胜利实现"三步走"发展战略的第一、第二步目标，全国人民生活总体上达到小康水平，江泽民一方面给予高度评价，另一方面又指出："必须看到，我国正处于并将长期处于社会主义初级阶段，现在达到的小康还是低水平的、不全面的、发展很不平衡的小康……巩固和提高目前达到的小康水平，还需要进行长时期的艰苦奋斗。"③ 结合其提出的"三个代表"重要思想，江泽民指出："不断

---

① 江泽民：《江泽民论有中国特色社会主义（专题摘编）》，中央文献出版社，2002，第 138－139 页。

② 《江泽民指出推进经济结构战略性调整进一步做好扶贫开发工作》，网址：http://news.xinhuanet.com/ziliao/2000－12/02/content_493228.htm。

③ 江泽民：《全面建设小康社会，开创中国特色社会主义事业新局面》，《人民日报》2002 年 11 月 18 日。

改善人民生活，是我们党全心全意为人民服务宗旨和‘三个代表’要求的最终体现。”① 因此，在农村组织扶贫开发，绝非一时的权宜之计，而是“贯穿整个社会主义初级阶段的一项重要任务”②。在扶贫策略方面，江泽民强调，做好扶贫开发工作，推动农村经济发展，要坚持开发式扶贫的方针，加快发展教育，推广适用技术，普遍提高劳动者素质，要把农业的基础打牢③。江泽民还提出：“必须把扶贫资金落实到贫困村、贫困户，减少一切可能消耗扶贫资金的中间环节。这个问题，要引起大家的高度重视。”④ 扶贫瞄准对象由贫困地区转变为贫困人口，也推动了中国农村扶贫战略的根本调整。在扶贫主体问题上，江泽民提出“他扶”与“自扶”有机统一。“他扶”是指各级政府和社会各界都应参与农村扶贫，为农村贫困人口提供必要的外部扶持；“自扶”是指农村贫困人口通过增强自我发展能力，实现自立自强。在扶贫路径和模式方面，江泽民重点强调了五个坚持：坚持开发式扶贫、坚持科技先行、坚持正确领导、坚持因地制宜、坚持可持续发展⑤。

将农村扶贫开发与国家整体发展战略、党的干部队伍建设、村基层组织建设、发挥社会主义制度优越性、人权事业建设和维护改革发展稳定大局相结合，将解决贫困人口温饱问题与贫困地区全面开发相结合，将政府主导作用与社会力量参与相结合，将政府扶贫开发责任与贫困群众自力更生相结合，既是江泽民有关扶贫开发的主要观点，也是其扶贫理论的时代特征⑥。通过对扶贫开发意义、扶贫对象、扶贫主体及扶贫路径的深入阐述，江泽民系统回答了为何扶、扶谁、谁扶、怎么扶等关于农村扶贫的一系列基本问题⑦，促进了中国扶贫理论的进一步发展。

---

① 江泽民：《江泽民论有中国特色社会主义（专题摘编）》，中央文献出版社，2002，第114页。

② 同上书，第139页。

③ 江泽民：《推进经济结构战略性调整　进一步做好扶贫开发工作》，《人民日报》2000年3月11日。

④ 江泽民：《在中央扶贫开发工作会议上的讲话》，《人民日报》2001年9月18日。

⑤ 孙迪亮：《江泽民农村扶贫思想论析》，《西北民族大学学报》（哲学社会科学版），2005年第1期。

⑥ 韩广富、何玲：《论江泽民农村扶贫开发思想的时代特征》，《中共青岛市委党校　青岛行政学院学报》2006年第4期。

⑦ 孙迪亮：《江泽民农村扶贫思想论析》，《西北民族大学学报》（哲学社会科学版），2005年第1期。

（五）胡锦涛立足科学发展观与和谐社会建设，丰富了中国扶贫理论

在长期高速稳定的经济增长带动下，经过体制改革推动扶贫、大规模的开发式扶贫计划实施，中国农村扶贫开发取得了显著成效。从 1978 年到 2000 年，农村贫困人口从 2.5 亿降至 3000 万左右，贫困发生率由 30.7%降至 3%以下①。然而，扶贫标准低、返贫率高、扶贫投入与产出差异大，贫困地区落后状况还没有得到根本改观，扶贫开发仍面临严峻挑战。特别是进入 21 世纪以后，中国扶贫开发战略的重点已经从解决温饱为主要任务的阶段转入巩固温饱成果、提高发展能力、加快脱贫致富、缩小发展差距的新阶段。这些都对新一代领导人调整扶贫开发战略及丰富扶贫理论提出了要求。

胡锦涛对中国扶贫理论的深化，不仅表现在其对扶贫开发工作的具体指示方面，更表现在他从 21 世纪的广阔视野和全球视角以及中国的实际状况出发，提出了科学发展观、建设社会主义和谐社会及新农村建设理论，将扶贫开发重要性与扶贫开发目标置于更广阔的背景下，对中国的扶贫开发工作提出了更高的要求②。2003 年，党的十六届三中全会正式提出“坚持以人为本，树立全面、协调、可持续的发展观”。胡锦涛在多个重要场合或讲话中对科学发展观的基本内涵作出全面、系统的阐释，指出“科学发展观，第一要义是发展，核心是以人为本，基本要求是全面协调可持续，根本方法是统筹兼顾”。“以人为本”，就是要求在工作中一切都要以人的需求为出发点和归宿，要对人的生存与发展命运确立终极关怀，不断满足人的多方面需求和促进人的全面发展③。因此，扶贫开发是科学发展观的根本要求，是“以人为本”理念的重要体现。胡锦涛系统提出了社会主义和谐社会的建设理论，并指出扶贫开发与和谐社会的关系，即“扶贫开发是建设中国特色社会主义事业的一项历史任务，也是构建社会主义和谐社会的一项重要内容”④。2005 年，党的十六届五中全会首次提出“建设社会主义新农村”战略，要求按照“生产发

① 《中国的农村扶贫开发》，网址：http://www.china.com.cn/ch—book/fupinkafa/f3.htm。

② 施由明、刘清荣：《从毛泽东到胡锦涛：中国扶贫开发理论的不断深化》，《农业考古》2007 年第 6 期。

③ 华正学：《胡锦涛同志对马克思主义反贫困理论中国化的新贡献》，《毛泽东思想研究》2012 年第 3 期。

④ 《胡锦涛总书记关于构建社会主义和谐社会的有关论述》，《党建》2005 年第 5 期。

展、生活宽裕、乡风文明、村容整洁、管理民主”的要求，扎实推进社会主义新农村建设。农村作为中国扶贫开发的主战场，建设社会主义新农村对于扶贫开发影响巨大、意义深远。2007 年 4 月，胡锦涛在宁夏考察时，提出“要继续实施开发式扶贫，把更多资金用在支持农村经济社会发展上，用在改善民生上，尽最大努力加快贫困地区发展，让农村贫困群众早日过上小康生活”①。胡锦涛在党的十七大报告中提出：“我们必须适应国内外形势的新变化，顺应各族人民过上更好生活的新期待，把握经济社会发展趋势和规律，坚持中国特色社会主义经济建设、政治建设、文化建设、社会建设的基本目标和基本政策构成的基本纲领，在十六大确立的全面建设小康社会目标的基础上对我国发展提出新的更高要求。”② 全面建设小康社会目标以及具体指标的提出，为 21 世纪中国反贫困事业提供了新的动力和目标方向。此外，胡锦涛在具体扶贫策略上坚持全方位扶贫开发的理念，在农村视察和调研工作中始终强调做好扶贫帮困工作是一项重大的政治任务，要求建立全方位帮扶体系，改善人民生活条件，坚持开发式扶贫和社会保障相结合，坚持外部支持与自力更生相结合，坚持专项扶贫与行业扶贫、社会扶贫相结合③。

综合来看，立足科学发展观与和谐社会建设，胡锦涛进一步丰富了中国的扶贫理论。即坚持以人为本，赋予了反贫困新的内涵；构建和谐社会，开拓了反贫困新的路径；建设全面小康，则描绘反贫困新的目标；实现科学发展，彰显了反贫困新的战略④。这些是胡锦涛扶贫理论的具体表现，也是其对马克思主义贫困理论中国化、丰富发展中国扶贫理论的重要贡献。

---

① 《胡锦涛在宁夏考察，强调帮助贫困群众尽快过上小康生活》，网址：http://news.xinhuanet.com/politics/2007－04/14/content_5977166.htm。

② 《胡锦涛提出实现全面建设小康社会奋斗目标的新要求》，网址：http://news.xinhuanet.com/newscenter/2007－10/15/content_6883219.htm。

③ 李志平、杨江帆：《胡锦涛农村扶贫思想论析》，《山西农业大学学报》（社会科学版）2014 年第 1 期。

④ 华正学：《胡锦涛同志对马克思主义反贫困理论中国化的新贡献》，《毛泽东思想研究》2012 年第 3 期。

（六）习近平继承发展了马克思主义反贫困理论和中国扶贫理论，为打赢新时代脱贫攻坚战提供了科学指南

党的十八大以来，基于丰富的实践经历和长期深思熟虑，习近平总书记对脱贫攻坚作出了一系列新决策、新部署，提出一系列新思想、新观点，形成了习近平扶贫重要论述。这些重要论述是习近平总书记在长期对贫困演变规律、扶贫开发经验教训进行深刻思考的基础上，对中国脱贫攻坚的地位、目标、方略、路径、政策、机制、主体、保障体系等重点难点问题，以及打赢攻坚战的方向和路径作出的重大判断，从根本上回答了中国脱贫攻坚的重大意义，创新性地为打赢脱贫攻坚战确立了基本原则、基本方略和实现方法路径，破解了诸多反贫困道路上的理论与现实难题。习近平扶贫重要论述不断发展完善，形成了问题意识明确、理论体系完备、内在逻辑严密的扶贫理论体系，指引党的十八大以来我国脱贫攻坚的伟大实践及历史性成就，深刻总结了我国脱贫攻坚积累的宝贵经验，系统展现了习近平关于扶贫的新理念、新思想、新战略。习近平扶贫重要论述是习近平新时代中国特色社会主义思想的重要组成部分，是马克思主义反贫困理论中国化的最新成果，创新发展了中国特色的扶贫开发理论，为新时代打赢脱贫攻坚战提供了行动指南，为全球贫困治理贡献了中国智慧。

二、习近平扶贫重要论述的丰富内涵

习近平扶贫重要论述内涵丰富，重点可以从八个方面来理解和领会。

（一）关于决胜脱贫攻坚、共享全面小康的重要思想

习近平总书记深刻指出，进入新时代，中国经济社会发展的主要矛盾发生了变化，需要新的发展方略。当前我国经济社会发展的战略目标是全面建成小康社会，战略重点在于补齐短板，扶贫工作则是其中最薄弱的领域。习近平总书记不仅在发展社会主义意义上对脱贫攻坚作了深刻阐释，同时也从社会主义本质的高度强调脱贫攻坚的重大意义。消除贫困、改善民生、实现共同富裕，是社会主义的本质要求，是我们党的重要使命。贫

穷不是社会主义。如果贫困地区长期贫困，面貌长期得不到改变，群众生活长期得不到明显提高，那就没有体现我国社会主义制度的优越性，那也不是社会主义。

20世纪七八十年代，中国基于当时的国情提出了国家未来经济社会发展的蓝图——“小康社会”。随着中国特色社会主义事业的发展进程，“小康社会”的内涵和意义不断得到发展和丰富。党的十八大以来，习近平总书记又赋予“小康社会”新的内涵，从“短板”的角度来理解当前中国的贫困问题，将之视为中国21世纪初发展的“底线任务”。他将扶贫开发与党和政府的职责、党的根本宗旨以及全面建成小康社会目标要求和社会主义的本质要求相结合，深刻阐述中国现阶段扶贫开发的重要性和紧迫性，并进一步指出当前扶贫开发工作的重中之重，为进一步明确扶贫开发的战略定位、制定扶贫开发政策措施及具体工作机制奠定了思想基础，对全党全国全社会增强扶贫开发责任感、使命感、紧迫感具有重要的理论和实践指导意义。

习近平总书记多次强调：“小康不小康，关键看老乡，关键看贫困老乡能不能脱贫。”① “全面建成小康社会、实现第一个百年奋斗目标，农村贫困人口全部脱贫是一个标志性指标。”② 这些论述深刻指出，全面建成小康社会，不仅要从总体上、总量上实现小康，更重要的是让农村和贫困地区尽快赶上来，逐步缩小这些地区同发达地区的差距，让小康惠及全体人民。这是实现全面建成小康社会目标的现实需要，更是社会主义共同富裕目标的基础和前提。习近平总书记深刻阐述了扶贫开发工作的重要性、紧迫性，要求进一步增强做好扶贫开发工作的紧迫感，以更加明确的目标、更加有力的举措、更加有效的行动，坚决打赢脱贫攻坚战。

习近平总书记的这些论述深刻阐述了脱贫攻坚的历史意义、政治意义和战略意义。全面建成小康社会、实现第一个百年奋斗目标，最艰巨的任务是脱贫攻坚，这是一个最大的短板，也是一个标志性指标。在国际风云激烈变幻的过程中，中国共产党和中国特色社会主义制度岿然不动，就是因为我们

① 习近平：《在中央扶贫开发工作会议上的讲话》（2015年11月27日）。

② 同上。

党的路线方针政策给亿万人民带来了好处。中国共产党在中国执政就是要为民造福，而只有做到为民造福，我们党的执政基础才能坚如磐石。

（二）关于坚持党的领导、强化组织保证的重要思想

消除贫困就是中国共产党的初心和使命，不同历史时期，党领导人民以不同方式不断为实现这一目标而努力。习近平总书记把脱贫攻坚纳入“五位一体”总体布局和“四个全面”战略布局进行部署，不断强调党对于脱贫攻坚的全面领导，将党的领导力、组织力和战斗力充分运用于打赢脱贫攻坚战。

首先，强调党对脱贫攻坚的领导责任，保证脱贫攻坚投入不打折扣、执行不懈怠，真正落实和实现精准扶贫精准脱贫战略意图。习近平总书记要求：“各级党委和政府要高度重视扶贫开发工作，把扶贫开发列入重要议事日程。”① “要强化扶贫开发工作领导责任制，把中央统筹、省负总责、市（地）县抓落实的管理体制，片为重点、工作到村、扶贫到户的工作机制，党政一把手负总责的扶贫开发工作责任制，真正落到实处。”② “加强领导是根本，发挥各级党委领导作用，建立并落实脱贫攻坚一把手负责制，实行省市县乡村五级书记一起抓，为脱贫攻坚提供坚强政治保障。”③ “要充分发挥政治优势，形成推进脱贫攻坚工作的强大合力。脱贫攻坚工作，是我们党的历史使命，是各级党委、政府和各部门一把手的职责。实施党政一把手脱贫攻坚工作责任制、脱贫攻坚期内保持贫困县党政正职稳定、开展东西部扶贫协作和机关定点扶贫、向贫困村派驻第一书记和驻村工作队这样一些行之有效的措施，必须继续坚持，不断提高水平。”④

其次，强调发挥党组织在脱贫攻坚中的引领带动作用，尤其是基层党组织的突出作用。习近平总书记指出：“农村基层党组织是党在农村全部工作和

---

① 习近平：《在河北省阜平县考察扶贫开发工作时的讲话》（2012 年 12 月 29 日、30 日），载《做焦裕禄式的县委书记》，中央文献出版社，2015，第 19 页。

② 习近平：《在部分省区市扶贫攻坚与“十三五”时期经济社会发展座谈会上的讲话（节选）》（2015 年 6 月 18 日）。

③ 习近平：《在十八届中央政治局第三十九次集体学习时的讲话》（2017 年 2 月 21 日）。

④ 《听取 2016 年省级党委和政府脱贫攻坚工作成效考核情况汇报》，《人民日报》2017 年 4 月 1 日。

战斗力的基础，是贯彻落实党的扶贫开发工作部署的战斗堡垒。抓好党建促扶贫，是贫困地区脱贫致富的重要经验。要把扶贫开发同基层组织建设有机结合起来，抓好以村党组织为核心的村级组织配套建设，把基层党组织建设成为带领乡亲们脱贫致富、维护农村稳定的坚强领导核心，发展经济、改善民生，建设服务型党支部，寓管理于服务之中，真正发挥战斗堡垒作用。”① “要加强贫困村两委建设。‘帮钱帮物，不如帮助建个好支部’。要深入推进抓党建促脱贫攻坚工作，选好配强村两委班子，培养农村致富带头人，促进乡村本土人才回流，打造一支‘不走的扶贫工作队’。要充实一线扶贫工作队伍，发挥贫困村第一书记和驻村工作队作用，在实战中培养锻炼干部，打造一支能征善战的干部队伍。农村干部在村里，脸朝黄土背朝天，工作很辛苦，对他们要加倍关心。”②

再次，强调将党的群众路线的工作方法和从严治党的纪律要求贯穿脱贫攻坚全程。“各地区各部门要加强组织领导，在已经取得成绩的基础上，加大对扶贫对象和贫困地区的扶持力度，充分发挥贫困地区干部群众的积极性、主动性、创造性，广泛组织和动员社会力量积极参与扶贫济困，确保如期实现扶贫开发‘两不愁、三保障’的奋斗目标。”③ “必须把从严要求贯穿脱贫攻坚工作全过程、各方面，严格落实脱贫攻坚工作报告制度、责任制度、考核制度、督查巡查制度，确保实现脱贫攻坚工作目标任务。”④

“坚持党的领导，发挥社会主义制度可以集中力量办大事的优势，这是我们的最大政治优势。实现贫困人口如期脱贫，是我们党向全国人民作出的郑重承诺。责任重于泰山，各级党委和政府一定要不辱使命。”⑤ 习近平总书记不仅深刻指出共产党的领导对于脱贫攻坚的重大意义，也为发挥其所具有的政治优势与制度优势指明了方向。这些论述表明，始终坚持党对脱贫攻坚的

---

① 习近平：《在河北省阜平县考察扶贫开发工作时的讲话》（2012 年 12 月 29 日、30 日），载《做焦裕禄式的县委书记》，中央文献出版社，2015，第 21 - 22 页。

② 习近平：《在十八届中央政治局第三十九次集体学习时的讲话》（2017 年 2 月 21 日）。

③ 习近平：《在党的十八届二中全会第二次全体会议上的讲话》（2013 年 2 月 28 日）。

④ 《听取 2016 年省级党委和政府脱贫攻坚工作成效考核情况汇报》，《人民日报》2017 年 4 月 1 日。

⑤ 习近平：《在部分省区市扶贫攻坚与“十三五”时期经济社会发展座谈会上的讲话（节选）》（2015 年 6 月 18 日）。

领导，充分发挥社会主义集中力量办大事的制度优势，是中国减贫最大的政治优势和制度优势，也是改革开放40多年来扶贫开发取得伟大成就的主要经验，是打赢脱贫攻坚战的根本保障。

（三）关于坚持精准方略、提高脱贫实效的重要思想

习近平扶贫重要论述深刻阐述了脱贫攻坚的目标和意义，为中国的减贫事业明确了方向；系统阐述了脱贫攻坚战略层面的部署和安排，为打赢打好脱贫攻坚战确定了行动指南。习近平总书记一方面主张扶贫要科学，要建立在对贫困问题客观认知的基础上再开展系统的政策干预；另一方面针对过去扶贫开发所形成的制度性弊端，提出了精准扶贫精准脱贫基本方略。“精准扶贫”构成习近平扶贫重要论述的核心和关键，体现了他对中国贫困问题和反贫困历史进程、扶贫开发经验的深刻理解，以及对当前中国贫困治理现状的深刻认识。

习近平总书记指出：“扶贫开发推进到今天这样的程度，贵在精准，重在精准，成败之举在于精准。搞大水漫灌、走马观花、大而化之、手榴弹炸跳蚤不行。”[①]“总结各地实践和探索，好路子好机制的核心就是精准扶贫、精准脱贫，做到扶持对象精准、项目安排精准、资金使用精准、措施到户精准、因村派人精准、脱贫成效精准。”[②]“扶贫开发成败系于精准，要找准‘穷根’、明确靶向，量身定做、对症下药，真正扶到点上、扶到根上。脱贫摘帽要坚持成熟一个摘一个，既防止不思进取、等靠要，又防止揠苗助长、图虚名。”[③]

精准扶贫精准脱贫的重要论述，是打赢脱贫攻坚战的基本方略，是开展扶贫脱贫工作总的工作原则，体现的是精准性、实效性标准和要求。实施精准扶贫精准脱贫，就是要真正把精准理念落到实处，变“大水漫灌”为“精准滴灌”，做到“六个精准”的基本要求，实施“五个一批”的脱贫路径，达到切实解决扶持谁、谁来扶、怎么扶、如何退“四个问题”的根本目的。“六个精准”“五个一批”“四个问题”三者之间通过一系列政策措施逐步形成贫

① 中共中央党史和文献研究院：《习近平扶贫论述摘编》，中央文献出版社，2018，第58页。
② 同上书，第62-63页。
③ 同上书，第72页。

困治理的科学体系，精准识别扶持对象、推进扶贫资金项目审批权限下放到县、开展贫困县统筹整合使用财政涉农资金试点、全面加强扶贫资金项目监管、不断创新完善以不断提高扶贫资金精准度和有效性为目标的保障体系，多途径促进产业发展、全面动员干部参与等一系列“精准”政策举措，体现了高水平的治理艺术，对于推进国家治理体系和治理能力现代化具有普遍性的方法论意义。

2020年春，突如其来的新冠肺炎疫情对脱贫攻坚产生了一定影响，习近平总书记面对新冠肺炎疫情带来的新挑战，精准判断形势，精准提出应对策略，指引统筹做好脱贫攻坚和疫情防控工作。他指出：一是落实分区分级精准防控策略。在疫情严重地区，在重点搞好疫情防控的同时，可以创新工作方式，统筹推进疫情防控和脱贫攻坚；在没有疫情或疫情较轻地区，要集中精力加快推进脱贫攻坚。二是分类施策推进脱贫攻坚中的贫困劳动力务工就业、扶贫产品产业发展、扶贫项目建设。

（四）关于坚持加大投入、强化资金支持的重要思想

脱贫攻坚需要制度层面的改革创新，也需要资源方面的倾斜配置。习近平总书记对此作出了重要指示和要求，从扶贫资金的规模和渠道到扶贫资金的效益都作出了科学的部署和安排，为脱贫攻坚的顺利开展奠定了良好的物质基础。

关于扩大扶贫资金规模与拓展扶贫资金渠道，习近平总书记要求：“各级财政要加大对扶贫开发的支持力度，形成有利于贫困地区和扶贫对象加快发展的扶贫战略和政策体系。”① “在增加财政投入的同时，要加大扶贫资金整合力度。”② “要积极开辟扶贫开发新的资金渠道，多渠道增加扶贫开发资金。”③ “要加大中央和省级财政扶贫投入，坚持政府投入在扶贫开发中的主体和主导作用，增加金融资金对扶贫开发的投放，吸引社会资金参与扶贫开发。”④ “要

① 习近平：《在河北省阜平县考察扶贫开发工作时的讲话》（2012年12月29日、30日），载《做焦裕禄式的县委书记》，中央文献出版社，2015，第19页。

② 习近平：《中央扶贫开发工作会议上的讲话》（2015年11月27日）。

③ 习近平：《在部分省区市扶贫攻坚与“十三五”时期经济社会发展座谈会上的讲话（节选）》（2015年6月18日）。

④ 同上。

发挥财政资金‘四两拨千斤’的导向作用，支持成立政府出资的担保机构，扩大扶贫贴息贷款规模，撬动更多信贷资金支持贫困户发展生产和就业创业。”①

关于提高扶贫资金效益和加强扶贫资金管理，习近平总书记强调：“必须坚持发挥政府投入主体和主导作用，增加金融资金对脱贫攻坚的投放，发挥资本市场支持贫困地区发展作用，吸引社会资金广泛参与脱贫攻坚，形成脱贫攻坚资金多渠道、多样化投入。”② “要加强资金整合，理顺涉农资金管理体系，确保整合资金围绕脱贫攻坚项目精准使用，提高使用效率和效益。”③ “要强化脱贫攻坚资金支持，在投入上加力，切实加强扶贫资金管理，优化资金配置，提高使用效率，确保每一分钱都花在刀刃上，对挪用乃至贪污扶贫款项的行为必须坚决纠正、严肃处理。”④

（五）关于坚持社会动员、凝聚各方力量的重要思想

习近平总书记多次强调：“‘人心齐，泰山移。’脱贫致富不仅仅是贫困地区的事，也是全社会的事。”⑤ “扶贫开发是全党全社会的共同责任，要动员和凝聚全社会力量广泛参与。要坚持专项扶贫、行业扶贫、社会扶贫等多方力量、多种举措有机结合和互为支撑的‘三位一体’大扶贫格局，强化举措，扩大成果。要健全东西部协作、党政机关定点扶贫机制，各部门要积极完成所承担的定点扶贫任务，东部地区要加大对西部地区的帮扶力度，国有企业要承担更多扶贫开发任务。要广泛调动社会各界参与扶贫开发积极性，鼓励、支持、帮助各类非公有制企业、社会组织、个人自愿采取包干方式参与扶贫。”⑥ “鼓励支持各类企业、社会组织、个人参与脱贫攻坚。同时，要引导社会扶贫重心下沉，促进帮扶资源向贫困村和贫困户流动，实现同精准扶贫有

---

① 习近平：《在中央扶贫开发工作会议上的讲话》（2015 年 11 月 27 日）。

② 习近平：《在打好精准脱贫攻坚战座谈会上的讲话》（2018 年 2 月 12 日），《求是》，2020 年第 9 期。

③ 同上。

④ 习近平：《在中央农村工作会议上的讲话》（2017 年 12 月 28 日）。

⑤ 中共中央党史和文献研究院：《习近平扶贫论述摘编》，中央文献出版社，2018，第 100 页。

⑥ 同上书，第 99－100 页。

效对接。”①

这些重要论述阐述了社会扶贫的重要作用及其不可替代性，对如何更加广泛地动员社会参与脱贫攻坚提出了新要求，为进一步发挥我们党的政治制度优势、加大社会扶贫工作力度、凝聚更大扶贫合力指明了方向。这些论述从扶贫是全党全社会的共同责任高度，深入阐述了广泛动员社会力量的重大意义和基本途径。减贫目标的实现是行业扶贫、专项扶贫、社会扶贫共同作用的结果，必须构建政府、市场、社会协同推进的大扶贫格局。各级党委、政府既要发挥主导作用，不断加大扶贫开发力度，还要切实做好广泛动员社会参与扶贫的工作。

（六）关于坚持从严要求、促进真抓实干的重要思想

扶贫开发同样是资源配置过程。在世界范围内，扶贫资源向贫困人口传递的过程中不可避免面临各类损耗的问题。这些损耗不仅造成了扶贫资源的浪费，而且也会产生诸多消极的社会后果。如何避免形式主义的假扶贫，减少扶贫资源的“跑冒滴漏”一直是一个世界性难题。一方面，地方政府或其他组织作为扶贫政策的执行工具，工作不到位会造成扶贫资源的浪费；另一方面，政策执行的信息不对称也会造成扶贫资源的浪费。对此，习近平总书记提出了“坚持从严要求，促进真抓实干”的要求。脱贫攻坚，从严从实是要领。必须坚持把全面从严治党要求贯穿脱贫攻坚工作的全过程和各个环节，实施经常性的督查巡查和最严格的考核评估，确保脱贫过程扎实、脱贫结果真实，使脱贫攻坚成效经得起实践和历史检验。

习近平总书记指出：打赢脱贫攻坚战不是搞运动、一阵风，要真扶贫、扶真贫、真脱贫。攻坚战就要用攻坚战的办法打，关键在“准”“实”两个字。只有打得准，发出的力才能到位；只有干得实，打得准才能有力有效。一是领导工作要实，做到谋划实、推进实、作风实，求真务实，真抓实干。二是任务责任要实，做到分工实、责任实、追责实，分工明确，责任明确，履责激励，失责追究。三是资金保障要实，做到投入实、资金实、到位实，

① 中共中央党史和文献研究院：《习近平扶贫论述摘编》，中央文献出版社，2018，第101页。

精打细算，用活用好，用在关键，用出效益。四是督查验收要实，做到制度实、规则实、监督实，加强检查，严格验收，既不拖延，也不虚报。

习近平总书记还特别强调，脱贫攻坚要坚持实事求是，不能层层加码，提不切实际的目标。扶贫标准不能随意降低，决不能搞数字脱贫、虚假脱贫。脱贫计划不能脱离实际随意提前，要量力而行、真实可靠、保证质量，不要勉为其难、层层加码，要防止急躁症，警惕“大跃进”，确保脱贫质量。要实施最严格的考核评估，开展督查巡查，对不严不实、弄虚作假的，要严肃问责。

（七）关于坚持群众主体、激发内生动力的重要思想

习近平总书记反复强调，由于自然、历史等原因，贫困地区发展面临许多困难和问题，国家要继续加大支持、加大投入。但同时，内因才是事物变化的依据。摆脱贫困首要意义并不仅仅是物质上的脱贫，还在于摆脱意识和思路的贫困。扶贫开发最为重要的是，要通过扶志与扶智相结合，调动群众的积极性和主动性，增强群众战胜困难的信心，激发内生动力，提高自我发展能力，变“输血”为“造血”。

习近平总书记指出：“脱贫致富贵在立志，只要有志气、有信心，就没有迈不过去的坎。”① “贫困地区发展要靠内生动力，如果凭空救济出一个新村，简单改变村容村貌，内在活力不行，劳动力不能回流，没有经济上的持续来源，这个地方下一步发展还是有问题。”② “脱贫致富终究要靠贫困群众用自己的辛勤劳动来实现。”③ “树立‘宁愿苦干、不愿苦熬’的观念，自力更生，艰苦奋斗，靠辛勤劳动改变贫困落后面貌。”④ “扶贫既要富口袋，也要富脑袋。要坚持以促进人的全面发展的理念指导扶贫开发，丰富贫困地区文化活动，加强贫困地区社会建设，提升贫困群众教育、文化、健康水平和综合素质，振奋贫困地区和贫困群众精神风貌。”⑤

① 中共中央党史和文献研究院：《习近平扶贫论述摘编》，中央文献出版社，2018，第 132 页。
② 同上书，第 131 页。
③ 同上书，第136 页。
④ 同上书，第 135 页。
⑤ 同上书，第 137 页。

这些思想深入阐述了激发内生动力的工作方向和重点，充分体现了人民群众是历史的创造者的马克思主义唯物史观。贫困地区的发展、扶贫开发工作必须尊重贫困群众的主体地位和首创精神，要把激发扶贫对象的内生动力摆在突出位置。扶贫同扶志、扶智相结合，就是要加强对贫困群众的思想发动，把教育作为扶贫开发的治本之策。把加强贫困村基层组织建设、发展村级集体经济、推进扶贫对象的组织化作为扶贫开发的重要内容。充分发挥第一书记、驻村工作队的作用，把贫困群众的积极性调动起来，把他们自力更生的精神激发出来，不断提高他们共享发展成果的能力。

（八）关于携手消除贫困、共建人类命运共同体的重要思想

从马克思主义的立场看，只有全人类获得了解放，人类才获得真正的解放；只有经济意义上的解放实现了，其他领域的解放才有可能实现。18 世纪以来，特别是第二次世界大战结束以后，各国都把消除贫困作为重要任务，全球消除贫困取得积极进展。但时至今日，世界范围内贫困问题依然普遍存在，贫困不仅是战乱和不安的根源，也为人类发展的前景蒙上了阴影。习近平总书记对此也作了深入思考，不仅积极推动中国参与国际减贫行动，同时还创造性地提出了“没有贫困、共同发展的人类命运共同体”[①] 这一具有深厚人类情怀的主张，不仅为纷争的国际社会找到了底线性共识，也为未来国际关系的建构提供了目标选择。

习近平总书记指出：“中国是世界上最大的发展中国家，一直是世界减贫事业的积极倡导者和有力推动者。改革开放 30 多年来，中国人民积极探索、顽强奋斗，走出了一条中国特色减贫道路。”“消除贫困是人类的共同使命。中国在致力于自身消除贫困的同时，始终积极开展南南合作，力所能及向其他发展中国家提供不附加任何政治条件的援助，支持和帮助广大发展中国家特别是最不发达国家消除贫困。”“中国将发挥好中国国际扶贫中心等国际减贫交流平台作用，提出中国方案，贡献中国智慧，更加有效地促进广大发展

① 习近平：《携手消除贫困　促进共同发展——在 2015 减贫与发展高层论坛的主旨演讲》，《人民日报》2015 年 10 月 17 日。

中国家交流分享减贫经验。”①

习近平总书记关于扶贫工作的重要论述有力地指导了如何做好国内扶贫工作的同时，对如何开展国际减贫合作，服务国家外交、援外大局以及“一带一路”等，发挥扶贫软实力在树立大国形象、增强中国在全球治理中的话语权中的特殊作用，明确了目标，指明了方向。

总之，习近平总书记关于扶贫工作的重要论述构成了中国脱贫攻坚的根本遵循，其核心要义是精准扶贫精准脱贫基本方略。这些论述内涵丰富，体系严密，既包含了脱贫攻坚总体性、基础性的理论判断，也涉及脱贫攻坚各个领域和方面的分析和论述。不仅与时俱进地完善和发展了中国扶贫理论体系，更为中国扶贫的顶层设计提供了思想和理论依据，提供了中国打赢脱贫攻坚战的根本遵循。

三、新时代脱贫攻坚的科学指南

推进国家治理体系和治理能力现代化是我国全面深化改革的目标要求，是习近平新时代中国特色社会主义思想的重要内容。党的十八大以来，习近平扶贫重要论述科学指引扶贫领域一系列的体制、机制、制度和模式改革创新，逐步形成了中国贫困治理的新体系。这一体系，是国家治理体系的重要组成部分，也是习近平新时代中国特色社会主义思想的重大创新，为打赢脱贫攻坚战和长期治理贫困奠定了制度基础。

1. 贫困治理的目标体系

党的十八大以来，党中央科学确定脱贫攻坚目标并始终保持战略定力。目标是战略政策措施体系设计、实施的基础。脱贫攻坚的目标是要解决绝对贫困现象，确保2020年现行标准下所有农村贫困人口全部脱贫，达到“两不愁三保障”的脱贫标准。习近平总书记多次强调，要按照中央确定的脱贫目标，既不能降低标准，也不能吊高胃口。中国现行扶贫标准符合国情和发展

① 习近平：《携手消除贫困　促进共同发展——在2015减贫与发展高层论坛的主旨演讲》，《人民日报》2015年10月17日。

阶段，体现三个方面的时代特点：第一，体现了收入标准和国际上衡量贫困标准的一致性。按照购买力评价，这一标准已经略高于世界银行用来衡量绝对贫困的收入标准。第二，体现了贫困衡量的多维性。“两不愁三保障”实际上就是一个脱贫标准。如果把教育、卫生、住房因素考虑进来，按照购买力评价，我国的扶贫标准略高于每天消费支出 3.1 美元的国际贫困标准。第三，体现了脱贫的稳定性。“两不愁三保障”的脱贫标准具有稳定性。教育、健康、住房都是管长远的，实现“三保障”意味着奠定了稳定的脱贫机制。坚持脱贫攻坚目标不动摇，可以有效地避免攻坚战中的“急躁症”或“拖延症”，防止盲目提高超越发展阶段的标准，为贫困治理体系构建奠定基础。

2. 贫困治理的责任体系

中国始终注重充分发挥中国共产党的政治优势和社会主义集中力量办大事的制度优势。坚持党对脱贫攻坚的领导，这是落实责任的基础和关键。中西部 22 个省区市党政主要负责同志向中央签署脱贫攻坚责任书，层层立下军令状，建立了“中央统筹、省负总责、市县抓落实”的体制机制，形成了“五级书记抓脱贫、全党动员促攻坚”的局面。坚持把全面从严治党新要求贯穿到脱贫攻坚的全过程、各环节，不断加强各级干部队伍建设、作风建设，这是落实责任的重点。强化“中央统筹、省负总责、市县抓落实”的体制机制，落实各级各部门脱贫攻坚责任制，实行脱贫攻坚一把手负责制，攻坚期内贫困县党政正职保持稳定，这是落实责任的保障。这些政治优势和制度优势在贫困治理体系中的充分呈现，是对全球贫困治理体系的革命性创新，是习近平扶贫重要论述的重大理论贡献。

3. 贫困治理的工作体系

党中央把精准扶贫精准脱贫作为脱贫攻坚的基本方略并不断深化发展。坚持精准扶贫精准脱贫基本方略，就是要做到“六个精准”的根本要求，因地制宜实现“五个一批”的脱贫路径，解决好扶持谁、怎么扶、谁来扶、如何退“四个问题”。习近平扶贫论述中的“六个精准”“五个一批”“四个问题”具有紧密的内在逻辑关系，这些关系充分体现在顶层设计和一系列精准扶贫行动、精准扶贫工程等具体实践中，逐步形成了完整的精准扶贫工作体系，呈现出多维、综合的特征。同时，精准扶贫工作体系还包括重点攻克深度贫困地区脱贫任务的政策体系。这套政策体系就是在习近平扶贫重要论述指引下，中央、地方根据不同的实际情况确定深度贫困地区、深度贫困群体，确保脱贫攻坚的坚中之坚、难中之难问题得以解决，确保脱贫攻坚任务整体完成。此外，完善建档立卡，解决“扶持谁”的问题；派驻村工作队和第一书记，解决“谁来扶”的问题；实施“五个一批”，解决“怎么扶”的问题；严格退出程序标准、考核评估，解决“如何退”的问题。

4. 贫困治理的政策体系

党的十八大以来，围绕《中共中央　国务院关于打赢脱贫攻坚战的决定》《中共中央　国务院关于打赢脱贫攻坚战三年指导意见》，中共中央办公厅、国务院办公厅和国家机关有关部门研究制定200多个扶贫政策文件或实施方案，完成“四梁八柱”顶层设计。各地相继出台和完善了“1＋N”的脱贫攻坚系列文件。这些政策举措涵盖贫困地区基础设施、公共服务、产业就业、生态建设、社会保障等重点领域，涉及资金、土地、科技、人才等支撑保障，扶贫领域很多“老大难”问题都有了针对性措施，解决了许多长期想办但没有办成的事。这一系列脱贫攻坚文件，实质上就是大扶贫治理体系，其实施必然呈现出大扶贫的格局。

5. 贫困治理的投入体系

资金投入是脱贫攻坚的保障。坚持发挥政府投入的主体和主导作用，建立与攻坚要求相适应的投入体系。如2015—2019年，中央财政补助地方资金规模达到4304.75亿元（2015年460.95亿元，2016年660.95亿元，2017年860.95亿元，2018年1060.95亿元，2019年1260.95亿元），连续4年保持每年200亿元增量。2016—2018年，全国832个县实际整合资金规模超过9000亿元。深化扶贫领域“放管服”改革，扶贫资金项目下放到县比例超过95％。加大金融扶贫投放，“十三五”期间，安排易地扶贫搬迁专项贷款3500亿元。扶贫小额信贷累计发放6000多亿元，支持了1400多万建档立卡贫困户。出台扶贫再贷款政策。农发行、国开行和农行等金融机构不断加大扶贫信贷投放力度。资本市场扶贫举措明显加强，近百家证券公司结对帮扶200多个贫困县，支持贫困县企业融资。保险业助力脱贫攻坚工作稳步推进。加强土地政策支持，贫困地区增减挂钩节余指标流转累计收益主要用于脱贫攻坚。

6. 贫困治理的社会动员体系

不断完善专项扶贫、行业扶贫和社会扶贫三位一体的大扶贫格局。国家将 10 月 17 日设立为扶贫日，从 2014 年起全国各地每年组织开展扶贫日系列活动，广泛动员社会各界关注支持扶贫。设立全国脱贫攻坚奖，发挥榜样带动作用。深化东西部扶贫协作、定点扶贫、军队和武警部队扶贫，开展“携手奔小康”行动，组织 300 多个东部经济较发达县结对帮扶 500 多个西部贫困县。动员中央企业设立贫困地区产业投资基金，开展定点帮扶贫困革命老区“百县万村”行动。动员民营企业开展“万企帮万村”精准扶贫行动。开通中国社会扶贫网，为社会各界精准帮扶贫困户提供对接平台。积极引导社会组织参与脱贫攻坚。通过各种形式加大宣传力度，宣讲扶贫政策，推广先进典型，营造浓厚的社会氛围。

7. 贫困治理的动力体系

群众内生动力是打赢脱贫攻坚战的基础。坚持注重扶贫同扶志、扶智相结合，大力培育贫困地区、贫困群众内生脱贫动力，是习近平扶贫重要论述的重要内容和战略取向。在习近平扶贫重要论述引领下的脱贫攻坚动力体系，其核心就是把扶贫同扶志、扶智相结合摆在突出位置，注重培育内生脱贫动力。在实践中，体现在：通过广泛宣传，坚定信心决心；树立脱贫光荣、扶贫光荣的良好风尚；开展培训，促进贫困人口就地、就近就业；加强贫困村基层党组织建设；抓好贫困乡村文明建设，抵制陈规陋习，激发内生动力，增强贫困村的发展活力。通过层层落实责任制、开展扶贫领域腐败和作风专项治理、开展干部轮训、减轻基层负担、出台脱贫攻坚干部关怀激励政策、表彰脱贫攻坚典型等措施，充分调动广大基层干部凝心聚力脱贫攻坚。

8. 贫困治理的监督体系

党中央出台脱贫攻坚督查巡查工作办法，连续组织开展督查巡查，查找突出问题，督促整改落实。全国人大常委会专题询问国务院关于脱贫攻坚工作情况的报告，全国政协常委会围绕脱贫攻坚建言献策。中央巡视工作把脱贫攻坚作为重要内容，8 个民主党派中央开展脱贫攻坚民主监督，纪检监察机关开展扶贫领域监督执纪问责，检察机关开展集中整治和加强预防扶贫领域职务犯罪专项工作，审计机关开展扶贫资金管理使用和政策跟踪审计，财政部与扶贫办对财政专项扶贫资金开展集中检查，扶贫办设立 12317 扶贫监督举报电话，把各方面的监督结果运用到考核评估中。全面加强扶贫资金项目监管，违纪违规问题明显减少。

9. 贫困治理的考核评估体系

贫困治理新体系把“脱真贫、真脱贫”作为精准扶贫精准脱贫的出发点和落脚点。首先，精准识别出真贫。即提高建档立卡水平，加强建档立卡动态管理，把符合标准的贫困人口以及返贫人口全部纳入。其次，确保脱贫人口精准退出。即建立贫困退出机制，明确贫困村、贫困县、贫困人口退出标准、程序以及后续扶持政策，防止数字脱贫、虚假脱贫。再次，实施最严格的扶贫成效考核，倒逼各地落实脱贫攻坚责任，推动政策措施精准落实落地，确保脱贫成果经得起历史和实践的检验。中央实行最严格的考核评估制度，第三方评估、省际交叉考核、媒体暗访考核多种考核方式确保脱贫质量。

上述九个方面构成了中国贫困治理新体系。这一体系，是以习近平扶贫重要论述为遵循，逐步构建、完善，经过了实践的检验，九个方面相互联系、相互作用，既是有效治理贫困的基本经验，也是打赢精准脱贫攻坚战的要求；既是对党的十八大以来精准扶贫经验的总结，还是对决战决胜脱贫攻坚工作重点的明确，也是 2020 年后中国扶贫工作开展的制度基础。这套体系已经形成，并在实践中不断完善、定型，不仅为如期完成脱贫攻坚目标任务提供保障，而且对于中国的乡村发展，特别是贫困地区的乡村变革将发挥根本性的、革命性的作用。我们要以习近平扶贫重要论述为指导，按照党的十九大报告的部署打好脱贫攻坚战，不仅要解决贫困人口脱贫、贫困县脱贫摘帽，解决区域性贫困，而且要在干部作风转变、乡村治理能力提高、乡村振兴战略实施等作出贡献。

案例：骆驼湾村、顾家台村的脱贫故事

中国农村有约60万个行政村，河北阜平县龙泉关镇的骆驼湾村、顾家台村，就是其中的2个。6年前的骆驼湾村、顾家台村是山高沟深的乱石滩，交通不便，经济落后，群众贫困，农民年人均收入不到1000元。全村80%以上的群众住的是土坯房，喝的是河沟里的水，进出都是土路，晚上全村漆黑一片，是典型的贫困村。2012年12月29日到30日，中共中央总书记习近平冒着严寒来到河北阜平县，深入骆驼湾村和顾家台村，考察革命老区扶贫工作，进村入户看真贫，同乡亲们一起商量脱贫致富之策，拉开了脱贫攻坚的序幕。

一、骆驼湾村、顾家台村的变化是中国脱贫攻坚的缩影

6年多过去了，这2个贫困村发生了翻天覆地的变化，基础设施和人居环境全面改善，公共服务水平大幅提升，产业发展起步良好，群众精神面貌焕然一新，彻底摆脱了绝对贫困。这些变化是脱贫攻坚带来的，也是中国近10万个已经摆脱绝对贫困村庄的缩影。

1. 整村脱贫目标实现

骆驼湾村贫困人口由2012年底的189户447人减少到2018年底的1户2人，贫困发生率由79.4%下降到0.5%，农民人均可支配收入由950元增长到11239元。顾家台村贫困人口由2012底的110户270人减少到2018年底的4户4人，贫困发生率由75%下降到1.1%，农民人均可支配收入由980元增长到14971元。2018年，骆驼湾村、顾家台村村民存款是2012年的3倍。脱贫人口稳定实现“两不愁三保障”。两村于2017年通过贫困退出验收，在阜平县率先实现整村脱贫摘帽。

2. 村容村貌焕然一新

通往骆驼湾村、顾家台村的主干道路由以往的四级道路拓宽成了二级公路，村内道路和产业机耕路实现硬化，街道两旁整齐地竖立着太阳能路灯。两村都建起了互助幸福院、小学、幼儿园、卫生室、数字影院、文化广场、大戏台、公共厕所、农家书屋，修建了农业生产蓄水塘坝，设立了银行网点，

升级了农村电网、通信基站、宽带网络，建设了错落有致的民居和文化展示墙，实现了污水和垃圾集中处理。

3. 群众生活全面改善

两村75.5%的农户住房通过易地扶贫搬迁、农村危房改造等方式得到改造，群众都住上了安全舒适的房屋。农户家里家具家电设施齐全，都用上了自来水，都有干净的卫生间，冬天能集中供暖。两村还有近100户家庭购置了轿车。两村及周边孩子就近上学得到保障。两村村民全部参加城乡居民基本医疗保障，建档立卡贫困群众全面享受大病保险、医疗救助等政策，一些小病、常见病在村医务室就能实现诊治和医药费报销。村里生活困难的老人搬到了互助幸福院，实现了老有所养。两村17户低保户、7户五保户应保尽保。

4. 村庄恢复生机活力

2015年以来，骆驼湾村和顾家台村的青壮年陆续回乡创业，有的办起农家乐，有的承包香菇大棚，有的开展电商业务。留守儿童、留守老人得到照顾，享受着亲情，村子里恢复了生机和活力。

二、骆驼湾村、顾家台村彻底摆脱绝对贫困的启示

1. 激发贫困群众的脱贫内生动力是摆脱贫困的根本

2012年以前，骆驼湾村和顾家台村群众思想封闭，不敢发展也不会发展，每天“揣着手等”，日子没啥盼头。2012年习近平总书记考察之后，2个村成为各方面关注的热点。突然涌进来的各种福利不仅让许多村民产生了依赖，还引起攀比和不满。多种形式的考察慰问和帮扶资源无形中推高了村民脱贫致富的期望值，不少村民理所当然地“伸着手要”。在脱贫攻坚初期，各级政府及部门一定程度上出现政府大包大揽、发动群众不足的问题，助长了部分村民“背着手看”，认为扶贫是政府的事，就该干部干。随着脱贫攻坚不断深入推进，各级政府特别是驻村工作队注重激发和培育群众内生脱贫动力，村党支部委员会、村民委员会（简称“村两委”）发动党员干部带头实施精准扶贫项目，帮助这2个村逐渐摸索出了发展路子，各项政策措施的成效逐渐显现出来，群众看在眼里，心里有了触动。现在老百姓都流转了自家土地，土地流转金、务工薪金、年底股金分红成为群众增收的有力支撑。2个村的群

众在身边榜样的鼓舞下认识到，脱贫最终还是要靠自己，自己主动干才有好日子。

2. 培育主导产业是稳定脱贫的关键

骆驼湾村和顾家台村耕地面积少、土壤贫瘠，海拔高、气温低，2012年之前，村民主要靠种植土豆、玉米和外出务工维生，村里无特色产业。从2013年开始，阜平县为增加贫困群众收入，先后种植核桃、大枣，发展养羊，由于市场、技术、管理等方面的原因，连续亏损。许多贫困户产业扶贫资金入股合作社，却没有协议，分不分红、怎么分红，完全由合作社负责人说了算。2015年以后，在吸取过去经验教训的基础上，在县有关方面指导下，2个村以市场为导向选择产业，按照“政府＋金融＋科技＋企业＋园区＋农户”的形式组建产业联盟，统一进行集约化产业化经营，探索出成功的产业扶贫路子。一是确定三个主导产业。2015年起，阜平县全面分析自身资源优势和比较优势，加强市场调查论证，经过前期试种，决定在两村发展食用菌、高效林果、旅游三个“长短结合”的主导产业，辅以箱包加工、中药材种植，3年多来取得了明显增收成效。二是引入企业经营管理。县政府采取“政府支持、企业运营、农民参与”的方式发展两村的产业。如食用菌产业，由政府通过融资平台投资建设大棚及配套设施，县国有企业阜裕公司负责流转土地建设大棚，建好后租给县里的4个民营龙头企业，再由龙头企业租赁给农户分户经营，生产的香菇由龙头企业收购销售。旅游业引入上市公司北京寒舍旅游投资管理集团与县里的龙头企业、农户共同打造两村的民宿生态游，寒舍集团负责投资营销，县龙头企业负责经营管理，农户出租房屋并在企业务工。这种政府、企业、农户多方联合的经营方式提升了发展水平，降低了产业风险，稳定了经营效益。三是建立技术支持体系。县里与科研院所合作，对两村的产业发展提供技术支持。县财政出资聘请食用菌、中药材、林果等领域专家和技术人才组成技术服务队，长年驻站服务。专家人才的技术指导提高了产业科技含量和产品经济效益，促进了产业的科学持续发展。四是贫困人口在参与中受益。2个村的几个产业需要大量劳动力，特别是香菇采摘时节，本村劳动力供不应求，还要雇用周边村庄的劳动力。一个劳动力在大半年的种植期内在大棚内劳动可收入1.5万元。村民除了务工薪金，还可领取土地流转金、年底股金，变成了有“三金”的农民。产业发展带动了村民就业，提高了村民收入，聚集了村庄人气，成为脱贫致富的重要内生力量。

3. 不断提升村庄治理能力是实现稳定脱贫的保障

6年前，这2个村之所以穷，一个重要的原因就是两村的领导班子弱、党员年龄偏大，多年没有发展党员。村两委班子不团结，党组织没有号召力，无法带领群众与贫困作斗争。这些年来，阜平县在脱贫攻坚战中，帮助这2个村加强党支部书记、驻村第一书记和致富带头人建设，不断增强村党组织联系群众、服务群众、凝聚群众、造福群众的功能，村庄治理能力显著提升。一是发挥驻村干部带动作用。在贫困村班子软弱涣散的初期，河北省委、保定市委和阜平县委加大干部选派力度。第一书记吃住在村，宣讲党的政策，动员组织群众，共谋发展思路，帮助村两委落实扶贫政策。二是选强配齐村党支部委员会和村民委员会班子。经过换届选举，2个村配强了领导班子，增强了村领导班子带领群众脱贫致富的能力。三是努力提升基层治理能力。村里构建起了以村党支部为核心，村民代表大会、村民委员会、村务监督委员会为决策执行监督机构，村经济合作组织为辅助的“五位一体”村级治理体系。

第三章
制度优势

ZHIDU YOUSHI

一个不落

YI GE BU LA

> 坚持党的领导，发挥社会主义制度可以集中力量办大事的优势，这是我们最大的政治优势。实现贫困人口如期脱贫，是我们党向全国人民作出的郑重承诺。责任重于泰山，各级党委和政府一定要不辱使命。要强化扶贫开发工作领导责任制，把中央统筹、省负总责、市（地）县抓落实的管理体制，片为重点、工作到村、扶贫到户的工作机制，党政一把手负总责的扶贫开发工作责任制，真正落到实处。
>
> ——习近平：《在部分省区市扶贫攻坚与“十三五”时期经济社会发展座谈会上的讲话（节选）》（2015 年 6 月 18 日）

中国特色社会主义最本质的特征是中国共产党领导，中国特色社会主义制度的最大优势是中国共产党领导。抓好党建促脱贫攻坚，是贫困地区脱贫致富的重要经验。脱贫攻坚的成功实践及其取得的历史性成就，充分彰显了中国制度优势和中国共产党的卓越治理能力。抓好党建促脱贫、充分发挥制度优势、不断增强党的治理能力是决战决胜脱贫攻坚的政治保证，也是国家贫困治理体系和治理能力现代化的重要内容。

一、抓党建促脱贫攻坚的理论与实践

党建扶贫是以党组织建设为抓手，充分发挥共产党员的先锋模范作用，领导并动员各方力量，集中各种资源，推进扶贫脱贫工作，最终实现贫困人口脱贫的一种扶贫模式或方法。党的十八大以来，习近平总书记深刻认识基层党组织在农村脱贫工作中的重要作用，不断强调加强农村基层党组织建设以及以党建促脱贫攻坚的重要意义。2018 年，《中共中央 国务院关于打赢脱贫攻坚战三年行动的指导意见》指出，深入推进抓党建促脱贫攻坚，全面强化贫困地区农村基层党组织领导核心地位，切实提升贫困村党组织的组织力；明确提出贫困地区农村基层党组织的领导核心地位以及以党建促脱贫的重要扶贫工作方式。与此同时，各地贫困地区在脱贫攻坚进程中不断总结和创新实践党建扶贫的工作方式、方法，推动党建扶贫成为新时代中国脱贫攻坚的重要经验，并进一步丰富拓展中国特色党建扶贫的理论和实践模式。

（一）习近平总书记高度重视抓党建促脱贫工作

农村基层党组织建设的状况，决定着农村脱贫的成效。“农村要发展，农民要致富，关键靠支部。”① 习近平总书记早年在陕北梁家河大队担任支部书记的工作经历，让他对农村贫困以及农村基层党组织在农村脱贫中的作用产生了深刻认识。20 世纪 90 年代，习近平在福建宁德工作时曾指出：“党对农村的坚强领导，是使贫困的乡村走向富裕道路的最重要的保证。”② “要想脱贫致富，必须有个好支部。”“党组织必须建设成为带领农民群众为实现党的路线和他们的切身利益而斗争的坚强核心。”③

党的十八大以来，习近平总书记进一步指出农村基层党组织对于脱贫攻坚的重要意义，提出农村基层党组织是党和政府扶贫开发政策、支持农业农村发展政策、支持农民增收政策落到实处的关键和基础，“农村基层党组织是党在农村全部工作和战斗力的基础，是贯彻落实党的扶贫开发工作部署的战斗堡垒”④，“扶贫开发，给钱给物，更要建个好支部。要把扶贫开发同基层组织建设有机结合起来，抓好以村党组织为核心的村级组织配套建设……真正把基层党组织建设成带领群众脱贫致富的坚强战斗堡垒”⑤ 等，在深刻指出农村基层组织力量薄弱难以发挥带领群众脱贫致富战斗堡垒作用的基础上，提出

① 习近平：《习近平谈治国理政》，外文出版社，2014，第 190 页。
② 习近平：《摆脱贫困》，福建人民出版社，1992，第 119 页。
③ 同上书，第 120 页。
④ 《筑好康庄大道共圆小康梦想》，《人民日报》，2014 年 4 月 29 日。
⑤ 习近平：《在部分省区市扶贫攻坚与“十三五”时期经济社会发展座谈会上的讲话（节选）》（2015 年 6 月 18 日）。

通过强化农村基层党组织自身建设、坚持党组织领导核心地位、建设服务型农村基层党组织、探索各类党组织结对共建等路径方式，实现以党建促脱贫攻坚的工作目标。

（二）贫困地区抓党建促脱贫攻坚的实践模式

打赢脱贫攻坚战，要充分发挥基层党组织的战斗堡垒与模范先锋作用。在精准扶贫精准脱贫背景下，一些贫困地区在实践过程中进行了党建扶贫的探索实践，形成了卓有成效的党建扶贫模式。

贵州毕节市产生了以“大党建”统领“大扶贫”党建扶贫模式，突出党建工作在脱贫攻坚中的重要作用和地位，强调党建工作与扶贫开发的有机融合和良性互动①，包括发展特色农业种植中的“118”创业模式（即“支部＋合作社＋农户”创业模式），支部帮带引路子、党员帮联作示范、能人帮富传技术、驻村帮扶结对子的结对帮扶模式，开办基层农民讲习所实现能人集聚、引领致富，科技人员包村推动以及“千企帮千村”的模式②。

四川开江县实施“党建＋扶贫双推进”模式，结合全县实际，始终把落实制度、健全机制作为保障，按照新时期扶贫开发工作的特点，充分发挥群众的主观能动性，实现了由“输血型”扶贫向“造血型”扶贫迈进，由一般扶贫向生态扶贫、绿色扶贫、精准扶贫转变。通过实施组织联建工程、干部选育工程、能人培养工程、致富先锋工程、为民解忧工程等，开展“党旗引领脱贫路，先锋托举奔康梦”主题活动，通过党员带动作用，整合各类资源力量，充分发挥基层党组织在社会治理中的核心引领作用，推动了扶贫工作的创新突破③。

宁夏华村将扶贫工作嵌入村庄经济、社会与文化结构，村党支部班子成员和党员带头与贫困户结对，非党员富裕户与贫困户结对，建立由村党支部领导、功能党小组引领、富裕户带动、贫困户创业的“党群共富联合体”，发

---

① 曾美海：《毕节试验区“党建扶贫”的历史演进与精准化路径》，《贵州社会主义学院学报》2019年第1期。

② 董鹏鹏、李庄：《基层党建助力脱贫攻坚问题研究——以毕节市为中心的考察》，《中共山西省直机关党校学报》2018年第1期。

③ 人民论坛调研组：《“基层党建＋精准扶贫”的开江模式》，《人民论坛》2017年第7期。

挥富裕党员的示范引领作用，同时也充分发挥基层党组织的动员、引导与领导核心的功能，通过动员与引导，在一个村庄范围内形成了社会扶贫的格局①。

广西河池市形成了“政校行企”四方联动的“党建＋教育扶贫”模式，即充分发挥党组织的政治引领作用，充分利用学校培训资源优势，对贫困建档立卡人员进行焊接技能培训，精准提升贫困人口的就业技能水平，实现从“体力型”就业向“技能型”就业转变，稳定增加贫困群众的收入，助力脱贫奔小康②。

辽宁阜新市开展“合作社里党旗红”活动，把支部建在合作社，以党支部为核心，以专业合作社为依托，将有脱贫能力、有致富愿望的贫困户吸纳其中，通过资源整合、资产收入帮扶等形式，采取一帮十、十帮百的“滚雪球”方式，带动他们致富，形成了“党建＋合作社”模式。

河北承德市以“脱贫党旗红”活动为载体，积极探索“以党建带扶贫、以扶贫促党建”的新模式，通过建强支部战斗堡垒，创新服务帮带模式，充分发挥党员示范作用，以“建立长效扶贫机制、提高贫困户造血能力”为重点，结合各村实际，确定不同的扶贫路。

甘肃平凉市创新以“1＋X＋1”为抓手的支部领路、服务对路、铺就富路工作模式，“支部＋协会＋贫困户”产业为民、“支部＋企业＋贫困户”引资富民、“支部＋便民点＋贫困户”服务便民，形成“党建＋社会中介”模式，由村党支部牵头创办产业协会、领办企业，把“党组织建在产业链上”，使党组织的政治、组织优势转变为企业和农户的发展优势，既增加了企业和农户的收入，又提升了村级党组织推动发展、服务群众的能力，实现了扶贫攻坚和党建工作的互动双赢。

江西安远新龙乡以“党建＋精准扶贫”工作思路，着力实施“党建＋产业扶贫＋关爱健康＋扶智立志”，从经济脱贫、健康脱贫、精神脱贫“三位一

---

① 邢成举：《嵌入村庄的党建精准扶贫研究——基于宁夏华村“百富带百贫”工作的调查》，《中共福建省委党校学报》2019 年第 1 期。

② 胡万志、梁朝益：《河池“党建＋教育扶贫”培训模式成功案例的探析》，《农村经济与科技》2019 年第 8 期。

体”助推扶贫攻坚，确保群众在全面建设小康社会的路上不掉队，奋力打造革命老区振兴发展的样板。

同时，新时代脱贫攻坚也产生了一些创新实践模式，如“互联网＋党建”模式，通过建设“互联网＋党建”云平台、大数据，进一步推动党建传统优势和信息技术的高度融合，云南师范大学在精准扶贫工作中开发了“基于微信互联网＋的云师大驻村扶贫工作队之窗系统”“基于位置服务的精准扶贫地区盘山公路监测及防对头碰撞系统”，充分利用“互联网＋精准扶贫”开展工作，建立了党建扶贫推进客服常态化机制，党建、精准扶贫打赏机制，微信小店等，实现精准扶贫户可视化。“互联网＋党建”实现了精准扶贫地区的党建工作信息化向基层延伸[①]。“党建＋微博”模式可以更好地应对党建扶贫工作中出现的挑战。湖北武陵山区基层党建组织力图把微博打造成为党务公开的窗口，与基层民众沟通交流的桥梁以及广泛听取各方面声音的平台。透过微博的应用，拉近了基层党组织与基层民众之间的距离，提升了基层党建工作的亲和力和凝聚力[②]。

二、脱贫攻坚彰显制度优势

习近平总书记指出，总的看，我们在脱贫攻坚领域取得了前所未有的成就，彰显了中国共产党领导和我国社会主义制度的政治优势。这些政治制度优势体现在脱贫攻坚的多个层面。

（一）坚持党对脱贫攻坚的全面领导

党的十八大以来，习近平总书记亲自挂帅出征、驰而不息高位推进，走遍全国集中连片特困地区，50 多次国内考察 40 多次涉及扶贫，连续 6 年新年首次国内考察看扶贫，连续 6 年召开 7 次跨省区的脱贫攻坚座谈会，分阶段、

---

① 王宁邦、徐博、徐旻等：《基于“互联网＋”的精准扶贫信息化应用》，《云南师范大学学报（自然科学版）》2018 年第 4 期。

② 孙忠良：《运用微博创新武陵山区基层党建工作的新思考》，《湖南省社会主义学院学报》2015 年第 4 期。

分专题部署推进工作，连续4年主持召开会议审定脱贫攻坚成效考核结果。7年多来，习近平总书记把脱贫攻坚作为治国理政的重要内容，作出一系列新决策新部署，提出一系列新思想新观点，为新时代打赢脱贫攻坚战提供了根本遵循和行动指南。22个省区市向党中央立下军令状，中共中央办公厅、国务院办公厅印发《省级党委和政府扶贫开发工作成效考核办法》。各地建立脱贫攻坚党政一把手负责制，层层签订脱贫攻坚责任书，层层压实责任，层层传导压力，形成了省市县乡村五级书记一起抓的工作格局。中央明确脱贫攻坚期贫困县县级党政正职要保持稳定。各地发挥好村党组织在脱贫攻坚中的战斗堡垒作用。强化“中央统筹、省负总责、市县抓落实”的管理机制。中央做好顶层设计，考核省级党委和政府扶贫开发工作成效。省级党委和政府对辖区内脱贫攻坚工作负总责，确保辖区内贫困人口如期全部脱贫、贫困县如期全部摘帽。市（地、州、盟）、县级党委和政府因地制宜，推动脱贫攻坚各项政策措施落地生根。

（二）坚持把脱贫攻坚摆在治国理政的突出位置

党的十八届五中全会审议通过《中共中央关于制定国民经济和社会发展第十三个五年规划的建议》，明确把农村贫困人口脱贫作为全面建成小康社会的基本标志。党中央、国务院印发《中共中央　国务院关于打赢脱贫攻坚战的决定》《“十四五”脱贫攻坚专项规划》《中共中央　国务院关于打赢脱贫攻坚战三年行动的指导意见》，一系列关于脱贫攻坚的决策部署，把脱贫攻坚纳入国家整体发展规划，确保贫困人口和贫困地区同全国一道进入全面小康社会。明确目标任务，确定精准扶贫精准脱贫基本方略：中央在财政、金融、土地、交通、水利、电力、住房、教育、健康、科技、人才、宣传动员和建档立卡、驻村帮扶、考核评估等方面出台一系列专项政策和超常规举措；建立脱贫攻坚制度体系，为脱贫攻坚提供制度保障；脱贫攻坚任务重的地方党委和政府把脱贫攻坚作为“十三五”期间头等大事和第一民生工程来抓，坚持以脱贫攻坚统揽经济社会发展全局；聚焦“三区三州”等深度贫困地区，落实脱贫攻坚方案，瞄准突出问题和薄弱环节狠抓政策落实；对52个未摘帽贫困县和1113个贫困村实施挂牌督战，啃下最后的硬骨头，确保剩余贫困人口如期脱贫；着力巩固“两不愁三保障”成果，分类施策，防止反弹。

（三）坚持精准扶贫方略

精准扶贫是我国打赢脱贫攻坚战的基本方略。精准扶贫是习近平总书记关于扶贫工作重要论述的精髓，是一套内涵丰富、逻辑严密的思想体系，是对传统扶贫开发方式的根本性变革，是国家贫困治理体系现代化的目标方向，是脱贫攻坚目标任务完成的重要制度优势。从哲学基础看，习近平总书记关于扶贫工作的重要论述包括实事求是和从实际出发、普遍联系与统筹兼顾、对立统一与重点论等基本哲学理论。从政治基础看，精准扶贫坚持中国共产党的坚强领导和发挥社会主义制度集中力量办大事的优势。从主要内容看，习近平总书记关于扶贫工作的重要论述是做到“六个精准”，实施“五个一批”，解决“四个问题”，是内在逻辑严密的体系。做到“六个精准”是精准扶贫的基本要求，实施“五个一批”是精准扶贫的实现途径，解决“四个问题”是精准扶贫的关键环节，推进国家贫困治理体系和治理能力现代化是精准扶贫的主要目标。精准扶贫精准脱贫方略是一项系统工程，由核心内容、实现路径、根本要求、保障体系和落实行动等各相互作用、相互促进的子系统耦合而成，是具有内在逻辑关联的贫困治理体系。

（四）坚持完善大扶贫格局

充分发挥政府在脱贫攻坚中的主体和主导作用，这是大扶贫格局的核心和基础。一是做好顶层设计，把脱贫攻坚纳入国家总体发展战略，制订国家专项规划。二是通过安排并不断加大财政专项扶贫资金投入实现政府主导。三是聚焦深度贫困地区脱贫攻坚。四是统筹加大专项扶贫和行业扶贫的力度。不断丰富发展的中国特色社会扶贫体系，逐步成为我国大扶贫格局的重要一极。党的十八大以来，中国特色社会扶贫体系不断丰富发展。顶层设计持续优化，社会扶贫领域的相关制度安排逐渐完善。政府主导为社会扶贫奠定了基础，广泛动员为社会扶贫提供了动力，创新发展激发了社会扶贫的活力，发挥优势提升了社会扶贫的实效。

（五）坚持激发脱贫内生动力

始终把激发内生动力作为扶贫脱贫的根本目标。把内生动力激发、提升、培育作为精准扶贫精准脱贫的重要内容和根本目标，以实现贫困地区贫困人口内源式发展。始终尊重贫困群众在脱贫攻坚中的主体地位，采取系统性措施，让贫困群众在项目选择、设计、实施、管理、监督、验收、后续管理等过程中的每一个环节发挥主体作用，强化贫困群众的主体意识和拥有感，最大限度提升贫困群众在脱贫攻坚中的获得感。多措并举激发内生动力，坚持外部帮扶与内生动力结合。形成正向引导激励机制，加强教育宣传，改变外在帮扶方式，把扶贫脱贫和贫困群众的自我发展能力建设有机结合起来。注重贫困地区基层干部的能力建设和素质培养。

（六）坚持较真碰硬考核评估

完善考核评估的制度框架，丰富考核评估基本方法。形成了纵向到底、横向到边的脱贫攻坚考核评估体系，包括省级党委和政府扶贫开发工作成效的考核、东西部扶贫协作成效的考核、中央单位定点扶贫成效的考核、贫困县扶贫脱贫成效的考核。由实地考核、平时掌握情况的梳理、综合评价分析共同组成考核评估方法。综合运用考核成果。从 2017 年开始，经党中央、国务院同意，对综合评价好的省份通报表扬，并在中央财政专项扶贫资金分配上给予奖励。对综合评价较差且发现突出问题的省份，党中央、国务院授权国务院扶贫开发领导小组约谈党政主要负责人，对综合评价一般或发现某些方面问题突出的省份，约谈省分管负责人。由国务院扶贫开发领导小组组织的督查和巡查、民主党派监督和社会监督三个方面组成完备的监督体系。发挥民主党派监督的作用，扶贫部门加强与审计、财政等部门和媒体、社会等监督力量的全方位合作，畅通群众反映问题渠道，接受全社会监督。

三、脱贫攻坚彰显治理能力

党的十八大以来，脱贫攻坚领域取得的前所未有的成就，凝聚了全党全国各族人民的智慧和心血。这些历史性成就，是在中国共产党的坚强领导下，广大干部群众扎扎实实干出来的。脱贫攻坚的成功实践及成就，充分彰显了中国共产党在组织领导、改革创新、社会动员、贯彻落实等方面的卓越治理能力。这些能力，成为“一个不落”目标实现的重要保障，也为建立解决相对贫困问题的长效机制奠定了基础。

（一）组织领导能力

党对脱贫攻坚的组织领导能力，是打赢脱贫攻坚战的根本保障。脱贫攻坚中党的组织领导能力集中体现在党的领导核心高度重视和亲自指挥，党中央建立并完善脱贫攻坚的责任体系，层层压实脱贫责任。

习近平总书记把脱贫攻坚作为全面建成小康社会的底线任务和标志性指标，亲自挂帅出征、驰而不息推进，走遍全国集中连片特困地区，国内考察多次涉及扶贫，在许多重要会议上都强调扶贫，每年扶贫日期间出席重大活动或作出重要指示，每年听取脱贫攻坚成效考核汇报，6 年召开 7 次专题座谈会作出重大部署，提出落实要求，保证了脱贫攻坚的正确方向和良好态势。

1. 完善“中央统筹、省负总责、市县抓落实”的扶贫开发管理体制

中央一级负责制定脱贫攻坚的大政方针，出台重大政策举措，完善体制机制，规划重大工程项目，协调全局性重大问题、全国性共性问题，指导各地制订脱贫滚动规划和年度计划。中央和国家有关部门按照工作职责，落实脱贫攻坚责任。省级党委和政府对本地区脱贫攻坚工作负总责，抓好目标确定、项目下达、资金投放、组织动员、监督考核等工作，确保责任层层落实。中西部 22 个省区市党政主要负责同志向中央签署脱贫攻坚责任书，立下军令状，每年定期向中央报告脱贫攻坚工作进展情况。市级党委和政府主要负责上下衔接、域内协调、督促检查工作，把精力集中在贫困县如期摘帽上。县级党委和政府承担主体责任，书记和县长是第一责任人，做好进度安排、项目落地、资金使用、人力调配、推进实施等工作。通过合理安排各级政府在脱贫攻坚中的权责，形成了合理分工、各司其职、有序推进的工作局面。

2. 建立并完善五级书记一起抓扶贫的领导责任体制

加强党对扶贫工作的领导有利于在脱贫攻坚过程中统筹全局、协调各方，有利于资源和人力的调度与合理使用，是打赢脱贫攻坚战的重要组织保障。

建立并完善五级书记一起抓扶贫的领导责任体制，体现了强大的组织领导能力。按照“中央统筹、省负总责、市县抓落实”的管理体制，层层压实责任。中西部22个省区市党政主要负责同志向党中央签订脱贫责任书。县级党委、政府正职在脱贫攻坚期内保持稳定。脱贫攻坚任务重的省份，将打赢脱贫攻坚战作为“第一民生工程”和“头等大事”来抓，以脱贫攻坚统揽经济社会发展全局，各级党委作为脱贫攻坚的第一责任主体，各级党组织的书记作为第一责任人，为赢得脱贫攻坚战的胜利奠定了政治基础和组织基础。

3. 建立并完善新时代全党全社会广泛参与的帮扶责任体制

全党全社会的广泛参与是中国特色减贫道路的鲜明特征。东西部协作扶贫、定点扶贫以及社会各界合力攻坚，汇聚成了磅礴的新时代脱贫攻坚合力。党中央出台相关文件，通过东西部扶贫协作、中央单位定点帮扶工作的强化细化，带动全社会落实帮扶责任。比如东西部协作扶贫，中央安排东部9省（直辖市）、13个城市对口帮扶西部10个省（区、市），以及吉林延边、湖北恩施、湖南湘西和河北张家口、承德、保定。为了使帮扶具有实效，中共中央办公厅、国务院办公厅联合印发了《关于进一步加强东西部扶贫协作工作的指导意见》，意见中明确了东西部协作中产业合作、劳务协作、人才支援、资金支持、社会参与等五项重点工作，并围绕每一项工作，明确帮扶方和被帮扶方各自的责任，确保各项政策部署落到实处。2016—2019年，东部9省市向扶贫协作地区投入财政援助资金近500亿元，接近过去20年总额的5倍。募集社会帮扶资金，协作双方互派党政挂职干部、互派专业技术人才数量均大幅增长。全社会合力攻坚的帮扶责任体制，有力拓展了脱贫攻坚的资源总量，体现了中国共产党的组织领导能力。

（二）改革创新能力

打赢脱贫攻坚战是中国特色社会主义进入新时代，以习近平同志为核心的党中央为消除绝对贫困、确保全面建成小康社会而作出的重大决策部署。围绕这一决策部署的贯彻落实，从中央的顶层设计到地方的基层实践，改革创新体现在全过程各环节，特别是在扶贫理论、扶贫方略、脱贫攻坚制度体系、精准扶贫工作机制等方面的重大创新，彰显了中国共产党的改革创新能力。

1. 扶贫理论的重大创新

新时代脱贫攻坚的时代特征是以习近平新时代中国特色社会主义思想为指导，以习近平总书记关于扶贫工作的重要论述为根本遵循。习近平总书记关于扶贫工作的重要论述，是中国扶贫理论的新发展，是马克思主义反贫困理论中国化的最新成果。一是从中国特色社会主义发展全局明确扶贫开发的战略地位。党中央把扶贫开发与党和政府的职责、党的根本宗旨以及全面建成小康社会目标要求和社会主义的本质要求相结合，这是对马克思主义反贫困理论的重大贡献。二是深刻总结了党的十八大以来中国扶贫开发“六个坚持”的宝贵经验，丰富发展了中国特色减贫道路的具体内容。这些宝贵经验包括：坚持党的领导，强化组织保证；坚持精准扶贫方略，提高脱贫实效；坚持加大投入，强化资金支持；坚持社会动员，凝聚各方力量；坚持从严要求，促进真抓实干；坚持群众主体，激发内生动力。三是从携手消除贫困、共建人类命运共同体的高度指明了全球减贫合作的方向。中国在致力于消除自身贫困的同时，力所能及地向其他发展中国家提供不附加任何政治条件的援助，支持和帮助广大发展中国家特别是最不发达国家消除贫困。这是对全球减贫理论的原创性贡献。

2. 扶贫方略的重大创新

2013 年，习近平总书记在湖南湘西州花垣县十八洞村考察时，首次提出“精准扶贫”的治贫理念，随后多次阐述这一理念，形成了思想深邃、逻辑严密的精准扶贫重要论述，精准脱贫成为脱贫攻坚的基本方略。在扶贫开发过程中做到“六个精准”，实施“五个一批”，解决“四个问题”，是精准扶贫精准脱贫基本方略的要旨所在。坚持做到扶持对象精准、项目安排精准、资金使用精准、措施到户精准、因村派人精准、脱贫成效精准，使建档立卡贫困人口中通过产业扶持、转移就业、易地搬迁、教育支持、医疗救助等措施实现脱贫，其余完全或部分丧失劳动能力的贫困人口实行社保政策兜底。脱贫攻坚的实践证明，精准扶贫精准脱贫基本方略，是打赢脱贫攻坚战的基本理念和总方法。

3. 脱贫攻坚制度体系的重大创新

主要是体现“中央统筹、省负总责、市县抓落实”体制机制要求的各负其责、合力攻坚的责任体系，针对多维致贫因素、形成政策“组合拳”的政策体系，确保扶贫投入力度与打赢脱贫攻坚战要求相适应的投入体系，发挥社会主义制度集中力量办大事优势的社会动员体系，确保中央决策部署落地落实的督查体系，体现最严格考核评估要求确保真扶贫、扶真贫、真脱贫的考核体系。脱贫攻坚制度体系的形成和发展，为打赢脱贫攻坚战提供了制度保障。

4. 精准扶贫工作机制的重大创新

精准扶贫工作机制的重大创新主要体现在：为解决好“扶持谁”的问题，逐村逐户开展贫困识别，对识别出的贫困村、贫困户建档立卡，并且通过“回头看”和甄别调整，不断提高识别准确率；为解决好“谁来扶”的问题，全国累计选派县级以上机关、国有企事业单位300多万名干部参加驻村帮扶，加上近200万名乡镇扶贫干部和数百万名村干部，增强了一线扶贫力量，打通了精准扶贫“最后一公里”；为解决好“怎么扶”的问题，全面实施“五个一批”工程，因地因人制宜，扶到点上，扶到根上；为解决好“如何退”的问题，中央明确贫困县、贫困村、贫困人口退出标准和程序，各地科学合理制订脱贫滚动规划和年度计划，对拟退出的贫困县组织第三方进行严格评估，保持有关政策稳定。

（三）社会动员能力

广泛动员社会力量参与脱贫攻坚，大力宣传脱贫攻坚典型案例、典型经验、典型人物，有助于凝聚最广泛的人心和力量，营造全社会关心扶贫济困、关心国家发展的良好氛围。党在脱贫攻坚战中的社会动员能力集中体现在不断强化社会动员和宣传体系建设，凝聚了全社会参与的新扶贫格局。

1. 大力拓展完善中国特色社会扶贫体系

中国特色减贫道路的基本特征之一，就是坚持巩固和完善大扶贫的工作格局。党的十八大以来，社会扶贫领域聚焦精准，围绕优化工作机制和模式，持续开展创新。东西部协作和定点扶贫等领域工作以精准扶贫精准脱贫的理念为指引不断深入。发达地区和中央单位向贫困地区选派干部超过10万人，支持项目资金超过万亿元。经过调整完善东西部扶贫协作结对关系，实现了对 30 个民族自治州结对帮扶的全覆盖。对口支援新疆、西藏和四省藏区工作在现有机制下进一步聚焦精准扶贫精准脱贫，瞄准建档立卡贫困人口精准发力，提高了对口支援实效。进一步加强中央单位定点扶贫工作，推动定点扶贫工作重心下沉，提高精准度和有效性，实现定点帮扶 592 个扶贫开发工作重点县全覆盖。军队和武警部队定点帮扶取得新进展。中央企业设立贫困地区产业投资基金，开展“百县万村”扶贫行动。民营企业实施“万企帮万村”精准扶贫行动。同时，健全社会力量参与机制，通过开展扶贫志愿活动、打造扶贫公益品牌、构建信息服务平台、推进政府购买服务等方式，构建社会扶贫“人人皆愿为、人人皆可为、人人皆能为”的参与机制。体现了我们党独一无二的强大社会动员能力。

2. 大力开展宣传培训活动，营造浓厚的社会参与氛围

2014 年，国务院将 10 月 17 日确定为全国扶贫日，每年组织开展扶贫日系列活动。建立扶贫荣誉制度，设立全国脱贫攻坚奖，表彰脱贫攻坚模范，激发全社会参与脱贫攻坚的积极性。持续开展习近平总书记关于扶贫工作重要论述学习宣讲活动，宣传培训中央关于脱贫攻坚的基本方略与决策部署，增进了党政干部和社会各界对于脱贫攻坚重大战略意义、理论方法的认识，提高了精准扶贫能力。通过总结和宣传典型案例、典型经验，推进了各地的经验交流和创新模式推广。形式多样的评比和宣传活动，营造了全社会共同参与脱贫攻坚的社会环境。

（四）贯彻落实能力

党中央决策部署的层层落实，最终体现为贫困人口脱贫、贫困县摘帽、区域性贫困消除等目标的实现。各地各部门的贯彻落实能力实际上构成了中国共产党执政能力的重要内容，主要体现在增加投入、完善政策、严格考核、加强监督、加强作风能力建设等方面。

1. 建立与脱贫任务相适应的投入体系

这是保障脱贫攻坚各项目标如期实现的基础。2014 年，《关于创新机制扎实推进农村扶贫开发工作的意见》提出，以扶贫攻坚规划和重大扶贫项目为平台，整合扶贫和相关涉农资金，集中解决突出贫困问题，充分发挥政策性金融的导向作用，支持贫困地区基础设施建设和主导产业发展。随后《中共中央　国务院关于打赢脱贫攻坚战的决定》要求积极开辟扶贫开发新的资金渠道，确保政府扶贫投入力度与脱贫攻坚任务相适应。同时，倡导在扶贫开发中推广政府与社会资本合作、政府购买服务等模式，鼓励和引导商业性、政策性、开发性、合作性等各类金融机构加大对扶贫开发的金融支持。党中央科学的顶层设计，确保了政府投入的主体和主导作用，稳步增加金融对脱贫攻坚的投放和支持，逐步建立起了运转有效、保障有力的脱贫攻坚投入体系。近年来，投入到脱贫攻坚的各类资金超过万亿元，奠定了贯彻落实中央决策部署的投入基础。

2. 完善政策体系

2015 年，《中共中央　国务院关于打赢脱贫攻坚战的决定》明确提出实施精准扶贫方略、加快贫困人口精准脱贫的政策举措，包括健全精准扶贫工作机制、发展特色产业脱贫、引导劳务输出脱贫、实施易地搬迁脱贫、结合生态保护脱贫、加强教育脱贫、开展医疗保险和医疗救助脱贫、实行农村最低生活保障制度兜底脱贫、探索资产收益扶贫、健全特殊人群关爱服务体系等，成为指导脱贫攻坚的纲要性文件。2016 年，国务院印发“十三五”脱贫攻坚规划，继续提出有关产业发展脱贫、转移就业脱贫、易地搬迁脱贫、教育扶贫、健康扶贫、生态保护扶贫、兜底保障等方面的政策规划。同时，为进一步细化落实中央决策部署，中共中央、国务院以及中央和国家机关各部门出台政策文件或实施方案 200 多个，涉及产业扶贫、易地扶贫搬迁、劳务输出扶贫、交通扶贫、水利扶贫、教育扶贫、健康扶贫、金融扶贫、农村危房改造、土地增减挂钩、资产收益扶贫等方面，奠定了贯彻落实中央决策部署的政策基础。

3. 实行最严格的考核评估

精准扶贫精准脱贫，最终要落实到脱贫攻坚总体目标的实现成色和人民群众的获得感、满意度上。为确保脱贫成果经得起历史和实践检验，中共中央办公厅、国务院办公厅印发《省级党委和政府扶贫开发工作成效考核办法》，从 2016 年到 2020 年，国务院扶贫开发领导小组每年开展一次考核。主要涉及减贫成效、精准识别、精准帮扶、扶贫资金使用管理等方面内容。从

2017 年开始，经党中央、国务院同意，对综合评价好的省份通报表扬，对综合评价一般或发现某些方面问题突出的省份，约谈省分管负责人，对综合评价较差且发现突出问题的省份，约谈省党政主要负责人。各地均开展了省级考核评估和整改督查巡查，对整改责任不到位、整改措施不精准、整改效果不明显的进行严肃问责。严格考核评估奠定了贯彻落实中央决策部署的质量基础。

4. 加强脱贫攻坚监督

良好的政策设计，需要采取有力的落实举措才能真正实现预期的成效。脱贫攻坚面广域宽，狠抓落实，解决实际工作中面临的突出问题，对于政策效能的充分显现至关重要。为此，脱贫攻坚顶层设计着力建设完备的监督体系，包括由国务院扶贫开发领导小组组织的督查和巡查、民主党派监督和社会监督三个方面。首先，2016 年中央办公厅、国务院办公厅联合印发《脱贫攻坚督查巡查工作办法》，规定对中西部 22 个省区市党委和政府、中央和国家机关有关单位脱贫攻坚工作的督查和巡查。督查内容涉及脱贫攻坚责任落实情况，专项规划和重大政策措施落实情况，减贫任务完成情况以及特困群体脱贫情况，精准识别、精准退出情况，行业扶贫、专项扶贫、东西部扶贫协作、定点扶贫、重点扶贫项目实施、财政涉农资金整合等情况。督查结果向党中央、国务院反馈。其次，国务院扶贫开发领导小组根据掌握的情况报经党中央、国务院批准，组建巡查组不定期开展巡查工作。巡查坚持问题导向，着力解决突出问题，重点包括干部在落实脱贫攻坚目标任务方面是否存在失职渎职，不作为、假作为、慢作为，贪占挪用扶贫资金，违规安排扶贫项目，贫困识别、退出严重失实，弄虚作假搞数字脱贫，以及违反贫困县党政正职领导纪律要求和约束机制等。再次，发挥民主党派监督作用。8 个民主党派中央分别对应 8 个贫困人口多、贫困发生率高的省份开展脱贫攻坚民主监督，成为彰显我国多党合作制度优势的新实践。此外，党中央开展脱贫攻坚专项巡视，加强审计、财政等部门和媒体、社会等监督力量的全方位合作，综合运用各方面监督结果，加强对各地工作指导。设立 12317 扶贫监督举报电话，畅通群众反映问题渠道，接受全社会监督。全方位的脱贫攻坚监督奠定了中央决策部署贯彻落实的效能基础。

5. 持续推进作风和能力建设

扶贫领域作风总体是好的，但形式主义、官僚主义、虚假脱贫、数字脱贫、消极厌战、松劲懈怠等问题不同程度存在，有的还十分突出。这些问题不解决，不仅影响脱贫攻坚有效推进，而且损害党和政府形象。党中央持续加强作风建设，深化扶贫领域腐败和作风问题专项治理，重点解决频繁填表报数、多头重复考核督查、文山会海、飞行调研等突出问题，进一步减轻基层负担。持续加强能力建设，深入推进脱贫攻坚干部培训。对县级以上领导干部，重点提高思想认识，树立正确政绩观，掌握精准扶贫精准脱贫方法论，增强研究和解决攻坚难题的能力；对基层干部，主要采取案例教学、现场教学等培训方式，增强精准扶贫精准脱贫工作能力。同时，着力培育贫困村创业致富带头人，回引本土人才，培育“不走的工作队”。不断加强扶贫干部队伍作风和能力建设，奠定了中央决策部署贯彻落实的基础。

案例："党建+产业"实现脱贫攻坚与乡村振兴有效衔接

——广东英德市连樟村村企共建实践

2018年10月23日，习近平总书记在考察广东英德市连樟村时强调："全面建成小康社会一个都不能少，在脱贫攻坚战中，基层党组织要发挥战斗堡垒作用，一任接着一任抓，一仗接着一仗打，一代接着一代干，积小胜为大胜，最后取得全面胜利。"

一、背景情况

连樟村是广东省定相对贫困村，全村共有17个村民小组，共482户2225人，其中建档立卡贫困户55户135人。在这些建档立卡贫困户中，一般贫困户有19户49人、低保贫困户有22户71人、五保贫困户有14户15人，有劳动能力的有35户111人、无劳动能力的有20户24人。

连樟村贫困户致贫的主要原因：一是因残致贫、因病致贫和因缺乏劳动力致贫的比例较高，帮扶难度大。全村55户贫困户中，因病因残致贫的有10户，缺乏劳动力致贫的有19户。二是农业基础设施落后，村容村貌较差。全村以梯田为主，平地面积不多，没有"三面光"水渠，除属于整村搬迁重建的根竹坪和丘冲村等自然村外，其余自然村基本缺少建设规划，巷道没有硬底化，群众出行不便，脏乱差现象突出。三是村民小农经济意识严重。当地以农业生产为主，主要种植水稻、花生，经济作物以柴木等为主，少量种植冬瓜、蔬菜，但规模较小，尚未形成覆盖农民稳定收入的主导产业，农民经济收入主要靠零星种养和外出务工。四是资源开发利用率低。当地有较为丰富的林地资源，但由于分散，各家各户自主经营，没有连片开发种植价值较高的经济林木，没有形成林业产业规模，效益偏低。五是集体经济薄弱。村委会没有经济实体，集体年收入仅有1900元。集体经济收入低，直接影响村党支部和村委会作用的发挥，以及扶贫开发等工作的正常开展。

2017年10月，碧桂园集团积极响应广东省委、省政府关于2277个省定贫困村创建社会主义新农村示范村的号召，成立专职帮扶小组，派驻团队进驻连樟中心村，共同推进脱贫攻坚大行动。连樟村村企共建，以“党建十产业”为抓手实现脱贫攻坚与乡村振兴有效衔接。

二、主要做法

1. 党建扶贫扶志

一是连樟村党组织和外部帮扶企业结对共建。发挥党员在脱贫攻坚中的模范带头作用，组织形式多样的党群关爱活动。如2019年1月17日，举办新春进贫户送祝福活动，为邓益本家拍摄春节全家福，提升村民家庭凝聚力和幸福感。

二是挖掘红色资源。推进“思源计划”旅游路线设计，连樟村设计了“重走习总书记访贫问苦路”。碧桂园集团各党支部带领员工到连樟村学习、调研、观摩，带动了连樟村农家乐、土特产、红色旅游纪念品等相关产业发展。

三是开展党建共建暨短期体验式调研学习活动。一方面，组织连樟村党支书到碧桂园集团参观考察，提高党建工作水平，拓展扶贫思路。另一方面，碧桂园集团在广东省内各区域、城市公司和项目党组织也深入到连樟村调研走访，寻找致贫原因，研究脱贫方法。

四是开展“寻找老村长”活动。开展在连樟村寻找德高望重的老村长活动。碧桂园扶贫工作队在连樟村聘请了2位老村长，多次协助开展宣讲活动、入户调研，助力破解部分贫困群众目标不清、志气不足问题，激发贫困户脱贫斗志。

五是开展寻找深度贫困户活动。连樟村有深度贫困户9户，通过精准施策，给每户针对性地制定帮扶方案，提供可落地、可造血、可持续的帮扶策略。比如对于深度贫困户陆奕和，在政府帮其进行危房改造后，房屋仍不足以满足其家庭成员住房需求，对此，碧桂园扶贫工作队帮其加建了一层并进行外立面改造，还加装楼梯、不锈钢楼梯扶手等，切实解决了深度贫苦户的实际问题。

六是开办“碧乡·乡村振兴学习实践中心”。连樟村在碧桂园支持下开办了首个新时代乡村振兴学习中心——“碧乡·乡村振兴学习中心”，聘请华南农业大学文晓巍教授担任学习中心首位讲师，并引入贫困村研学旅游产业。聘请政府领导、高校教授、碧桂园集团相关领域专家作为名誉讲师，陆续到学习实践中心为村委干部、驻村第一书记以及老村长、返乡扎根创业青年等授课，传授理论知识和扶贫工作经验，推动习近平新时代中国特色社会主义思想深入人心、落地生根。

2. 产业扶贫扶能

一是筑牢特色产业根基。通过深入调研挖掘当地农特产品，充分发挥帮扶县资源禀赋，推动“一村一品”“一镇一业”。首先扶项目。2017 年 10 月，碧桂园扶贫工作队入驻连樟村开展扶贫工作，在连樟村设立了 50 万元产业发展基金。同时，采用因地制宜、规划引领、整合资源的方法，完成连樟村马下组和甜塘组的 70 亩（1 亩≈667 平方米）高标准农田建设。为帮扶建档立卡户脱贫增收，碧桂园出资支持连樟村玉米种植，采取“公司＋合作社＋基地＋贫困户”的模式，通过收土地租金、务工以及销售玉米等方式，惠及 9 户贫困户。其次采订购。通过碧桂园集团下属酒店公司采购麻竹笋、玉米、连樟红薯等当地特色食品。2018 年连樟村玉米收获后，碧桂园开展了玉米认购活动，帮助连樟村销售玉米超 2000 公斤。

二是落地集团自身产业项目。发挥碧桂园集团自身产业优势，结合集团发展战略，联动集团下属现代农业公司，在连樟村落地现代农业科技示范园项目。项目位于连樟村禾坪坳，占地 74 亩，规划建设温室及农业配套设施总面积 27377 平方米，形成“一带、二心、三区域”的格局，以连樟村为中心辐射整个英德市及周边地区，逐步调整当地农业产业结构，加速当地农业产业升级。在运营过程中，优先聘用有劳动能力的建档立卡贫困户参与到项目运营的各个环节。村民因土地流转可获取一部分收益，并通过进入项目务工获取务工收益，完成了从普通农民向产业工人的转变；再从务工人员当中选择有能力的个体，通过扶持，促使其由产业工人向小业主转变。同时，在连樟村开设了凤凰优选门店，选聘建档立卡户培训上岗，销售贫困县农特产品，在解决村民在家门口就业的同时，增加村民收入。

三是培养一批返乡扎根创业带头人和新型农民。碧桂园集团开展返乡扎根创业青年培训班，培养一批“懂农业、爱农村、爱农民”的返乡扎根创业带头人和一支有文化、懂技术、会经营、具有较强市场意识的新型职业农民队伍。2019年，有20名连樟村村民前往碧桂园集团旗下子公司海南陵水润达现代农业科技发展有限责任公司接受专业化培训，系统学习种植栽培技术、生产承包管理、设施使用维护、仓库管理、品牌建立、市场营销等方面的知识，培训后的新农民将在现代农业产业示范园上岗就业，实现增收。

3. 乡村振兴扶心

（1）清拆破败屋舍，整治脏乱差现象。2017年10月以来，连樟村清拆工作持续取得突破，碧桂园集团扶贫工作队与村委干部、镇政府、清远市精准扶贫工作队携手动员拆除了村内146间破旧泥瓦房和杂物间、鸡舍、猪栏等，面积达3000平方米。整治脏乱生活垃圾点7个，建成78间人畜分离的杂物间，改变了该村脏乱差的现象，给村民一个干净整洁的生活环境。

（2）落实“厕所革命”，补齐民生短板。碧桂园集团积极响应习近平总书记关于“厕所革命”的重要指示，努力补齐这块影响群众生活品质的短板。碧桂园扶贫工作队进驻连樟村后，在中心村村口建成了连樟村第一个公共星级厕所，改变了连樟村从古至今没有公共厕所的局面。

（3）实施污水处理工程，改善人居环境。农村污水排放一直是影响农村环境的重要因素，碧桂园扶贫工作队入驻后，便着手建设连樟中心村污水处理工程。截至2019年1月21日，连樟村污水处理项目已经全部建设完成，建成污水处理站4个、污水处理池1个，项目惠及村中123户582人，全中心村实现雨污分流，极大地改善了村里的人居环境。

（4）完善公共基础设施建设，提升村民生活便利性。完善农村公共设施及基础建设是提高村民生活便利的关键。碧桂园扶贫工作队进驻连樟村后，对村内的公共基础设施进行了修缮。首先，建设生产生活设施。一方面，完成了中心村至西坑村1.8公里的河道清挖，并进行部分地段、沿河滨水步道砂石铺设及斜坡绿化，基本形成沿河绿道，提高了中心村防洪抗灾的能力。另一方面，完成上下楼组至西坑组路段、大棚蔬菜基地遗留路段、旧丘冲路段及田园观光步道等道路硬底化，长度共计约1.5公里，基本实现全中心村村村通硬化道路的目标。另外，改造祠堂前的荷花池和新建甜塘组池塘，极大地改善了村容村貌。其次，建设文化服务设施。建成2间村组综合文化服务室，促进村民参与村内事务治理。并对中心村外墙未装修的砖房进行了统一外立面改造整饰，全村共完成24栋砖房的外立面改造，直接受益225人。最后，建设乡村旅游设施。碧桂园集团帮助连樟村发展乡村旅游业，建设了马下公园及4个停车场；在坳背村河道上建设兼具观景和行人跨河等功能的过水汀步，形成河道流瀑的美丽景观。引入旅游相关业态，在连樟村建设旅游接待室、农家乐及配套设施。结合连樟村茶乡文化底蕴，打造集制茶、泡茶、品茶于一体的现代化茶舍。

(5) 修建人文景观，传承传统文化。农村传统文化是农村的根，碧桂园扶贫工作队注重对传统文化的传承，对连樟村10多户的农户泥瓦房外立面进行美化，并在墙上描绘党建、社会主义核心价值观、历史传统、乡村振兴等方面的彩画，让村民谨记传统，为村中增添了文化气息。

三、经验启示

1. 坚持党建扶贫为引领

“抓好党建促扶贫”是习近平总书记提出的重要扶贫举措。碧桂园集团和连樟村高度重视党建在扶贫工作中的引领作用，坚持将支部建在扶贫项目上，创新企业与贫困村党组织结对共建的党建扶贫模式，扶贫推进到哪里，支部就建到哪里，以党建助力贫困人口脱真贫、真脱贫。通过共同挖掘本土红色资源，开展党建共建暨短期体验式调研学习活动，企业与贫困村共建“乡村振兴学习实践中心”等措施，激活贫困村党支部活力，助力贫困村支部在脱贫攻坚工作中更好地发挥领头羊的作用。

2. 坚持以产业扶贫为抓手

习近平总书记在连樟村考察时指出，产业扶贫是最直接、最有效的办法，要加强产业扶贫项目规划，引导和推动更多产业项目落户贫困地区。帮扶企业立足连樟村资源禀赋，依托集团优势产业力量，为连樟村发展特色产业提供资金、技术、市场、渠道等资源，把连樟村特有的生态资源、文化资源、农产品资源等转化为商品，推向市场，从而把资源优势有效转化为发展优势，带动贫困户脱贫致富。

3. 坚持以乡村振兴为导向

连樟村结合自身的条件，根据脱贫攻坚的任务，将乡村振兴战略思想融入具体脱贫攻坚计划和行动中，统筹脱贫攻坚与乡村振兴之间的有机衔接，奠定乡村振兴的制度和物质基础。通过实施乡村振兴战略，补牢产业发展基础，改善基本公共服务，提高治理能力，巩固和扩大脱贫成果。

第四章
基本方略

JIBEN FANGLÜE

一个不落

YI GE BU LA

脱贫攻坚，精准是要义。必须坚持精准扶贫、精准脱贫，坚持扶持对象精准、项目安排精准、资金使用精准、措施到户精准、因村派人（第一书记）精准、脱贫成效精准等“六个精准”，解决好扶持谁、谁来扶、怎么扶、如何退问题，不搞大水漫灌，不搞“手榴弹炸跳蚤”，因村因户因人施策，对症下药、精准滴灌、靶向治疗，扶贫扶到点上扶到根上。

——习近平：《在打好精准脱贫攻坚战座谈会上的讲话》（2018 年 2 月 12 日）

中国特色社会主义进入新时代，以习近平同志为核心的党中央，作出一系列新决策新部署，全面打响脱贫攻坚战。2013 年 11 月，习近平总书记首次提出精准扶贫理念。2015 年 10 月，党的十八届五中全会把精准扶贫作为打赢脱贫攻坚战的基本方略。2015 年 11 月，习近平在中央扶贫开发工作会议上发表长篇重要讲话，系统阐述精准扶贫精准脱贫基本方略，标志着精准扶贫论述的形成。精准扶贫论述是习近平总书记关于扶贫工作重要论述的核心内容，是精准扶贫精准脱贫基本方略顶层设计及全面落实的行动纲领。脱贫攻坚战打响以来，中央和地方围绕把精准扶贫要求落实到行动层面，出台了一系列文件，这些政策文件系统呈现了在习近平精准扶贫论述指引下形成的精准扶贫精准脱贫基本方略，这一基本方略的实践，成为脱贫攻坚决定性成就取得的关键。

一、习近平提出精准扶贫方略的时代背景

1. 精准扶贫是确保全面建成小康社会目标底线任务完成的客观要求

中国共产党自成立以来，在领导中国人民进行新民主主义革命，建设社会主义新中国，实施改革开放中，始终坚持紧密联系群众、全心全意为人民服务、实事求是、与时俱进的“初心”。习近平总书记指出：“坚持不忘初心、继续前进，就要统筹推进‘五位一体’总体布局，协调推进‘四个全面’战略布局，全力推进全面建成小康社会进程，不断把实现‘两个一百年’奋斗目标推向前进。”① “十三五”时期，是我国实现第一个“一百年”奋斗目标即到 2020 年全面建成小康社会的关键时期。“我们不能一边宣布实现了全面建成小康社会目标，另一边还有几千万人口生活在扶贫标准线以下。如果是那样，就既影响人民群众对全面小康社会的满意度，也影响国际社会对全面建成小康社会的认可度。所以‘十三五’时期经济社会发展，关键在于补齐‘短板’，其中必须补好扶贫开发这块‘短板’。”② 党的十八大以来，党中央、国务院高度重视扶贫开发工作，把扶贫开发摆到治国理政的重要位置，上升到事关全面建成小康社会、实现第一个百年奋斗目标的新高度。现行标准下农村贫困人口实现脱贫，消除绝对贫困，贫困县全部摘帽，解决区域整体性贫困问题，是全面建成小康社会的底线任务，必须在规定的时间内完成，且要保持脱贫攻坚成色足、质量高、经得起历史检验。

2. 经济发展带动减贫效果弱化问题凸显

长期以来，我国实施的是政府主导、各方力量共同参与的扶贫开发模式。其中经济增长为农村持续大规模减贫提供了强劲动力，成为重要推动力量。从减贫过程看，1978—1985 年农村经济的快速发展，使上亿贫困人口解决了温饱问题，摆脱了贫困。之后，随着市场经济发展和大规模农村劳动力向城镇非农就业转移，贫困农户非农收入快速增加，加速了农村大规模减贫的进程。2008 年国际金融危机爆发后，特别是我国进入经济增长新常态后，经济增长带动减贫效益下降。经济增长的主体产业（新业态）益贫性低，农业的

---

① 习近平：《在庆祝中国共产党成立 95 周年大会上的讲话》，《人民日报》2016 年 7 月 2 日。

② 习近平：《在部分省区市扶贫攻坚与“十三五”时期经济社会发展座谈会上的讲话（节选）》（2015 年 6 月 18 日）。

规模经营和资金密集趋势也在增强，通过劳动力转移、农业经营增收脱贫的局限性逐步凸显①。与此同时，社会步入各类利益冲突、社会矛盾多发期。经济增长变缓，弱化了经济发展对社会结构性矛盾的正向作用，凸显了社会矛盾和风险，社会负能量在增加。实施精准扶贫，提升农村扶贫效益，有效解决贫困地区、贫困人口面临的突出问题，可促进共同发展，彰显执政为民理念，营造共谋共富社会氛围，将社会负能量转化为社会治理的建设性力量②。

3. 贫困固化趋势增强

在政府、社会、市场多元贫困治理格局中，某一方力量的变化会打破贫困治理平衡，带来治理困境问题。当经济增长带动减贫强劲时，尽管政府贫困治理存在较多问题，减贫效益不彰，但不会对减贫大局产生较大影响；当经济带动减贫弱化后，若公共力量特别是政府贫困治理存在的问题仍未根本解决，则会影响减贫事业大局，甚至带来贫困结构化问题。长期以来，我国政府在贫困治理中扶贫瞄准偏离比较突出，不少扶贫项目粗放“漫灌”、针对性不强等问题并未得到根本解决。我国提升扶贫标准后，贫困人口规模大幅增加。其中很大一部分贫困人口属于贫困程度深、致贫原因复杂、自我发展能力弱、返贫现象突出的剩余贫困人口。这部分贫困人口很难通过经济增长带动减贫，政府传统扶贫治理方式效果也有限。这些贫困人口的贫困问题没有得到有效解决，不仅会通过贫困代际传递造成贫困固化，而且会影响全面建成小康社会目标的如期实现。

二、习近平精准扶贫方略的形成

2013 年 11 月，习近平总书记在湖南湘西州花垣县十八洞村考察，首次提出“精准扶贫”概念，他指出：“扶贫要实事求是，因地制宜。要精准扶贫，切忌喊口号，也不要定好高骛远的目标。”

2014 年 3 月，习近平总书记在参加十二届全国人大二次会议贵州代表团

---

① 李小云、于乐荣、唐丽霞：《新时期中国农村的贫困问题及其治理》，《贵州民族大学学报（哲学社会科学版）》2016 年第 2 期。

② 陆汉文：《我国扶贫形势的结构性变化与治理体系创新》，《中共党史研究》2015 年第 12 期。

审议时的讲话中指出："精准扶贫，就是要对扶贫对象实行精细化管理，对扶贫资源实行精确化配置，对扶贫对象实行精准化扶持，确保扶贫资源真正用在扶贫对象身上、真正用在贫困地区。"[①] 习近平总书记对精准扶贫中扶贫对象管理、扶贫干预等内容提出了具体要求。

2015年6月，习近平总书记在部分省区市扶贫攻坚与"十三五"时期经济社会发展座谈会上的讲话中指出："扶贫开发推进到今天这样的程度，贵在精准，重在精准，成败之举在于精准。搞大水漫灌、走马观花、大而化之、手榴弹炸跳蚤不行。要做到六个精准，即扶贫对象精准、项目安排精准、资金使用精准、措施到户精准、因村派人（第一书记）精准、脱贫成效精准。各地要在这几个精准上想办法、出实招、见真效。"[②] 习近平总书记精准扶贫论述不仅更加具体，内容更加丰富，而且也将扶贫与脱贫结合起来，形成了精准扶贫精准脱贫基本方略。在这次座谈会上，习近平总书记指出："精准扶贫，一定要精准施策。要坚持因人因地施策，因贫困原因施策，因贫困类型施策。俗话说，治病要找病根。扶贫也要找'贫根'。对不同原因、不同类型的贫困，采取不同的脱贫措施，对症下药、精准滴灌、靶向治疗。各地要通过深入调查研究，尽快搞清楚现有贫困人口中，哪些是有劳动能力、可以通过生产扶持和就业帮助实现脱贫的，哪些是居住在'一方水土养不起一方人'的地方、需要通过易地搬迁实现脱贫的，哪些是丧失了劳动能力、需要通过社会保障实施兜底扶贫的，哪些是因病致贫、需要实施医疗救助帮扶的，等等。"[③] 至此，习近平总书记阐述了精准扶贫的精髓——精准施策，并阐述了如何实现精准施策，为后来形成"五个一批"精准脱贫路径提供了思想指导。

2017年3月，习近平总书记在参加十二届全国人大五次会议四川代表团审议时的讲话中指出："脱贫攻坚越往后，难度越大，越要压实责任、精准施策、过细工作。要继续选派好驻村干部，整合涉农资金，改进脱贫攻坚动员和帮扶方式，扶持谁、谁来扶、怎么扶、如何退，全过程都要精准，有的需要下一番'绣花'功夫。防止返贫和继续攻坚同样重要，已经摘帽的贫困县、

---

① 中共中央党史和文献研究院：《习近平扶贫论述摘编》，中央文献出版社，2018，第58页。
② 同上。
③ 中共中央党史和文献研究院：《习近平扶贫论述摘编》，中央文献出版社，2018，第60页。

贫困村、贫困户，要继续巩固，增强‘造血’功能，建立健全稳定脱贫长效机制，坚决制止扶贫工作中的形式主义。”①

2018 年 2 月，习近平总书记在打好精准脱贫攻坚战座谈会上的讲话中指出：“坚持精准方略，提高脱贫实效。脱贫攻坚，精准是要义。必须坚持精准扶贫、精准脱贫，坚持扶持对象精准、项目安排精准、资金使用精准、措施到户精准、因村派人（第一书记）精准、脱贫成效精准等‘六个精准’，解决好扶持谁、谁来扶、怎么扶、如何退问题，不搞大水漫灌，不搞手榴弹炸跳蚤，因村因户因人施策，对症下药、精准滴灌、靶向治疗，扶贫扶到点上扶到根上。”② 这些都表明，精准扶贫不仅要强调精准，而且要注重脱贫实效，形成长效的脱贫效果。

2019 年 4 月，习近平总书记在重庆主持召开解决“两不愁三保障”突出问题座谈会，指出：“为解决好‘扶持谁’问题，我们坚持精准扶贫、精准脱贫，逐村逐户开展贫困识别，对识别出的贫困村、贫困户建档立卡，通过‘回头看’和甄别调整，不断提高识别准确率。”③ 同时对解决好谁来扶、怎么扶、如何退问题的实践进行了总结，精准扶贫论述更加成熟。

2020 年 4 月，习近平总书记在陕西考察调研时指出：“要瞄准突出问题精准施策，做好剩余贫困人口脱贫工作，因地制宜发展区域特色产业，加快建立防止返贫监测和帮扶机制，加强易地扶贫搬迁后续扶持，多措并举巩固脱贫成果。”④ 强调精准扶贫不仅要精准帮扶脱贫，还要精准防止返贫，提高扶贫脱贫的可持续性，丰富发展了精准扶贫论述的内涵。

三、习近平精准扶贫方略的哲学、政治基础与科学内涵

习近平精准扶贫方略源于坚实的哲学基础和政治基础，具有丰富的科学内涵，指引了精准扶贫精准脱贫基本方略的顶层设计和实践。

---

① 中共中央党史和文献研究院：《习近平扶贫论述摘编》，中央文献出版社，2018，第 76－77 页。

② 同上书，第 82－83 页。

③ 习近平：《在解决“两不愁三保障”突出问题座谈会上的讲话》（2019 年 4 月 16 日），《求是》2019 年第 16 期。

④ 《扎实做好“六稳”工作落实“六保”任务　奋力谱写陕西新时代追赶超越新篇章》，《人民日报》2020 年 4 月 24 日。

（一）习近平精准扶贫方略的哲学基础

1. 坚持实事求是和从实际出发

辩证唯物主义认为，物质是第一性，意识是第二性，物质决定意识，意识是物质的反映。实事求是是毛泽东对党的思想路线的概括与总结，要求从实际出发，探究事物发展的客观规律。进入脱贫攻坚阶段，中央对我国扶贫开发提出了更高要求——不落一人，同时扶贫形势出现了新的变化——经济增长带动减贫效益下降，这就需要在农村贫困治理中坚持实事求是和从实际出发的原则，探析贫困现象出现的原因，探寻消除贫困的良方。习近平总书记指出："扶贫要实事求是，因地制宜。要精准扶贫，切记喊口号，也不要定好高骛远的目标。"① "发展是甩掉贫困帽子的总办法，贫困地区要从实际出发，因地制宜，把种什么、养什么、从哪里增收想明白，帮助乡亲们寻找脱贫致富的好路子。"②

2. 普遍联系与统筹兼顾

普遍联系是唯物辩证法的总特征之一。普遍联系原理指出，任何事物都不是孤立存在的，事物之间、事物内部诸要素之间存在着相互影响、相互制约的联系，整个世界是一个由无数事物联系起来的统一体。贫困问题的产生并非仅贫困者自身的原因，也与资源的拥有、利用和社会制度安排等有关。这就要求我们要从整体的角度去看待贫困和反贫困，既要从贫困者角度提出扶贫方案，又要看到贫困对社会发展全局的影响，将扶贫纳入经济社会发展规划，统筹安排，形成整体联动。习近平总书记指出："没有贫困地区的小康，没有贫困人口的脱贫，就没有全面建成小康社会。……所以，'十三五'时期经济社会发展，关键在于补齐'短板'，其中必须补好扶贫开发这块'短板'。"③

3. 对立统一与重点论

对立统一规律是唯物辩证法的核心规律，包含了事物发展中矛盾双方的

---

① 习近平：《扶贫切记喊口号》（2013 年 11 月 3 日）。据人民网：http://politics.people.com.cn/n/2013/1103/c70731－23416720.html。

② 《深化改革开放推进创新驱动　实现全年经济社会发展目标》，《人民日报》2013 年 11 月 6 日。

③ 习近平：《在部分省区市扶贫攻坚与"十三五"时期经济社会发展座谈会上的讲话（节选）》（2015 年 6 月 18 日）。

统一性与斗争性，矛盾的普遍性与特殊性，矛盾双方发展的不平衡性。从矛盾学说来看，矛盾既是普遍存在的，又具有特殊性，不同事物的矛盾各有特点，不同的矛盾和矛盾的不同方面在事物发展过程中的地位和作用各不相同，即有主要矛盾和次要矛盾、矛盾的主要方面和次要方面。重点论强调分析和解决矛盾必须抓住主要矛盾、矛盾的主要方面，不能“眉毛胡子一把抓”①。习近平总书记指出：“抓扶贫开发，既要整体联动、有共性的要求和措施，又要突出重点、加强对特困村和特困户的帮扶。”②

（二）习近平精准扶贫方略的政治基础

我国农村贫困人口规模大，贫困程度深、致贫原因复杂。在脱贫攻坚阶段，扶贫干预主体多元、资源投入规模大，有序、有效推进脱贫攻坚系统工程需要强有力的组织领导。党和政府领导、多元力量参与扶贫是我国贫困治理的重要特色。党的坚强领导和社会主义制度集中力量办大事的优势，是习近平精准扶贫方略的重要政治基础，是形成现有扶贫治理体制机制的重要保障。政治的稳定和优势，转化为我国扶贫开发的规划性和持续性优势。20 世纪 90 年代中期以来，我国接连实施了三个国家级专项扶贫计划（纲要），且长期坚持实施具有共同富裕性质的东西部扶贫协作和定点扶贫，体现了我国在扶贫干预上的政治和制度优势。脱贫攻坚阶段，脱贫任务重的省份把脱贫攻坚作为“十三五”期间头等大事和第一民生工程来抓，省市县乡村五级书记一起抓扶贫，党政一把手签订脱贫攻坚责任书、立下军令状，层层落实责任，实行严格的责任制度。同时，向贫困村派出驻村第一书记和驻村工作队，把脱贫攻坚任务落实到“最后一公里”，不脱贫不脱钩。

（三）习近平精准扶贫方略的科学内涵

精准扶贫精准脱贫基本方略是具有内在逻辑的贫困治理体系，由核心内

① 甘宗郊、吕慧萍：《试论科学发展观的哲学基础》，《甘肃社会科学》2005 年第 6 期。

② 《深化改革开放推进创新驱动　实现全年经济社会发展目标》，《人民日报》2013 年 11 月 6 日。

容、实现路径、根本要求、保障体系和落实行动等子系统耦合而成。准确理解和把握精准扶贫精准脱贫基本方略的根本要求，是领会贯彻习近平总书记关于扶贫工作的重要论述、全面落实精准扶贫，实现脱真贫、真脱贫目标的根本落脚点。

精准扶贫精准脱贫基本方略是扶贫理念的重大创新，充分体现了将目标导向与问题导向相统一、战略性与可操作性相结合的方法论。做到“六个精准”，实施“五个一批”，解决“四个问题”，其根本要求就是通过四个方面的创新，不断推进贫困治理体系和治理能力的现代化。

一是创新扶贫开发路径，这是精准扶贫精准脱贫基本方略的实现方式。如对无法依靠产业扶持和就业帮助脱贫的家庭实行政策性保障兜底；实施资产收益扶贫、电商扶贫，较好地解决贫困农户与农产品市场对接和市场开拓问题；把易地扶贫搬迁与多种扶贫举措结合起来，实现精准脱贫；把村集体经济发展状况作为衡量贫困村退出的重要指标，促进建立健全稳定脱贫长效机制。

二是创新扶贫资源使用方式，这是精准扶贫精准脱贫基本方略的实现基础。主要内容之一就是将项目审批权下放到贫困县，由县级政府依据脱贫攻坚计划和脱贫攻坚任务，统筹安排使用扶贫资源，较好地解决部门分割下扶贫资源使用多头分散的弊端，有利于降低甚至消除扶贫资源浪费使用。同时创新扶贫资源竞争性使用的机制，形成“真干真支持、大干大支持、少干少支持”的激励制度。

三是创新扶贫开发管理模式，这是精准扶贫精准脱贫基本方略的实现关键。构建精细化帮扶政策体系、实施体系和责任体系，确保扶贫资源瞄准贫困村和贫困户。实施精细化脱贫管理，制定贫困退出标准和程序，组织各方面力量参与贫困人口脱贫的认定、监督等工作，实现扶贫对象有序退出。推进扶贫措施与贫困人口脱贫发展需求精准对接。严格实施考核评估制度，确保真扶贫、扶真贫、真脱贫，脱贫成果经得起人民考验、历史检验。

四是创新扶贫考核评估方式。将扶贫开发作为贫困地区经济社会发展实绩考核的主要内容。注重贫困地区发展的特殊性和主体功能定位，加大生态文明建设考核指标内容和权重，促进贫困地区经济发展、经济社会发展与人口资源环境相协调。强化扶贫开发考核结果在干部工作考核中的运用，最大限度杜绝数字脱贫、“被脱贫”、假脱贫现象发生。创新扶贫考核机制。实施分类考核、综合性考核，合理设置考核指标权重，大幅提高扶贫开发成效考核指标权重，用好考核成果。

四、习近平精准扶贫方略的生动实践

习近平精准扶贫方略的核心内容为“六个精准”“五个一批”，集中体现在解决好扶持谁、谁来扶、怎么扶、如何退四个核心问题上。

（一）解决好“扶持谁”的问题

习近平总书记指出：“要坚持精准扶贫、精准脱贫，重在提高脱贫攻坚成效。……要解决好‘扶持谁’的问题，确保把真正的贫困人口弄清楚，把贫困人口、贫困程度、致贫原因等搞清楚，以便做到因户施策、因人施策。”[①]解决“扶持谁”的问题，要求实现扶持对象精准，具体工作内容为精准识别和精准管理。2013年底，中共中央办公厅、国务院办公厅印发《关于创新机制扎实推进农村扶贫开发的意见》，提出由国家统一制定识别办法，并按照以县为单位、规模控制、分级负责、精准识别、动态管理的原则，开展贫困人口识别、建档立卡和建立全国扶贫信息网络系统等工作。2014年5月，国务院扶贫办等七部委联合印发《建立精准扶贫工作机制实施方案》，提出将建档立卡和信息化建设作为建立精准扶贫工作机制的重点工作。同时，国务院扶贫办印发《关于印发〈扶贫开发建档立卡工作方案〉的通知》，对贫困户和贫困村建档立卡的目标、方法和步骤、工作要求等作出部署。开展建档立卡，摸清贫困底数，基本解决“扶持谁”的问题。

---

① 《脱贫攻坚战冲锋号已经吹响　全党全国咬定目标苦干实干》，《人民日报》2015年11月29日。

（二）解决好“谁来扶”的问题

习近平总书记指出：“要解决好‘谁来扶’的问题，加快形成中央统筹、省（自治区、直辖市）负总责、市（地）县抓落实的扶贫开发工作机制，做到分工明确、责任清晰、任务到人、考核到位。”① 开展驻村帮扶，增强一线力量，基本解决“谁来扶”问题。一是建立脱贫攻坚责任体系。中央出台《省级党委和政府扶贫开发工作成效考核办法》，要求脱贫攻坚任务重的省份的党政主要负责人向中央签署脱贫责任书，层层签订脱贫责任书、立下军令状，形成省市县乡村五级书记抓扶贫工作格局。二是实现选派全覆盖。三是规范管理。中央印发《关于加强贫困村驻村工作队选派管理工作的指导意见》，规范人员选派和管理。四是加强培训。2018 年，中央组织开展脱贫攻坚干部分级分类培训。五是转变作风。驻村干部与当地干部一道扎实工作，带领群众脱贫致富。六是东西扶贫协作深化，结对关系调整完善。东部发达地区 267 个经济较强县（市、区）结对帮扶西部 406 个贫困县，中央层面共有 320 个单位定点帮扶 592 个贫困县，开展“百县万村”行动、“万企帮万村”行动等社会扶贫②。

（三）解决好“怎么扶”的问题

习近平总书记指出：“要解决好‘怎么扶’的问题，按照贫困地区和贫困人口的具体情况，实施‘五个一批’工程。”③ “要提高扶贫措施有效性，核心是因地制宜、因人因户因村施策，突出产业扶贫，提高组织化程度，培育带动贫困人口脱贫的经济实体。”④ 推进精准帮扶工作是解决好“怎么扶”问题的重点，要实现“项目安排精准、资金使用精准、因村派人（第一书记）精准”。瞄准建档立卡贫困对象，建立需求导向的扶贫行动机制，深入分析致贫原因，逐村逐户制订帮扶计划，专项扶贫措施与精准识别结果和贫困人口发展需求相衔接。2015 年 11 月，中央出台《中共中央　国务院关于打赢脱贫攻

---

① 《脱贫攻坚战冲锋号已经吹响　全党全国咬定目标苦干实干》，《人民日报》2015 年 11 月 29 日。

② 刘永富：《全面贯彻中央决策部署　坚决打赢脱贫攻坚战》，《学习时报》2017 年 5 月 5 日。

③ 《脱贫攻坚战冲锋号已经吹响　全党全国咬定目标苦干实干》，《人民日报》2015 年 11 月 29 日。

④ 《更好推进精准扶贫精准脱贫　确保如期实现脱贫攻坚目标》，《人民日报》2017 年 2 月 23 日。

坚战的决定》(简称《决定》),进一步阐明精准扶贫精准扶贫基本方略,中共中央办公厅、国务院办公厅出台 11 个《决定》配套文件。2016 年 12 月,国务院印发《“十三五”脱贫攻坚规划》。自实施精准扶贫以来,中央和国家机关各部门共出台 118 个政策文件或实施方案①,各地相继出台和完善“1+N”的脱贫攻坚系列文件,形成了需求导向、全员参与、有效对接的扶贫脱贫帮扶体系。

实施“五个一批”工程,推进精准施策,基本解决好“怎么扶”问题。在产业扶贫方面,支持贫困地区发展特色优势产业,创新实施扶贫小额信贷政策,培育贫困村创业致富带头人,培育产业扶贫新业态,充分发挥东西部扶贫协作和对口支援机制作用,推动建立带贫减贫机制。在就业扶贫方面,开展劳务协作,组织转移就业。建立扶贫车间,帮助就近就业。加大技能培训,提升就业能力等。

(四)解决好“如何退”的问题

习近平总书记指出:“精准扶贫是为了精准脱贫。要设定时间表,实现有序退出,既要防止拖延病,又要防止急躁症。要留出缓冲期,在一定时间内实行摘帽不摘政策。要实行严格评估,按照摘帽标准验收。要实行逐户销号,做到脱贫到人,脱没脱贫要同群众一起算账,要群众认账。”② 2016 年 4 月,中共中央办公厅、国务院办公厅《关于建立贫困退出机制的意见》印发,对贫困户、贫困村、贫困县退出的标准、程序和相关要求作出细致规定,为贫困人口退出提供制度保障。严格实施考核评估制度,组织开展省级党委和政府扶贫工作成效考核,就各地贫困人口识别和退出准确率、因村因户帮扶工作群众满意度、“两不愁三保障”实现情况等开展第三方评估;考核工作小组结合收集的情况和各省总结,按照定性定量相结合、第三方评估数据与部门数据相结合、年度考核与平时掌握情况相结合的原则,对各省区市脱贫攻坚成效开展综合分析,形成考核意见;对综合

① 刘永富:《全面贯彻中央决策部署 坚决打赢脱贫攻坚战》,《学习时报》2017 年 5 月 5 日。

② 《脱贫攻坚战冲锋号已经吹响 全党全国咬定目标苦干实干》,《人民日报》2015 年 11 月 29 日。

评价好的省份通报表扬，对综合评价较差且发现突出问题的省份，约谈党政主要负责人，对综合评价一般或发现某些方面问题突出的省份，约谈分管负责人；将考核结果作为省级党委、政府主要负责人和领导班子综合考核评价的重要依据①。

① 刘永富：《全面贯彻中央决策部署　坚决打赢脱贫攻坚战》，《学习时报》2017 年 5 月 5 日。

案例：紧扣“精准”实现贫困山区高质量脱贫

——湖北丹江口市精准扶贫的生动实践

丹江口市位于鄂西北、汉江中上游，地处江汉平原与秦巴山区接合部，鄂豫两省交界处，是一座因水而建、因水而兴的生态滨江城市，是南水北调中线工程核心水源区、国家秦巴山片区扶贫开发重点县（市）、湖北省9个深度贫困县（市）之一。全市总面积3121平方公里，辖20个镇（办、处、区）、194个村，总人口46万，建档立卡贫困人口30200户98779人，重点贫困村56个。

丹江口市的脱贫之路困难重重。首先，丹江口市是贫困山区、库区、革命老区重合之地。贫困人口主要分布在汉江以南的高寒山区、汉江以北的石漠化山区和丹江口库区等3个贫困带。贫困区域广、贫困程度深、脱贫难度大。其次，丹江口市是移民大市。因实施南水北调中线工程两次受淹，先后两期移民26万人，淹没土地455平方公里，占整个丹江口库区1050平方公里的43%。库区群众为了生存居住在山顶和山腰，生存空间缩小，生产资料大幅减少，大部分库区群众在贫困线下艰难生存。再次，生态保护和产业转型任务艰巨。2003年以来，由于南水北调库区停建令的限制，农村基础设施和公共设施建设滞后，城乡二元结构明显。2014年12月12日，南水北调中线一期工程正式通水，库区生态建设和水质保护任务艰巨，为了保护生态环境，确保一库净水永续北送，丹江口市面临着生态保护和产业转型发展的巨大压力。

推进脱贫攻坚工作以来，丹江口市坚定不移地贯彻落实习近平总书记关于扶贫工作的重要论述和中央、湖北省、十堰市的决策部署，牢固树立抓脱贫就是抓发展的理念，坚持以脱贫攻坚统揽经济社会发展全局，自觉担当脱贫攻坚政治重任，按照“两不愁三保障”“五个一批”“六个精准”的要求，确定了“三年全面脱贫，两年巩固提高”的工作目标，集中精力、攻坚克难，脱贫工作扎实推进。2014年至2018年脱贫30056户98454人，56个重点贫困村全部退出，全市贫困发生率降至0.11%。2019年4月29日，经湖北省人民政府批准，丹江口市退出脱贫县管理。

一、主要做法

1. 突出产业主导

丹江口市坚持把产业扶贫作为精准脱贫的长久之计，摆在优先位置，采取各种有力措施，狠抓贫困户脱贫产业培植，形成了“五方联动抓产业、五金联结促增收”的良好发展格局。

一是五方联动抓产业。第一，坚持政府主导。市委、市政府制订了切实可行的规划，突出“两为主、两加强”（以现有产业为主、以种植业为主，加强品牌农业建设、加强生态观光农业建设），出台系列扶持产业发展政策，统筹整合扶贫产业发展资金5.2亿元，支持乡镇和有自主发展能力的贫困户大力发展柑橘、茶叶、核桃等特色支柱产业。第二，坚持群众主体。因村因户精准施策，坚持能种则种、能养则养、需务工则务工，逐户落实增收项目。截至2019年底，全市有产业增收项目的贫困户27692户，占贫困户总数的91.7%。组织贫困劳动力免费学习机动车驾驶、服装生产、烹饪等专业技术，累计培训贫困劳动力15161人。第三，坚持龙头企业带动。丹江口市把培育新型市场主体作为带动贫困户增收的重要平台，扶持龙头企业40家、家庭农场127个、种养大户528户，探索出“企业+基地+贫困户”、“家庭农场+贫困户”、“能人大户+贫困户”、“旅游+扶贫”、资产收益等扶贫产业经营机制，最大限度地把贫困户联结在市场主体的产业链上，从而实现增收。第四，坚持专业合作社联动。每个村至少建立1个村级专业合作社，推行“合作社+贫困户”的产业发展模式，与贫困户形成利益联结机制。全市建成专业合作社953家，带动建档立卡贫困户21453户。第五，坚持金融撬动。丹江口市整合财政资金5120万元，建立扶贫小额信用贷款风险担保基金，支持贫困户发展产业，确保贫困户“免担保、无抵押”信用贷款，累计发放扶贫小额信贷资金4.58亿元。

二是五金联结促增收。第一，发展产业得奖金。丹江口市坚持“先干后补、以奖代补”原则，鼓励贫困户依靠发展产业脱贫致富。截至2019年底，全市贫困户种植柑橘10.3万亩、核桃5.4万亩、中药材1.5万亩、蔬菜1.7万亩。第二，企业务工挣薪金。大力发展扶贫车间（作坊），引导群众就近务工增收。全市新建或改建“扶贫车间”292个，9477名贫困人员在家门口就业，实现了挣钱顾家两不误。习家店农博园周边500多名贫困人员在园区从事整地、栽树、嫁接等工作，年均增收10000元以上。第三，土地流转得租金。丹江口市坚持发展生态观光农业，由企业、合作社或大户流转农户土地促增收。丹江口市北斗星种植专业合作社与贫困户签订土地租赁合同，流转土地3400亩，每亩每年付给农户500元租金。第四，入股分红得股金。丹江口市通过资金、土地等资源入股企业或合作社，参与市场主体统一经营增加收入。湖北润秋生态农业发展有限公司探索“村企共建”模式，通过土地入股分红、公司务工、发展乡村旅游等方式，帮扶贫困户95户。第五，扶持发展建基金。中国人寿保险公司出资2亿元，设立了全国首家国寿丹江口绿色扶贫产业基金，聚焦丹江口市“水”和“鱼”两大优势资源，首批推出“国寿丹泉”瓶装水和“博奥鱼头”加工2个特色项目。另外，丹江口市还成立了长江证券丹江口产业培育基金和生高投丹江口产业升级与发展基金，助推产业扶贫。

2. 突出党建引领

一是实施“头雁”工程。按照“双好双强”（思想政治素质好、道德品行好，带富能力强、协调能力强）标准，选优配强村党组织书记，建好党员、村级后备干部、村书记后备人选“三支队伍”，储备村级后备干部432人、能人大户669人、“一村多名大学生计划”招录人员215人。丹江口市举办村党支部书记抓党建促脱贫攻坚专题培训班，对村干部进行全覆盖培训。实行村干部专职化管理，开展村党支部书记精准扶贫工作月述月评活动。整合资金3100余万元，提档升级村级党群服务中心82个。

二是深化“四双”（“双建双培双带双促”）帮扶。深入开展“四双”活动，丹江口市成立了2个精准扶贫片区党委，选派驻村干部598人、包户干部7400余人，实现194个村驻村第一书记和驻村工作队包保帮扶全覆盖。在扶贫一线建立政策宣传、产业发展、生态环保、民主监督、和谐共建“五型”党小组970个，为无职党员在扶贫一线创先争优搭建平台。

三是开展“户户走到”行动。按照“村不漏组、组不漏户、户见干部”的要求，大力推进“足印农家·户户走到”行动，切实为群众解心病、治穷病、防未病。各级党员干部沉到一线，挨家挨户宣讲党的政策，不断密切党群、干群关系，用心、用情、用力落实帮扶举措，做到身到、心到、感情到、措施到、效果到。2018年以来，市镇村三级干部累计走访8万余户，收集并解决问题5万余件，扶贫工作精准度和贫困群众满意度不断提高，为全市顺利实现脱贫摘帽目标打下了坚实基础。

3. 突出精准施策

丹江口市深入贯彻精准扶贫精准脱贫基本方略，严格执行现行扶贫标准，稳定实现“两不愁三保障”目标，不断巩固脱贫攻坚质效。

一是严把“三关”建新房。第一，严把政策执行关。坚持“两公开”（公开评定搬迁对象、公开搬迁政策），“两不准”（不准超面积建设、不准贫困户因建房增贫），“两配套”（配套基础设施和公共服务、配套脱贫项目），“一统配”（政府统一建设，实行“交钥匙工程”）。第二，严格政策标准。第三，严把工程质量关。把建房工程质量安全作为易地扶贫搬迁的生命线，细化市镇村三级监管责任，构筑“考核监管、过程监管、源头监管”三大体系，切实让搬迁工程“建得快、建得好”。截至2018年5月底，全市13133户42469人易地扶贫搬迁建房全部完成。第四，严把设施配套关。注重完善栏圈、菜园、农具房、红白理事房、路灯、公厕、环卫等“七个一”配套设施建设，确保群众“搬得出、稳得住、能致富”。

二是四位一体保健康。丹江口市开展“三个一批”行动（大病集中救治一批、慢病签约服务管理一批、重病兜底保障一批），落实“四位一体”（基本医保＋大病保险＋医疗救助＋补充保险）模式，实行“一站式”集中结算，确保健康扶贫费用报销达到省定标准。截至2019年底，全市精准扶贫对象城乡居民医疗保险参保率达100%，为全市健康扶贫对象每人投300元购买医疗补充保险；96个村卫生室设立了门诊慢病取药点；贫困人口住院实际报销比例达90%以上。

三是精准资助兴教育。坚持扶贫先扶智，持续开展控辍保学、教育资助、薄弱学校改造等行动。严格落实学前教育资助、义务教育阶段学生生活补助、普通高中助学金、家庭经济困难大学生入学资助、“雨露计划”等系列教育资助政策。实现了从幼儿园到大学阶段的贫困生资助全覆盖，贫困家庭“两后生”（指初、高中毕业未能继续升学的贫困家庭中的富余劳动力）培训率达到100%。

四是应保尽保稳兜底。丹江口市将21832名贫困人员纳入农村低保，2955名贫困人员纳入农村“五保”特困对象予以供养。稳定提高农村低保标准、农村“五保”供养标准，实现了与脱贫标准的有效衔接，筑牢了贫困户最低生活防线。同时，抓好特困群体保障，对收入发生变化的家庭及时动态调整，按不低于农村低保标准20%的标准增发补助金，确保特困群体“兜得住、兜得牢”。

4. 突出短板提升

丹江口市围绕补齐农村发展短板，按照缺什么补什么，群众需要什么就建什么的原则，积极推进农村基础设施和公共设施建设。

一是推进“九有”项目建设。2017年，丹江口市在56个重点贫困村推进“九有”项目建设。投资5.3亿元，建成党员群众服务中心19个、村卫生室16个、文化广场和文体设施56个，新修通村公路302公里，实施贫困户安全饮水工程22754个、光纤宽带入户14299户，兴建集中安置点小型沼气集中供气工程5个。

二是实施“六到农家”工程。2018年，丹江口市在全市非重点贫困村全面推进安全饮水、电网改造、村组公路、宽带网络、安全住房、环境改善“六到农家”工程。共投资4亿多元，实施安全饮水工程建设项目22个，集中供水覆盖率达到97%，新建、维修改造村级党员群众服务中心38个，新建农村公路214条356.5公里，实施农村危房改造763户，实现所有村宽带网络全覆盖。

二、经验启示

作为深度贫困县市，丹江口市注重立足实际、综合施策，通过近几年的脱贫攻坚实践，全市顺利实现了脱贫摘帽的目标，提供了一些经验启示。

1. 压实责任是稳定脱贫的攻坚之要

一是压实主体责任。强化市镇村三级书记抓扶贫、党政主要负责人负总责的责任落实机制。二是压实行业部门责任。按照“主责、主管、主抓”的要求，结合各部门工作职能，从项目安排、资金投入、力量集中等方面向贫困村和贫困人口聚焦，形成工作合力。三是压实驻村帮扶责任。实行“市级领导包镇（办、处、区）、镇（办、处、区）班子成员和市直部门包村、工作团包工作队、各级干部包户”的包保责任制，推动工作重心下移、干部精力聚焦。四是压实督办检查责任。坚持每月一调度一督查一暗访，强力推进扶贫领域腐败和作风问题专项治理、明察暗访、监督执纪问责，推动各项工作和政策措施落实落地。

2. 发展产业是稳定脱贫的根本之策

产业是脱贫之基，富民之本。丹江口市坚持“产业兴市”，按照村有主导产业、户有增收项目、人有一技之长的目标，坚持规划引领，集中资金、集中力量，因地制宜、长短结合，推进镇、村、户产业发展，打造一镇一业、一村一品的产业发展格局。在扶贫过程中，注重扩大产业扶贫的覆盖面，健全市场主体与贫困劳动力的利益联结机制，提升产业带动贫困户脱贫的整体效果，从而加快贫困人口脱贫步伐，实现脱真贫、真脱贫。

3. 精准施策是稳定脱贫的关键之举

精准扶贫贵在精准，重在精准。只有找准“两不愁三保障”问题的短板，确保教育、医疗、金融等扶贫政策精准实施，把政策落实到户、落实到人、落实到具体项目上，才能发挥出最大的扶贫效益，才能保证贫困人口如期脱贫。丹江口市注重因户施策、因人施策，确保扶贫政策精准落地，使广大贫困人口都能受益。

4. 群众主动是稳定脱贫的动力之源

必须坚持“输血”和“造血”相结合，坚持扶志、扶智、扶能，注重典型引路，激发群众内生动力。从思想上引导贫困群众克服等靠要思想，树立“勤劳能致富，脱贫才光荣”的理念；从行动上组织动员贫困群众主动实施脱贫项目，大力发展脱贫产业，变“要我脱贫”为“我要脱贫”，变被动脱贫为主动脱贫，从而提高扶贫效果。

第五章
精准扶贫

JINGZHUN FUPIN

一个不落

YI GE BU LA

把握精准是要义，脱贫攻坚贵在精准，精准识别、精准施策，根据致贫原因有针对性地制定方案，对不同原因不同类型的贫困采取不同措施，因人因户因村施策，对症下药、精准滴灌、靶向治疗。

——习近平：《在十八届中央政治局第三十九次集体学习时的讲话》（2017年2月21日）

精准扶贫就是要按照精准扶贫精准脱贫基本方略的要求，建立精准扶贫实践体系，把不断增加的扶贫资金精准用在帮扶建档立卡贫困村、贫困户身上，帮助他们摆脱贫困，逐步实现致富。实现精准扶贫，做到一个不落，就要提高扶贫资金投入使用效果、完善精准扶贫实践体系、攻克深度贫困难题、实行最严格的考核评估。

一、加强扶贫资金投入与管理

习近平总书记指出："坚持加大投入，强化资金支持。脱贫攻坚，资金投入是保障。"[①] 中国自开展专项扶贫开发以来，始终重视扶贫资金投入使用问题，围绕如何增加财政、金融扶贫资金投入，管好、用好扶贫资金出台了一系列政策措施。党的十八大以来，扶贫投入不仅从量上大幅度增加，而且使用和监管力度也相应加大，不断完善了扶贫资金投入使用管理制度体系，资

① 习近平：《在打好精准脱贫攻坚战座谈会上的讲话》（2018年2月12日），《求是》2020年第9期。

金使用效果明显提高。

（一）习近平总书记关于扶贫资金投入使用的重要论述

习近平总书记关于扶贫资金投入使用的重要论述，为中央和地方合理、有效使用扶贫资金，优化扶贫资金投入使用监管体系提供了根本遵循。从内容构成上看，这些论述主要包括扶贫资金的开发投入力度及精准度、政策倾斜、资金监管、资金渠道拓展及投入使用管理等方面。

关于加大扶贫资金投入力度，提高扶贫资金使用精准度方面。首先，习近平总书记提出“扶贫开发投入力度，要同打赢脱贫攻坚战的要求相匹配”①。充足的资金投入是贫困地区发展经济、提供优质基础设施及公共服务、提高人民生活水平、根本改变贫困地区落后面貌的物质保障。实践证明，中国大规模的贫困人口脱贫是与大规模的扶贫资金投入成正比的。其次，习近平总书记关于“六个精准”的根本要求，“资金使用精准”位列其中，目的就是改变多年来中国在扶贫资金投入使用中存在的“大水漫灌”现象，让有限的扶贫资金投入到真正需要的贫困群众及贫困地区，同时提高扶贫资金使用安排的精准性。

关于加大对深度贫困地区的政策倾斜方面。习近平总书记提出“深度贫困地区是脱贫攻坚的坚中之坚”，“新增脱贫攻坚资金主要用于深度贫困地区”②。2017 年 6 月，习近平总书记在深度贫困地区脱贫攻坚座谈会上，明确要求新增脱贫攻坚资金以及以资金为载体的新增扶贫项目和政策均主要集中于深度贫困地区，深度贫困地区新增涉农资金要集中整合用于脱贫攻坚项目，同时要求各级财政加大对深度贫困地区的转移支付规模。2020 年 3 月 6 日，习近平总书记在决战决胜脱贫攻坚座谈会上，提出“对已经实现稳定脱贫的地方，各地可以统筹安排专项扶贫资金，支持非贫困县、非贫困村的贫困人口脱贫”③。习近平总书记这些相关论述准确把握了脱贫攻坚的主要矛盾，明

① 习近平：《在中央扶贫开发工作会议上的讲话》（2015 年 11 月 27 日）。

② 习近平：《在深度贫困地区脱贫攻坚座谈会上的讲话》（2017 年 6 月 23 日）。

③ 习近平：《在决战决胜脱贫攻坚座谈会上的讲话》（2020 年 3 月 6 日），《人民日报》2020 年 3 月 7 日。

确了决战决胜阶段扶贫资金投入方向。

关于提高扶贫资金使用效率，强化扶贫资金监管方面。习近平总书记对多年来制约扶贫资金使用效率的原因进行深刻总结，指出“资金使用效率低下……这个问题表现在下边，根子在上边”①。由于扶贫工作涉及范围广，资金分散到各个部门，专项资金大多对基层有配套资金要求，严重影响了资金的投入使用效率。这就为从中央和省级层面加强对资金的统筹整合，并赋予县一级更多资金整合使用的自主权提供了政策设计依据。习近平总书记高度重视扶贫资金的使用监管问题，指出：“扶贫资金是贫困群众的‘救命钱’，一分一厘都不能乱花，更容不得动手脚、玩猫腻！要加强扶贫资金阳光化管理，加强审计监管，集中整治和查处扶贫领域的职务犯罪，对挤占挪用、层层截留、虚报冒领、挥霍浪费扶贫资金的，要从严惩处！”② 这些重要论述要求必须加大对扶贫资金投入使用的全过程监管，健全扶贫项目及资金使用的公示制度，加大对违法违规行为的惩治力度，健全扶贫资金管理体系，确保阳光扶贫、廉洁扶贫。

关于充分挖掘金融扶贫潜力，积极拓宽资金渠道方面。习近平总书记多次强调：“必须坚持发挥政府投入主体和主导作用，增加金融资金对脱贫攻坚的投放，发挥资本市场支持贫困地区发展作用，吸引社会资金广泛参与脱贫攻坚，形成脱贫攻坚资金多渠道、多样化投入。”③ 这一重要论述为解决财政扶贫资金不足问题，加快农村金融改革，完善金融资本、社会资本向贫困地区倾斜的激励机制，有效激发市场活力，增强贫困地区经济发展的内生动力指明了方向。

（二）脱贫攻坚中扶贫资金投入使用存在的主要问题及应对措施

改革开放 40 余年来，尽管中国扶贫资金来源经历了由“单一化”到“多样化”的变迁，但财政资金仍然是最重要的来源。从资金构成来看，中央和

① 习近平：《在中央扶贫开发工作会议上的讲话》（2015 年 11 月 27 日）。

② 中共中央党史和文献研究院：《习近平扶贫论述摘编》，中央文献出版社，2018，第 92 页。

③ 习近平：《在打好精准脱贫攻坚战座谈会上的讲话》（2018 年 2 月 12 日），《求是》2020 年第 9 期。

省级财政安排的扶贫资金占扶贫资金总额的比重为70%左右，其他扶贫资金占扶贫资金总额的比重为30%左右[①]。随着扶贫进入攻坚阶段，中央和地方财政预算安排的扶贫资金规模不断增大。2016年至2020年，中央财政专项扶贫资金累计投入3843亿元，并保持每年200亿元的投入增量，年平均增长率为22.8%。2020年的扶贫资金投入规模达到1461亿元，是2016年660亿元的2倍多。从地区分布来看，2019年中央财政专项扶贫资金分配东部、中部、西部省份分别为83.5亿元、298.6亿元、878.8亿元，占资金总量的比例分别为6.6%、23.7%、69.7%。

中国扶贫资金投入使用与监管存在的问题主要有：一是扶贫资金统筹整合不充分。2019年审计署抽查了52个县乡村振兴资金的分配、管理、使用、审计情况，结果显示，存在部分涉农项目、涉农专项资金统筹整合不到位和资金下达晚或项目推进缓慢、资金闲置等问题，这些问题影响脱贫攻坚的成效。二是扶贫资金投入使用的精准度有待提高。体现在：第一，扶贫资金投向不精准，部分资金投向非扶贫支持领域；第二，部分省份的扶贫信息系统及平台不完善，无法发挥其提高扶贫精准性的作用；第三，部分市县及村镇扶贫小额信贷发放不精准；第四，惠民惠农财政补贴资金“一卡通”管理制度尚不健全，存在多头管理。三是扶贫政策落实不到位。各项扶贫政策在实施过程中存在推进缓慢、重前期投入而轻后期绩效等问题。各省都存在精准扶贫政策落实不到位的现象。四是扶贫领域违纪违规现象依然存在。挪用扶贫资金、骗取套取扶贫资金、少拨滞拨扶贫资金、扶贫项目及扶贫工程管理不规范、产业扶贫不实、违规收取费用和侵占扶贫资金等现象不同程度存在。五是在扶贫资金监管方面存在事前监管略显不足、事中监管不够及时、事后监管不到位等问题。当前的扶贫资金监管方式更多以事后监管为主，但由于事后监管方式单一、监管力度不够，未能真正有效达到监管目的。比如，扶贫资金的使用效率主要以部门内部的考核为主，较少引进第三方评估，存在较强的主观性，影响了考核结果的客观公正；绩效考核指标体系设计不合理，尤其是基层部门的扶贫资金绩效考核指标较为简单、空泛，缺乏客观的评判

① 根据历年《中国农村贫困监测报告》数据计算。

依据，绩效考核重形式而轻实质；缺乏群众的广泛参与，评价结果不能充分反映群众的意见与诉求；等等。

党的十八大以来，随着精准扶贫各项政策的落地落实，扶贫资金监管进一步强化，扶贫资金使用效率和效益稳步提高，违纪违规问题明显减少。一是完善制度，加强监管。通过修订和制定资金管理条例、绩效评价、项目库建设、公告公示等办法，把资金分配与建档立卡结果相衔接。二是下放审批权限。资金项目审批权限全部下放到县，加快资金拨付进度。比如，2019 年中央财政专项扶贫资金于 5 月中旬全部下达到各省，各省 1 个月内拨付到县。三是建立县级脱贫攻坚项目库。指导各地建立县级脱贫攻坚项目库，截至 2019 年底，共入库扶贫项目 250 多万个，资金需求 2.4 万亿元，实现从“钱等项目”向“项目等钱”转变。四是健全扶贫资金公告公示制度。2018 年国务院扶贫办、财政部印发《关于完善扶贫资金项目公告公示制度的指导意见》，明确省、市、县扶贫资金分配结果一律公开，乡、村两级扶贫项目安排和资金使用情况一律公告公示。五是严肃查处违纪违规案件。违纪违规问题明显减少，审计查出违纪违规、闲置浪费等资金的金额占抽查资金的比例，从 2013 年的 15.7％下降到 2019 年的 1％以内。

二、完善精准扶贫的实践体系

精准扶贫的实践体系集中反映在全面建立并不断完善的精准扶贫责任体系、政策体系、投入体系、监督考核体系等内容上。

（一）建立精准扶贫责任体系

精准扶贫是多部门参与、协同推进的系统工程。为落实各层级部门扶贫责任，中央出台《脱贫攻坚责任制实施办法》，按照“中央统筹、省负总责、市县抓落实”的工作机制，构建起责任清晰、各负其责、合力攻坚的责任体系，明确中央国家机关 76 个有关部门任务分工。中西部 22 个省区市党政主要负责同志向中央签署脱贫攻坚责任书，贫困县党政正职攻坚期内保持稳定。在精准扶贫工作中，党中央、国务院主要负责统筹制定扶贫开发大政方针，出台重大政策举措，规划重大工程项目；省级党委和政府对扶贫开发工作负总责，抓好目标确定、项目下达、资金投放、组织动员、监督考核等工作；市（地）党委和政府做好上下衔接、域内协调、督促检查工作，把精力集中在贫困县如期摘帽上；县级党委和政府承担主体责任，做好进度安排、项目落地、资金使用、人力调配、推进实施等工作。层层签订脱贫责任书，扶贫开发任务重的省份党政主要领导要向中央签署脱贫责任书，每年要向中央作扶贫脱贫进展情况的报告。省（自治区、直辖市）党委和政府要向市（地）、县（市）、乡镇提出要求，层层落实责任制。

（二）精准扶贫政策体系

脱贫攻坚全面打响后，国家各级政府、部门纷纷出台脱贫攻坚配套文件，形成精准扶贫精准脱贫政策体系。中共中央、国务院、中央各部门先后出台一系列脱贫攻坚政策。各地也相继出台和完善“1＋N”的脱贫攻坚系列文件。精准扶贫政策内容涉及产业扶贫、易地扶贫搬迁、劳务输出扶贫、交通扶贫、水利扶贫、教育扶贫、健康扶贫、金融扶贫、农村危房改造、土地增减挂钩指标、资产收益扶贫等诸多领域，很多“老大难”问题都有了针对性措施。

（三）精准扶贫的投入体系

中央明确提出，扶贫投入要与打赢脱贫攻坚相匹配。中央加大对贫困地区转移支付力度，中央财政专项扶贫资金规模大幅增长，一般性转移支付资金、各类涉及民生的专项转移支付资金和中央预算内投资进一步向贫困地区和贫困人口倾斜。鼓励和引导商业性、政策性、开发性、合作性等各类金融机构加大对精准扶贫的金融支持；设立扶贫再贷款，实行比支农再贷款更优惠的利率，重点支持贫困地区发展特色产业和贫困人口就业创业；支持省级和县级人民政府设立扶贫开发投融资平台，支持农村信用社、村镇银行等金融机构为建档立卡贫困户提供扶贫小额贷款；中央和省级在安排土地整治工程和项目、分配下达高标准基本农田建设计划和补助资金时向贫困地区倾斜。

（四）精准扶贫的监督考核体系

党的十八大以来，为确保精准扶贫精准脱贫各项政策得到贯彻落实并取得成效，中央出台精准扶贫督查巡查工作办法，对各地各部门落实中央决策部署情况开展督查巡查。8个民主党派中央分别对应8个贫困人口、贫困发生率高的省份，在攻坚期内开展精准扶贫工作民主监督①。扶贫部门加强与纪检监察、巡视、审计、财政、媒体、社会等监督力量的合作，把各方面的监督结果运用到考核评估、督查巡查中。

建立了脱贫攻坚考核体系。中共中央办公厅、国务院办公厅出台《省级党委和政府扶贫开发工作成效考核办法》，实行最严格的考核评估制度。从2016年到2020年，由国务院扶贫开发领导小组组织每年开展一次考核，把减贫成效、精准识别、精准帮扶、扶贫资金使用管理等作为考核主要内容，树立脱贫实效导向，确保脱贫攻坚质量经得起实践和历史检验②。基于考核结果，建立奖惩机制。改进贫困县党政领导班子和领导干部经济社会发展实绩工作考核办法，着力考核实施精准扶贫、使用扶贫资金、实施扶贫项目、发展扶贫产业等内容，增强贫困地区内生动力和活力，带动贫困群众持续稳定增收，引导贫困县党政领导班子和领导干部把工作重点和主要精力放在扶贫开发上。

三、精准攻克深度贫困

2017年6月23日，习近平总书记在山西在深度贫困地区脱贫攻坚座谈会上的主持召开深度贫困地区脱贫攻坚座谈会并发表重要讲话，指出脱贫攻坚本来就是一场硬仗，而深度贫困地区的脱贫攻坚是这场硬仗中的硬仗，强调要重点研究解决深度贫困问题，以解决突出制约问题为重点，强化支撑体系，加大政策倾斜，聚焦精准发力，攻克坚中之坚，确保深度贫困地区和贫困群众同全国人民一道进入全面小康社会。此后，各地各部门认真学习贯彻

---

① 黄承伟：《党的十八大以来脱贫攻坚理论创新和实践总结》，《中国农业大学学报（社会科学版）》2017年第5期。

② 刘永富：《不忘初心 坚决打赢脱贫攻坚战——党的十八大以来脱贫攻坚的成就与经验》，《求是》2017年第11期。

习近平总书记在深度贫困地区脱贫攻坚座谈会上的重要讲话精神，确定深度贫困地区，识别深度贫困群体，出台重点支持政策，加大支持力度，深度贫困地区脱贫攻坚取得新进展。2018 年春节前夕，习近平总书记深入四川凉山深度贫困地区调研，2 月 12 日在四川成都主持召开打好精准脱贫攻坚战座谈会，听取脱贫攻坚进展情况汇报，集中研究打好今后 3 年脱贫攻坚战之策，向全党全社会发出了新的动员令，为全面打好精准脱贫攻坚战指明了方向，提供了行动纲领。

（一）深化对深度贫困问题复杂性艰巨性的认识

随着攻坚战的深入推进，剩下的贫困人口主要分布在深度贫困地区，成为“贫中之贫，困中之困”。2017 年习近平总书记在深度贫困地区脱贫攻坚座谈会上指出，脱贫攻坚工作进入目前阶段，要重点研究解决深度贫困问题。当时，全国还有约 120 个贫困发生率超过 18％的深度贫困县，2.98 万个贫困发生率超过 20％的深度贫困村，这些都是脱贫攻坚的难中之难。推进深度贫困地区脱贫攻坚，需要精准识别深度贫困地区的贫困特殊性，找准导致深度贫困的主要原因，并采取有针对性的脱贫攻坚举措。

深度贫困地区的共同特征决定了脱贫任务完成的艰巨性。一是地域分布方面，深度贫困地区主要集中在革命老区、民族地区、边疆地区。在 189 个深度贫困县中，少数民族县就占据了 133 个。这些地区，自然地理、经济、民族、宗教、国防等问题交织交融，这些地方的发展关系民族团结、国家安全。二是基础设施方面，严重滞后，道路、危房等修缮或重建任务重。三是文明程度方面，教育落后，社会文明程度低。长期处于封闭状态，少数民族较为集中，人口出生率高，生病不就医，也很难就医，部分少数民族地区不学汉语、不识汉字，法律意识淡薄。四是生态环境方面，生态环境脆弱，生存环境恶劣，生态保护同经济发展之间的矛盾较为突出。五是经济发展方面，区域经济发展落差巨大，产业发展难度大。自然条件恶劣，缺乏产业发展基础，农牧业商品化程度低，在经济发展上远远落后于全国平均水平，在全国区域发展排名中大多处于末端。六是基本公共服务方面，严重落后于全国平均水平。接受正规教育的贫困人口比例不高，有幼儿园、学前班、小学的行政村比例较低。贫困人口地方病发病率高，但基层医院少，医疗专业人才缺乏，医疗保险和养老保险的参保率与报销水平远低于全国平均水平。

从多维贫困视角出发，深度贫困地区贫困人群的基本特征表现为“贫困程度深且长期陷于贫困状态”。“贫困程度深”指的不仅是物质匮乏，还指深度贫困人口在投资理财意识、教育机会、饮水卫生及健康、社会资本、社会排斥等能力指标上均落后于平均水平。“长期陷于贫困状态”指的是无力摆脱目前的匮乏处境，即使暂时脱离了贫困状态也很容易返贫，同时由于生活方式、行为规范、价值观念体系等“亚文化”的影响，贫困人群的后代极易陷于贫困，表现出明显的代际传递特征。导致深度贫困地区贫困群体贫困程度深且长期陷于贫困状态有深刻的原因：一是有劳动能力，但不认为自己贫困，没有脱贫的愿望，或者有脱贫愿望但缺乏脱贫的勇气和行动。二是有劳动能力，有脱贫的愿望，但缺乏谋生技能，属于能力制约型贫困。三是有劳动能力，但深受环境条件制约，属于资源匮乏型贫困。四是深度贫困地区的深度贫困人口集聚形成了一种恶性循环的“贫困亚文化”。在人生观方面，对贫困听天由命、逆来顺受、消极无为；在生活观方面，得过且过、安于现状、好逸恶劳、寻求低水平心理平衡；在消费观方面，没有远见、满不在乎，不求甚好，只求填饱肚子；在乡土观方面，固守田园、封闭保守、安土重迁，认为金窝银窝不如自家草窝；在经济观方面，小农本位、重农惧商、“种田为饱肚，养猪为过年，养牛为犁田，喂鸡喂鸭换油盐”；在劳动观方面，存在“蹲在墙根晒太阳，等着政府送小康”的等靠要思想和懒散、疲沓、好逸恶劳、怕创业等。

（二）聚焦深度贫困问题精准发力

1. 坚持既定脱贫目标不动摇

习近平总书记在深度贫困地区脱贫攻坚座谈会上指出，要实事求是，不要好高骛远，不要吊高各方面胃口。深度贫困地区的脱贫目标与党中央对2020年脱贫攻坚的目标保持一致。深度贫困地区的脱贫攻坚战，重点解决的是绝对贫困问题，使农村贫困人口人均纯收入超过国家扶贫标准，稳定实现“两不愁三保障”目标。底线是保证吃穿不愁，解决上不起学（义务教育）、看不起病、住房不安全等基本问题。在脱贫目标考核上，不能搞层层加码。

2. 完善政策顶层设计抓好精准落地

2017 年 11 月，中共中央办公厅、国务院办公厅印发《关于支持深度贫困地区脱贫攻坚的实施意见》（简称《意见》），对深度贫困地区脱贫攻坚工作作出全面部署。《意见》提出，中央统筹重点支持“三区三州”。新增脱贫攻坚资金、新增脱贫攻坚项目、新增脱贫攻坚举措主要用于深度贫困地区。加大中央财政投入力度，加大金融扶贫支持力度，加大项目布局倾斜力度，加大易地扶贫搬迁实施力度，加大生态扶贫支持力度，加大干部人才支持力度，加大社会帮扶力度，集中力量攻关，构建起适应深度贫困地区脱贫攻坚需要的支撑保障体系。围绕“两办”印发的《意见》，人民银行、银监会、证监会、保监会联合印发《关于金融支持深度贫困地区脱贫攻坚的意见》，要求金融部门坚持新增金融资金优先满足深度贫困地区、新增金融服务优先布设深度贫困地区，力争 2020 年以前深度贫困地区贷款增速每年高于所在省（区、市）贷款平均增速，为深度贫困地区打赢脱贫攻坚战提供重要支撑。2018 年，国家旅游局、国务院扶贫办印发《关于支持深度贫困地区旅游扶贫行动方案》，聚焦深度贫困地区，切实加大旅游扶贫支持力度，明确到 2020 年，“三区三州”等深度贫困地区旅游扶贫规划水平明显提升，基础设施和公共服务设施明显改善，乡村旅游扶贫减贫措施更加有力，乡村旅游扶贫人才培训质量明显提高，特色旅游产品品质明显提升，乡村旅游品牌得到有效推广，旅游综合效益持续增长，旅游扶贫成果不断巩固，乡村旅游在带动和促进“三区三州”等深度贫困地区如期脱贫中发挥有效作用。国土资源部制定《国土资源部关于支持深度贫困地区脱贫攻坚的意见》，明确要完善土地利用规划计划管理。科学安排深度贫困地区各类各业用地，足额保障基础设施、易地扶贫搬迁、民生发展等用地。2018 年 1 月，中共中央印发《中共中央　国务院关于实施乡村振兴战略的意见》（又称“2018 年中央一号文件”），强调激发深度贫困人口内生动力，把扶贫同扶志扶智结合起来，把救急纾困和内生脱贫结合起来，提升贫困群众发展生产和务工经商的基本技能，实现可持续稳固脱贫。更多采用生产奖补、劳务补助、以工代赈等机制，推动贫困群众通过自己的辛勤劳动脱贫致富。各深度贫困地区也出台了相应的政策规定，以超常规的手段措施，确保 2020 年深度贫困地区如期顺利脱贫。政策的顶层设计已经完成，关键是要抓好落实，确保每一项措施精准落地，尽快产生精准脱贫效益。

3. 更充分发挥好政治制度优势

习近平总书记在深度贫困地区脱贫攻坚座谈会上指出，集中优势兵力打攻坚战，要发挥集中力量办大事的制度优势。打好打赢深度贫困地区脱贫攻坚战，必须始终坚持党对脱贫攻坚的领导，充分发挥中国特色社会主义政治制度的巨大优势，集中优势兵力打攻坚战。各级党委坚持把脱贫攻坚作为头等大事和第一民生工程。发挥检查督查制度的利器作用，实施最严格的考核评估制度。集中力量重点解决深度贫困地区的基础设施、公共服务以及基本医疗保障等问题。坚持因地制宜，突出分类施策。对居住在自然条件特别恶劣地区的群众加大易地扶贫搬迁力度，对居住在生态环境脆弱的禁止开发区和限制开发区的群众增加护林员等公益岗位，对因病致贫群众加大医疗救助、临时救助、慈善救助等帮扶力度，对无法依靠产业扶持和就业帮助脱贫的家庭实行政策性保障兜底。强化驻村帮扶，加强基层组织建设，下大力气培育贫困村创业致富带头人。

4. 坚持精准扶贫与区域发展相结合

区域发展是解决深度贫困地区深度贫困问题和精准扶贫的基础性条件，精准扶贫要与区域发展相结合。习近平总书记指出：“重点发展贫困人口能够受益的产业，如特色农业、劳动密集型的加工业和服务业等。交通建设项目要尽量做到向进村入户倾斜，水利工程项目要向贫困村和小型农业生产倾斜，生态保护项目要提高贫困人口参与度和受益水平，新型农村合作医疗和大病保险制度要对贫困人口实行政策倾斜，等等。”①

5. 确保超常规举措落到实处

习近平总书记指出：“新增脱贫攻坚资金主要用于深度贫困地区，新增脱贫攻坚项目主要布局于深度贫困地区，新增脱贫攻坚举措主要集中于深度贫困地区。”② 贯彻落实习近平总书记的重要指示，就必须在新增资金、新增项

① 习近平：《在深度贫困地区脱贫攻坚座谈会上的讲话》（2017年6月23日）。

② 同上。

目、新增举措、惠民项目、涉农资金整合、财政转移支付、金融投入、资本市场、保险机构、建设用地指标等方面，切实加大对深度贫困地区投入和支持力度的政策倾斜。同时，注意更广泛动员民营经济、社会组织、公民个人等社会帮扶力量帮助深度贫困地区解决深度贫困问题。按照 2018 年中央一号文件要求，以解决突出制约问题为重点，以重大扶贫工程和到村到户帮扶为抓手，加大政策倾斜和扶贫资金整合力度，着力改善深度贫困地区发展条件，增强贫困农户发展能力，重点攻克深度贫困地区脱贫任务。

6. 加强深度贫困地区特殊贫困群体关爱服务体系建设

习近平总书记在四川考察时强调，我们搞社会主义就是要让人民群众过上幸福美好的生活，全面建成小康社会一个民族、一个家庭、一个人都不能少。“我们坚持政府主导，把扶贫开发纳入国家总体发展战略，开展大规模专项扶贫行动，针对特定人群组织实施妇女儿童、残疾人、少数民族发展规划。”① 留守儿童、妇女、老人和残疾人是深度贫困地区贫困人口中的特困群体，是检验精准扶贫效果、精准脱贫稳定性可持续性的标志。要想攻克深度贫困地区脱贫任务，必须建立完善特殊贫困群体的关爱服务体系。要不断完善相关政策并抓好落实，不断深化深度贫困地区特殊贫困群体关爱服务体系建设的路径。比如，要明确各部门权责体系，提高特殊贫困人口减贫效率；要加强特殊贫困人口减贫发展的整体规划和资源整合；要建立健全特殊贫困人口经费投入和管理机制；要广泛动员社会力量参与特殊贫困人口脱贫攻坚；等等。

（三）把激发深度贫困群体内生脱贫动力摆在突出位置

习近平总书记指出：“贫困群众既是脱贫攻坚的对象，更是脱贫致富的主体。要加强扶贫同扶志、扶智相结合，激发贫困群众积极性和主动性，激励和引导他们靠自己的努力改变命运，使脱贫具有可持续的内生动力。”② 在精准扶贫精准脱贫基本方略实施的过程中，要把扶贫同扶志、扶智有机结合起

---

① 习近平：《携手消除贫困 促进共同发展——在 2015 减贫与发展高层论坛的主旨演讲》，《人民日报》2015 年 10 月 17 日。

② 习近平：《在打好精准脱贫攻坚战座谈会上的讲话》（2018 年 2 月 12 日），《求是》，2020 年第 9 期。

来，不断激发和培育贫困人口的内生脱贫动力。

1. 广泛宣传脱贫政策，激发脱贫热情

大力宣传《关于支持深度贫困地区脱贫攻坚的实施意见》等政策文件，宣传各地各部门出台并实施的深度贫困地区脱贫攻坚专项规划，宣传国家对深度贫困地区和深度贫困群体的资金、项目、举措的倾斜和支持力度，进一步坚定贫困地区干部群众打赢脱贫攻坚战的信心决心。掌握贫困户的心理，了解其脱贫思维，树立脱贫光荣、扶贫光荣的良好风尚，抓好贫困乡村的文明建设和移风易俗，抵制陈规陋习，积极倡导现代文明理念和生活方式，改变落后风俗习惯。鼓励劳动、鼓励就业、鼓励靠自己的努力养活家庭、服务社会、贡献国家。改进工作方式方法，改变简单的给钱、给物、给牛羊的做法，采用生产奖补、劳务补助、以工代赈等机制，教育和引导广大群众用自己的辛勤劳动实现脱贫致富，激发深度贫困地区贫困群众奋发脱贫的热情。推广运用参与式扶贫等方法，增强贫困群众对帮扶项目的拥有感和效益的获得感，不断激发和培育贫困群众内生脱贫动力和自我发展能力。

2. 加强基层组织建设，培育脱贫典型

深度贫困地区人才外流严重，优秀基层干部很少。要注重创新村干部培养选拔机制，打破城乡、地域和行业界限，从致富能手、农民经纪人、外出务工返乡农民党员等人群中选拔优秀人才担任贫困村的村党支部书记，建设坚强有力的领导班子。积极选派驻村第一书记到贫困村任职，深入开展服务型党组织创建活动，强化深度贫困地区农村基层组织服务能力。引导社会力量参与培育致富带头人，强化农业技术培训和金融扶持，鼓励农民创业，开展贫困村创业致富带头人、扶贫干部专题培训，加强对贫困家庭劳动力的技能培训和转移就业服务，提升贫困人口的脱贫能力。

3. 注重优秀传统文化作用，促进本土文化与市场经济有效衔接

农村有一套既定的行动规则、认知和行为习惯，贫困村民在长期生存、发展中获得的本土知识和经验是抗击各种社会风险的重要保障。实施精准扶贫，要重视贫困地区的地方性发展特征，要注意将传统文化的传承发扬与现代市场经济发展相衔接。在实施精准扶贫过程中，肯定并拓宽贫困群体独特的发展知识和经验，引导贫困群体自主利用和建设社区，把外部先进的发展理念和贫困群体的智慧结合起来，充分利用互联网等现代信息平台，培育特色农产品，发展特色文化产业，激活贫困地区的内生脱贫动力。

4. 发展多层次教育，阻断贫困代际传递

落实教育部、国务院扶贫办出台的《深度贫困地区教育脱贫攻坚实施方案（2018—2020年）》，以“三区三州”为重点，以补齐教育短板为突破口，以解决瓶颈制约为方向，充分调动各方面的积极性、主动性和创造性，采取超常规举措，推动教育新增资金、新增项目、新增举措进一步向“三区三州”倾斜，切实打好深度贫困地区教育脱贫攻坚战。各级政府要不断加大教育投入，支持深度贫困地区发展学前教育和实施儿童营养计划、志愿支教计划、学前教育三年行动计划，解决农村义务教育薄弱、学校基本办学条件差的问题，推进乡村教师队伍建设，实施面向贫困地区定向招生专项计划，建立起覆盖学前教育到研究生教育各个学段的学生资助政策体系，优化职业教育，促进教育公平，阻断贫困代际传递。

5. 充分激活社区内部力量，营造互助共济的扶贫氛围

各级政府要注意通过引导组建扶贫互助组织，采取乡村互助、团结发展的方法，激发社区的活力及向心力，形成新的摆脱贫困的合力。把村级集体经济发展和农民组织化结合起来，把村级自我发展能力和贫困户的参与能力、分析能力、判断能力提高结合起来，培育贫困社区、贫困群体独立走向自由市场的能力，规避因扶贫项目撤出或者市场自发性、盲目性和滞后性带来的各种风险。

四、精准扶贫成效考核评估

考核评估制度是打赢脱贫攻坚战的重要制度保障。精准扶贫精准脱贫基本方略实施以来，在习近平总书记关于扶贫成效考核评估重要论述指引下，全国逐步构建起完整系统的考核评估制度框架，为精准脱贫提供了制度保障。

（一）遵循科学指引

习近平总书记关于精准扶贫精准脱贫成效考核的重要论述，为国家扶贫脱贫成效考核评估顶层设计及相关制度、政策出台提供了根本遵循。

1. 深刻阐述了精准扶贫成效考核评估的重大意义

习近平总书记指出："抓工作，要有雄心壮志，更要有科学态度。打赢脱贫攻坚战不是搞运动、一阵风，要真扶贫、扶真贫、真脱贫。要经得起历史检验。攻坚战就要用攻坚战的办法打，关键在准、实两个字。只有打得准，发出的力才能到位；只有干得实，打得准才能有力有效。一是领导工作要实，做到谋划实、推进实、作风实，求真务实，真抓实干。二是任务责任要实，做到分工实、责任实、追责实，分工明确，责任明确，履责激励，失责追究。三是资金保障要实，做到投入实、资金实、到位实，精打细算，用活用好，用在关键，用出效益。四是督查验收要实，做到制度实、规则实、监督实，加强检查，严格验收，既不拖延，也不虚报。中央已制定《脱贫攻坚督查巡查工作办法》，督查以落实为导向，巡查以问题为导向，要抓好正反两方面的典型，推动工作深入。"[①] 2017 年 3 月，习近平总书记在中央政治局常委会会议审议《关于二〇一六年省级党委和政府扶贫开发工作成效考核情况的汇报》时的讲话中强调："这次考核也发现了一些问题。比如，脱贫计划脱离实际随意提前，政策举措不落实，帮扶工作走形式，盲目降低扶贫标准，挖空心思搞数字脱贫、虚假脱贫，违纪违规使用扶贫资金，等等。出现这些问题，根源是缺乏正确政绩观，没有落实以人民为中心的发展思想，没有把让贫困地区群众获得实实在在的好处作为脱贫攻坚工作的着眼点和落脚点。急功近利、形式主义，急的是一时之功，图的是一己之利，损害的是贫困群众切身利益，影响党对人民承诺的兑现，损害党和政府公信力。对这些苗头性、倾向性问题，要及时发现、及时整改，坚决防止其蔓延开来。打赢脱贫攻坚战绝非朝夕之功，不是轻轻松松冲一冲就能解决的。各地区要牢固树立'四个意识'，以对党、对人民、对历史负责的态度，扎扎实实做好工作。"[②] 这些重要论述指出，脱贫攻坚考核评估是确保精准扶贫精准脱贫的有力保障，是促进工作作风转变的重要手段，其实质是我们党以人民为中心的发展思想的具体实践

① 中共中央党史和文献研究院：《习近平扶贫论述摘编》，中央文献出版社，2018，第 113－114 页。

② 同上书，第 118－119 页。

和充分体现。

2. 明确指出了精准扶贫成效考核评估的方向重点

习近平总书记指出："要用严格的制度来要求和监督，不能做与不做一个样、做多做少一个样。要抓紧制定东西部扶贫协作工作考核评价指标。考核要突出目标导向、结果导向，不仅要看出了多少钱、派了多少人、给了多少支持，还要看东部地区在劳务对接、产业带动脱贫等方面帮助建档立卡贫困人口脱贫的情况。考核的重点要放到解决多少建档立卡贫困人口脱贫上。西部地区是脱贫攻坚的责任主体，是东西部扶贫协作和对口支援帮扶项目的实施主体，也要纳入考核范围。考核工作由国务院扶贫开发领导小组组织实施，考核结果向党中央、国务院报告。"① "不断完善考核工作。这次对省级党委和政府脱贫攻坚工作成效进行考核，目标明确，结果真实，查找问题准确，总结经验及时，为做好脱贫攻坚工作提供了有效依据，同时也对创新考核方式方法、完善考核评价机制进行了有益探索。比如，省际交叉考核，这是我在去年中央经济工作会议上提出的要求，从执行效果看，有效提升了考核质量，促进了各地相互学习、取长补短。考核中运用第三方评估，加强了对脱贫攻坚工作成效的社会监督。组织青年学生参加，使他们深入贫困乡村了解民间疾苦，激励他们热爱人民、服务国家、回报社会。"② "要注意考核结果运用，把考核结果作为组织部门对省级党委和政府主要负责同志和领导班子综合评价的重要依据。这次考核工作做得扎实，方法比较实、比较严、比较生动，一些机制和方法可以在其他考核中运用。要认真总结，完善考核工作机制，坚持问题导向，敢于较真碰硬，使考核工作更加科学有效、符合实际，进而有力督促引导各地区做到精准扶贫、精准脱贫，不断提高脱贫攻坚工作成效。"③ 这些重要论述指出，精准扶贫成效考核评估的方法要科学适用，要坚持问题导向、结果导向，还要在实践中不断创新、完善，总的目标是做到精准扶贫精准脱贫，切实提高扶贫脱贫成效。

---

① 中共中央党史和文献研究院：《习近平扶贫论述摘编》，中央文献出版社，2018，第 112 - 113 页。

② 同上书，第 119 页。

③ 同上书，第 120 页。

3. 反复强调了做好精准扶贫考核评估的原则要求

习近平总书记指出："要建立年度脱贫攻坚报告和督查制度，加强督查问责，把导向立起来，让规矩严起来。对落实不力的部门和地区，由国务院扶贫开发领导小组向党中央、国务院报告并提出责任追究建议。对未完成年度减贫任务的省区市，要对党政主要负责同志进行约谈。省对市地、市地对县、县对乡镇、乡镇对村都要实行这样的督查问责办法，形成五级书记抓扶贫、全党动员促攻坚的局面。"① "发挥考核指挥棒作用。对省级党委和政府脱贫攻坚工作成效进行考核，是倒逼各地抓好落实的重要手段。考核不能走过场，不能一团和气。考核不严格，对问题不较真，等于鼓励敷衍了事、弄虚作假。该批评的要严肃批评，该处理的要严肃处理，不怕揭短亮丑，不怕红脸出汗，要让搞形式主义、弄虚作假的人付出代价。这实际上是帮助和提醒他们，等到了二〇二〇年还不合格，那就不是这个代价了。对考核结果好的地区要通报表扬、给予鼓励，树立讲实效的导向。对问题突出的地区要问责批评，督促整改，发挥警示作用。要通过较真碰硬的考核，树导向、言规矩、压责任，确保脱贫攻坚工作质量。"② "坚持从严要求，促进真抓实干。脱贫攻坚，从严从实是要领。必须坚持把全面从严治党要求贯穿脱贫攻坚工作全过程和各环节，实施经常性的督查巡查和最严格的考核评估，确保脱贫过程扎实、脱贫结果真实，使脱贫攻坚成效经得起实践和历史检验。"③ "提高脱贫质量。脱贫既要看数量，更要看质量，不能到时候都说完成了脱贫任务，过一两年又大规模返贫。要多管齐下提高脱贫质量，巩固脱贫成果。要严把贫困退出关，严格执行退出的标准和程序，确保脱真贫、真脱贫。要把防止返贫摆在重要位置，适时组织对脱贫人口开展'回头看'，对返贫人口和新发生贫困人口及时予以帮扶。要探索建立稳定脱贫长效机制，强化产业扶贫，组织消费扶贫，加大培训力度，促进转移就业，让贫困群众有稳定的工作岗位。"④ "要严把退

---

① 习近平：《在中央扶贫开发工作会议上的讲话》（2015 年 11 月 27 日）。

② 中共中央党史和文献研究院：《习近平扶贫论述摘编》，中央文献出版社，2018，第 117－118 页。

③ 同上书，第 124 页。

④ 习近平：《在解决"两不愁三保障"突出问题座谈会上的讲话》（2019 年 4 月 16 日），《求是》2019 年第 16 期。

出关，坚决杜绝数字脱贫、虚假脱贫。国务院扶贫开发领导小组要开展督查巡查，加强常态化督促指导，今年中央将继续开展脱贫攻坚成效考核。从下半年开始，国家要组织开展脱贫攻坚普查，对各地脱贫攻坚成效进行全面检验。这是一件大事。要为党中央适时宣布打赢脱贫攻坚战、全面建成小康社会提供数据支撑，确保经得起历史和人民检验。”① 这些重要论述，围绕扶贫脱贫如何做到从严从实，防止脱贫成效不高，甚至出现虚假等问题，既明确了考核评估的基本原则，又明确了开展考核评估的具体要求，为这项工作的顶层设计、政策制定和落实提供了行动指南。

（二）构建考核评估制度框架

《中共中央　国务院关于打赢脱贫攻坚战的决定》要求“抓紧出台中央对省（自治区、直辖市）党委和政府扶贫开发工作成效考核办法”，“建立东西部扶贫协作考核评价机制”，“进一步加强和改进定点扶贫工作，建立考核评价机制”。作为配套文件，中共中央办公厅、国务院办公厅先后印发《省级党委和政府扶贫开发工作成效考核办法》《关于建立贫困退出机制的意见》。国务院扶贫开发领导小组出台了《东西部扶贫协作考核办法（试行）》和《中央单位定点扶贫工作考核办法（试行）》。国务院扶贫办印发了《贫困县退出专项评估检查实施办法（试行）》。至此，我国逐步建立了中央层面考核评估制度。各地也结合实际出台了脱贫攻坚考核评估政策文件，形成了纵向到底、横向到边的脱贫攻坚考核评估体系。

1. 省级党委和政府扶贫开发工作成效的考核

《省级党委和政府扶贫开发工作成效考核办法》（简称《办法》）明确：（1）考核范围。向党中央签订脱贫攻坚责任书的中西部 22 个省区市，2016—2020 年，每年开展一次考核，由国务院扶贫开发领导小组组织。（2）考核内容。包括减贫成效、精准识别、精准帮扶、扶贫资金使用管理等 4 个方面，涉及建档立卡贫困人口数量减少、贫困县退出、贫困地区农村居民收入增长

① 习近平：《在决战决胜脱贫攻坚座谈会上的讲话》（2020 年 3 月 6 日），《人民日报》2020 年 3 月 7 日。

情况、贫困人口识别和退出精准度、帮扶满意度、扶贫资金绩效等7项指标。(3)考核步骤。包括省级总结、第三方评估、数据汇总、综合评价、沟通反馈等。(4)结果运用。考核结果由国务院扶贫开发领导小组予以通报。对完成年度计划减贫成效显著的省份给予一定奖励，对出现《办法》第七条所列问题的(未完成年度减贫计划任务的；违反扶贫资金管理使用规定的；违反贫困县约束规定，发生禁止作为事项的；违反贫困退出规定，弄虚作假、搞数字脱贫的；贫困人口识别和退出准确率、帮扶工作群众满意度较低的；纪检、监察、审计和社会监督发现违纪违规问题的)，由国务院扶贫开发领导小组对省级党委和政府主要负责人进行约谈，并提出限期整改要求；情节严重、造成不良影响的，实行责任追究。考核结果作为对省级党委和政府主要负责人与领导班子综合考核评价的重要依据。

2. 东西部扶贫协作成效的考核

《东西部扶贫协作考核办法(试行)》要求，2017—2020年，国务院扶贫开发领导小组每年组织对东部地区参加帮扶的9个省(直辖市)和13个城市，西部地区被帮扶的12个省(区、市)和中西部14个市(州)开展考核。东部地区主要考核组织领导、人才支援、资金支持、产业合作、劳务协作和携手奔小康行动等6个方面。西部地区主要考核组织领导、人才交流、资金使用、产业合作、劳务协作和携手奔小康行动等6个方面。考核结果由国务院扶贫开发领导小组向党中央、国务院报告后，在一定范围内通报，并作为对中西部省级党委和政府扶贫开发工作成效考核的参考依据。

3. 中央单位定点扶贫成效的考核

《中央单位定点扶贫工作考核办法(试行)》明确，2017—2020年，国务院扶贫开发领导小组每年组织对承担定点扶贫任务的中央单位进行考核，主要考核帮扶成效、组织领导、选派干部、督促检查、基层满意度、工作创新等6个方面。考核结果由国务院扶贫开发领导小组向党中央、国务院报告后，向各单位通报考核情况，表扬好的单位，对存在问题的单位，指出存在的问题，提出改进工作的要求。考核结果送中央组织部。

4. 贫困县扶贫脱贫成效的考核

2014年，中央组织部、国务院扶贫办印发《关于改进贫困县党政领导班子和领导干部经济社会发展实绩考核工作的意见》。该文件要求把扶贫开发作为贫困县经济社会发展实绩考核的主要内容，把提高贫困人口生活水平、减少贫困人口数量和改善贫困地区生产生活条件作为考核评价扶贫开发成效的主要指标，注重对减贫脱贫紧密关联的民生改善情况、社会事业发展情况、生态环境保护情况、党建等方面的考核。中西部22个省区市结合本地实际制定了对贫困县的考核办法。

（三）完善考核评估方法

1. 开展实地考核

包括省际交叉检查、第三方评估等。（1）省际交叉考核。发挥省市县行业扶贫和专项扶贫领域干部熟悉政策、掌握业务、了解情况的优势，安排部署各省区市扶贫开发领导小组从成员单位和市县基层扶贫部门抽调骨干力量组成考核工作组，赴其他省份开展交叉考核。考核工作组随机抽取县乡村户，通过入户调研、资料查阅、座谈交流和项目核查等方式，重点核查被考核省份脱贫攻坚责任落实、政策落实和工作落实等情况。（2）第三方评估。充分发挥第三方评估科学抽样、定量分析的作用，重点评估贫困人口识别和退出精准度、因村因户帮扶工作群众满意度，以及贫困群众“两不愁三保障”目标实现情况和脱贫攻坚政策到村到户落实情况。（3）媒体暗访考核。充分发挥媒体监督作用，组织记者深入基层开展暗访，围绕脱贫攻坚进展和贫困群众“两不愁三保障”目标落实情况，总结典型经验，查找突出问题。（4）财政扶贫资金绩效评价。发挥资金绩效评价全过程管理、专项评价的作用。每年由财政部、国务院扶贫办共同组织实施财政专项扶贫资金绩效评价，从资金投入、拨付使用、监督管理、扶贫成效等方面，重点查找分析影响各省区市扶贫资金使用效率、效益的主要因素和违纪违规问题。

2. 平时掌握情况的梳理

收集行业部门专项检查、监督执纪和统计监测情况及数据，纳入综合分析评价范围。行业部门专项检查主要包括财政扶贫资金专项检查、贫困县涉农资金整合专项督查、贫困县退出专项评估检查、易地扶贫搬迁稽查等。监督执纪主要包括纪检、监察、审计等部门发现的问题和脱贫攻坚民主监督、督查巡查、统计执法监督、信访暗访、舆情监测等情况。统计监测数据主要包括建档立卡脱贫人数、贫困县退出数据、全国和贫困地区农村居民可支配收入增幅等数据。

3. 综合评价分析

在汇总整理年终考核结果和平时掌握情况的基础上，按照定性与定量相结合、第三方评估与部门数据相结合、年度考核与平时掌握情况相结合的原则，对各省区市扶贫成效进行综合分析评价，形成考核结果。

（四）综合运用考核成果

经党中央、国务院同意，对综合评价好的省份通报表扬，并在中央财政专项扶贫资金分配上给予奖励。对综合评价较差且发现突出问题的省份，党中央、国务院授权国务院扶贫开发领导小组约谈党政主要负责人，对综合评价一般或发现某些方面问题突出的省份，约谈省分管负责人。考核结果送中央组织部，作为对省级党委、政府主要负责人和领导班子综合考核评价的重要依据。党中央听取考核工作汇报后，中共中央办公厅和国务院办公厅通报考核情况、国务院扶贫开发领导小组约谈、国务院扶贫办一对一反馈考核发现问题，中西部 22 个省区市对标党中央精准扶贫精准脱贫决策部署，全面查摆问题和不足，制定整改方案，推进问题整改落实。整改结束后，国务院扶贫开发领导小组组织对被约谈省份开展巡查，对其他省份进行督查，验收整改成果。

精准扶贫成效考核评估为确保脱贫的真实性和脱贫质量提供了保障。通过实行最严格的考核评估，不仅促进了精准扶贫政策落地生根，而且倒逼干部工作作风的转变。

案例：小农户联合打造养殖产业链实现三产融合

——广西都安县探索深度贫困地区产业脱贫模式

广西都安县是全国扶贫开发工作重点县、滇黔桂石漠化片区县，是广西贫困人口和易地扶贫搬迁人口最多、贫困面最广、贫困程度最深、脱贫任务最重、脱贫成本最大的贫困县，也是广西4个极度贫困县之一。全县总面积4095平方公里，其中石山面积占89%，人均耕地面积不足0.7亩，素有“九分石头一分土”之称。全县辖19个乡镇253个行政村，总人口72.6万。“十三五”时期，全县贫困人口13.84万、贫困村147个，其中深度贫困村106个，贫困发生率在30%以上的深度贫困村有48个。都安生态环境恶劣，基础设施落后，经济基础薄弱，扶贫产业少而弱，区域整体性贫困突出，致贫因素复杂。如何打破生态环境脆弱地区贫困的恶性循环，破除深度贫困地区的发展瓶颈，探索可行、有效、可持续的脱贫致富路径，是该县亟须化解的难题。

脱贫攻坚号角吹响以来，都安县紧紧围绕中央关于打好打赢脱贫攻坚战的重大决策部署，深入分析环境条件、征求农民意愿并开展市场调查，探索破解产业扶贫发展困境的“金钥匙”——小农户联合构建“贷牛还牛”养殖全产业链。该产业扶贫项目于2016年启动，是都安县将过去“贷资金还资金”创造性转化为“贷物还物”的方式，按照“政府、企业、保险、农户”协同推进发展模式，构建“政府主导、企业牵头，自养为主、联养为补，改粮种饲、以养定种，保险止损、保底收购，电商促销、冷链保障，滚动发展、持续脱贫”的全产业链，促进第一、二、三产业深度融合发展，探索产业扶贫发展新模式。

一、主要做法

1. 以一产为基础，实现养牛与种饲双赢，夯实全产业链发展根基

坚持种养两结合、产业可循环的理念，将养殖环节与饲料环节“合二为

一、共同提升”，同步推行“贷牛还牛”与“粮改饲”，构筑良性循环的“以养带种、以种促养、种养结合、又种又养”的种养业，形成效果看得见、模式能复制、确保可持续的“贷牛还牛”扶贫产业。

一是汇聚扶贫产业的各类主体，搭建协力推动的工作格局。主动转变思维，将过去的“贷钱还钱”转换为“贷物还物”，通过“政府、企业、保险、农户”四位一体协同推进，形成“政府主导、企业牵头、保险跟进、农户自主、贷牛还牛、还牛再贷、滚动发展”的运营模式。政府在“贷牛还牛”产业发展中发挥主导力量，做到有领导机构、有工作方案、有龙头带动、有资金扶持、有产业配套、有精准服务，发挥职能部门服务作用，搭建平台，积极开展栏舍新建、技术培训、分片跟踪、“一对一”帮扶等精准服务；企业主动作为，建设种牛繁育养殖基地，贷牛犊给贫困户，在肉牛达到出栏标准后，企业按市场价从贫困户手中回购肉牛（如果市场价格低于10元/斤，那么企业按保底10元/斤给予收购）；引入人保财险为牛犊上保险，通过保险融资和保险保障，鼓励和支持符合条件的扶贫产业龙头企业积极申请人保财险融资支持，企业所贷款项由市、县级财政分担贴息，有效化解养牛企业资金周转压力。组织开展农业政策性保险工作，如果贫困户饲养的牛出现意外死亡，保险公司将提供保险理赔，贫困户可免费再领取牛犊进行饲养，实现贫困户参加“贷牛还牛”项目零风险，让贫困户吃上“定心丸”；帮扶干部穿针引线，当好联络员；贫困户零门槛参与、科学化养殖、零风险增收。

二是创新养殖业的实现形式，满足农户的多元需求。贫困户5万元小额信贷每年享有4000元收益金，政府每年利用收益金帮助贫困户购买1头牛犊给贫困户饲养，养殖周期为12个月，牛犊本金归贫困户所有。贫困户根据自身条件可自主选择个人自养（贫困户领养牛犊或羊犊后在家中建好标准化栏舍进行养殖）、联建联养（多个贫困户通过参与合作社方式进行养殖）等方式，发展以互助共养、能人代养为辅的养殖模式，推广东庙乡“安宁模式”、澄江镇“自成模式”等新模式，不断丰富养牛方式，企业和合作社规模化代养，以点带面，促进牛羊养殖从零星粗放散养逐步转变到规模化现代化养殖。截至2019年6月底，都安县建成万头种牛基地3个、肉羊规模养殖基地5个，成立牛羊合作社247家，全县饲养牛总量近15万头，形成“县有基地、乡有牛场、村有牛社、户有牛羊”的养殖格局。

实施“粮改饲”工程，既让牛吃饱鼓起“牛肚子”，又让群众受益鼓起“钱袋子”。一是“以奖代补”，提高群众积极性。制定“粮改饲”工作实施方案，明确每亩补贴100元，通过树立示范、算账对比，将种植“粮改饲”增加的收入、得到的补贴一项项亮出来，逐步解放群众思想，提高群众种植积极性。自2018年以来，全县共投入财政资金1080万元，种植“粮改饲”10万亩以上。二是灵活种植，提高土地利用率。坚持因地制宜、合理改种，在平地打造“县有万亩、乡有千亩、村有百亩”的示范片格局，在水泡低洼地错峰种植青饲玉米，在坡地灵活种植牧草，在山地科学种植构树，形成立体种植模式。通过“换花样”不断提高种地“含金量”，发挥土地使用效益。据统计，贫困群众种植“粮改饲”每亩比传统种植玉米增收2600—3000元。三是“以养定种”，提高种植规模化。坚持“以养定种”、供需平衡、相对集中、适度规模，有牛社的地方必须有“粮改饲”，要种“粮改饲”必须先有牛社。贫困户既可自行改种收成后自我内消或由合作社收购，也可流转土地租给合作社种植，通过小块并大块，变“游击队”为“集团军”，连片推进“粮改饲”，不断提高种植规模。

截至2018年底，都安县“粮改饲”种植总面积达10.8万亩，其中建档立卡贫困户种植6.48万亩。拉棠村是深度贫困村之一，全村耕地面积1174亩，人均耕地面积0.65亩。养殖大户韦克参与“贷牛还牛”项目后，养了18头瑶山生态牛。为了解决牛的口粮问题，他在旱地上实施了“粮改饲”。原来种玉米每亩地每年收入不到300元。现在改种牧草，一年可收三季，比种玉米多收2500元左右。

2. 以二产为支柱，实现屠宰、加工、冷链有机衔接，扎稳全产业链顶梁柱

当牛羊扶贫产业发展到一定规模后，肉牛肉羊供应量超出本地的市场需求。这是很多一次产业的共同难题。当地政府必须想办法解决这个难题。“对口帮扶河池的深圳市牛肉羊肉消费量大。屠宰加工和仓储物流一体化能保证头天晚上牛羊在都安进屠宰厂，第二天早上生态牛羊肉出现在深圳市民的餐桌上。”都安县委书记陈继勇说，“更重要的是延长了产业链，提升了附加值，一头牛创造出两头牛以上的价值，还可增加贫困人口就业，使项目惠农最大化。”这为都安养殖产业的可持续发展提供了难得的机遇。

瞄准产业可持续、效益最大化的目标，引导和扶持龙头企业。广西都安嘉豪实业有限公司投资3亿元建设西南冷链仓储物流中心和牛羊屠宰加工厂，将屠宰、加工、冷链三环节无缝衔接，实现一体化服务、一条龙运营。一是集中屠宰，让肉“更多”。投资建设屠宰加工厂，将全县“贷牛还牛”“贷羊还羊”等产业的牛羊统一集中到加工厂宰杀，实现规范规模化屠宰、生态环保化处理；规划200亩土地建设牛羊交易中心，打造西南地区牛羊交易大平台，实现牛肉的供应源源不断。二是精深加工，让牛肉“更贵”。引进国内先进流水线，选培高超技能刀工手，对牛分20多个部位进行精细分解、精深加工、精心包装、精确销售，充分“榨干”每一块牛肉的价值，提高综合利用率，实现“一头牛变两头牛”的价值升级。三是冷链仓储，让牛肉“更能跑”。建设西南冷链仓储物流交易中心，年输出量266万吨，牛屠宰完毕后直接进入冻库，经过冷冻保鲜、冷链物流，运送到达全国各地，打破牛肉运输“最后一公里”，实现“牛在都安养，肉在全国卖”，年产值超过30亿元。

3. 以三产为依托，实现品牌、电商、市场、科研良性互动，推动全产业链优化升级

借力三产，以提高产业经济效益、提升产业经济价值为目标，在品牌、电商、市场、科研四个环节上下功夫，推动全产业链不断优化升级。一是打造品牌，叫响“瑶山牛”。成立专门工作组，推进“瑶山牛”“三品一标”认证工作；在都安县挂牌成立河池市农产品展示中心，架接农副产品产购销桥梁，成为打响“瑶山牛”品牌、服务都安农业发展的大平台；谋划举办全区首届农产品交易会，让“瑶山牛”品牌打向全区；开展创建自治区五星级现代特色农业（核心）示范区工作，高起点规划、高要求推进，强力推进建成国家级标准现代产业园，把“瑶山牛”品牌打向全国。

二是培育电商，走上“快车道”。以广西电子商务示范县建设为契机，加快电商一条街和乡镇、村级电商物流配送站建设，整合全县电商资源，在冷链中心建立河池市电子商务公共服务中心，形成以都安为中心，辐射全市的电商网络，进一步拓宽销售渠道，走上发展“快车道”。2018年底，河池市电子商务公共服务中心已有9家电商企业入驻，建成电商物流配送站108个，培训农村电商人才12期1654人，带动挖掘农特产品20多类。

三是延伸市场，拓展“生意链”。利用东西部扶贫协作和深圳市宝安区对口帮扶都安的契机，主动开发深圳市宝安区肉牛销售市场，通过都安西南冷链仓储物流中心将深圳市场和都安肉牛养殖基地无缝对接，确保肉牛销路，

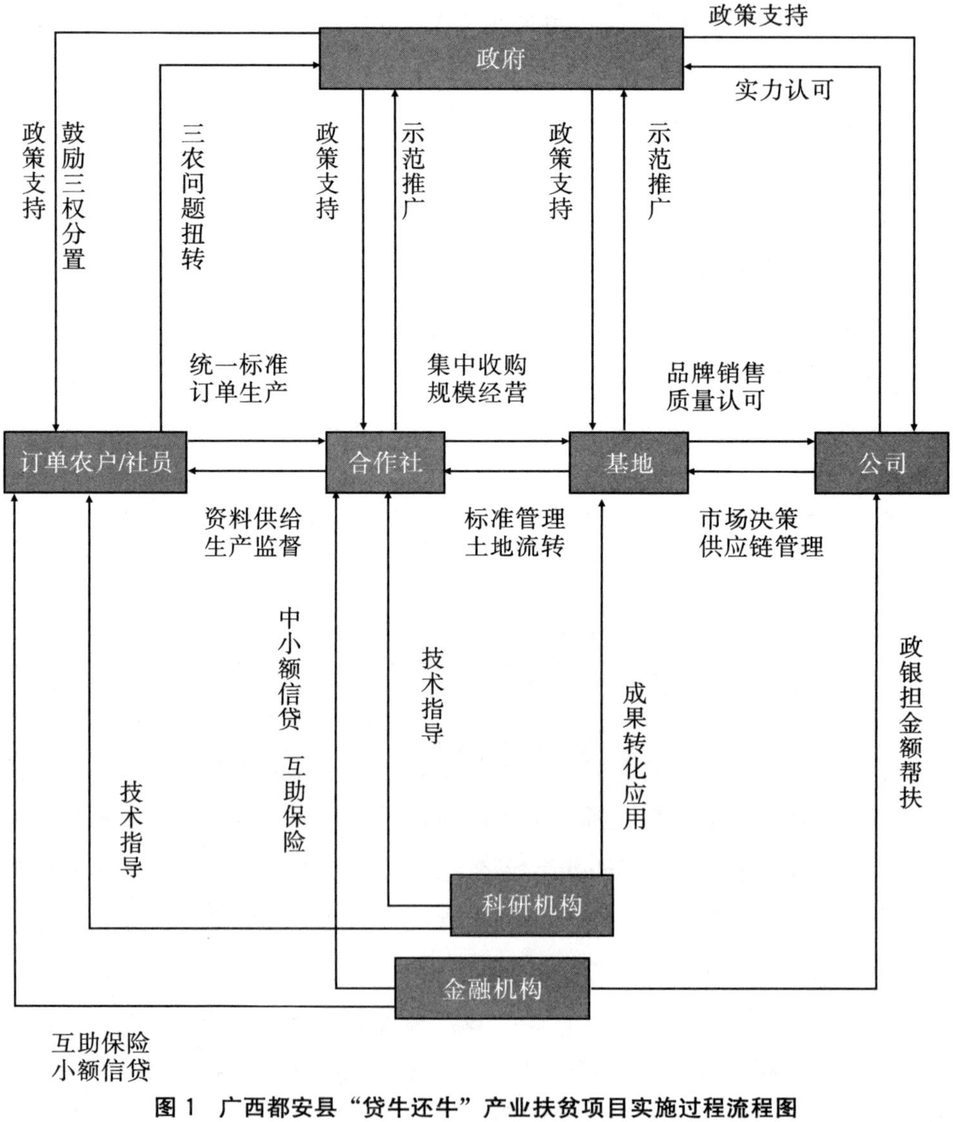

图1 广西都安县“贷牛还牛”产业扶贫项目实施过程流程图

实现产销的良性循环。深圳市宝安区专项安排1400万元用于“贷牛还牛”产业肉牛销往深圳市场的物流补助，2019年销售肉牛1.56万头。

四是科研保障，养上优质牛。引进外地鲁西黄牛、西门塔尔牛、法国安格斯等优良品种，采取“微生物+”的先进技术，科学生态养殖繁育，待物种适应本地环境后植入可追溯芯片并及时发放给贷牛贫困户饲养；主动与中国农科院北京畜牧兽医研究所等科研院校开展战略合作，对接自治区农村农业厅在都安县设立国家级畜牧养殖首席专家或院士工作站、自治区畜禽研究所等机构，通过科研团体引进、科研机构落地，围绕优质牛，在优质种牛繁育、优质肉牛育肥、生物饲料加工、疫病防控医治、屠宰加工冷链等方面不断提高科技支撑能力，全面提升全产业链科学化水平。

二、主要经验

由“一头牛”牵出一条全产业链，既充分释放贫困地区发展潜力和活力，又实现贫困户脱贫、企业增效和产业升级，还实现第一、二、三产业融合发展。这既符合石漠化地区资源禀赋的现实境况，又有效破除深度贫困地区脱贫发展的复杂困局，形成了可借鉴、可推广的“都安经验”。

1. 产业扶贫是促进贫困地区发展、增加贫困农户收入最直接、最有效的途径，是脱贫攻坚的基本实现形式

脱贫攻坚是一项复杂、系统的工程，需要在结合本地资源禀赋的基础上不断创新实现形式和途径。产业扶贫是脱贫攻坚最基本、最核心的实现形式。在很大程度上，没有产业的有力支撑，脱贫就是无源之水、无本之木，不会长久，更难以持续。产业发展主要关注三点：一是特色。产业选择和规划应结合当地的资源、环境和条件，因地、因村、因户因人施策，在特色上找突破点。二是多层次。产业发展在县、乡、村、户四个层面应有一定的侧重点，产业园区、片区、车间、项目点等应实现合理分工和有效衔接。三是技术手段和实现形式创新。产业发展需要借助和运用新兴技术手段和产供销工具，实现贫困户与市场和现代农业发展的有机对接，并构建贫困地区农业社会化服务体系。对于深度贫困地区来说，产业扶贫要深入了解本地的资源禀赋，充分利用当地的比较优势，善于推陈出新，长远谋划，瞄准市场发展需要，做实做强生态循环经济，做好百姓心中向往、群众熟悉的扶贫产业，最大限

度地开发利用扶贫产业的市场价值。

2. 贫困地区的传统特色产业应着力发展全产业链，实现不同产业的深度融合，并构建产业扶贫的长效机制

产业扶贫是针对贫困人口脱贫而培育增收产业，以产业发展让贫困人口获得可持续性发展机会的一种扶贫模式。培育优势特色产业、促进贫困人口持续增收是精准扶贫精准脱贫的重点和难点。在脱贫攻坚战中，深度贫困地区一方面要努力做实做细“两不愁三保障”工作，另一方面要增强发展能力，以传统特色优势产业为依托，从生产、加工、包装、销售等环节入手，推动全产业链不断优化升级，做强做大扶贫产业。另外，鉴于乡村产业发展的自然风险、市场风险和社会风险，产业扶贫应着力推动第一、二、三产业深度融合，提升小农户对接大市场的能力，增强抗风险能力，构建产业扶贫的长效发展机制，助推产业转型。

3. 产业扶贫要构建益贫性的利益联结机制，培育贫困人口内生动力，筑牢稳定脱贫根基

贫困农户是产业扶贫的实施主体和受益主体，其参与程度、广度和深度是决定产业发展益贫效应的关键。贫困农户的可持续生计是产业扶贫的基本目标，也是稳定脱贫的根基。在产业扶贫实施过程中，应构建益贫性的利益联结机制，让贫困户在产业扶贫的各个环节中分享收益，真正实现增收致富。同时，产业扶贫既要契合本地产业基础和资源条件，又要与市场、技术等生产要素有效对接，更需考量贫困人口的利益诉求并培育其内生动力，从而在实现贫困人口持续增收的基础上，筑牢稳定脱贫的实现根基。

第六章
社会动员

SHEHUI DONGYUAN

一个不落

YI GE BU LA

调动各方力量，加快形成全社会参与的大扶贫格局。“人心齐，泰山移。”脱贫致富不仅仅是贫困地区的事，也是全社会的事。要更加广泛、更加有效地动员和凝聚各方面力量。要强化东西部扶贫协作。东部地区不仅要帮钱帮物，更要推动产业层面合作，推动东部地区人才、资金、技术向贫困地区流动，实现双方共赢。不仅要推动省级层面协作，而且要推动市县层面协作。近些年来，中央和国家机关各部门、人民团体等承担定点扶贫任务的单位，围绕扶贫做了不少事情，为扶贫开发作出了重要贡献。今后要继续努力，同时要更加重视制度建设，明确各单位责任，建立考核评价机制。承担定点扶贫任务的中央企业，要把帮扶作为政治责任，不能有丝毫含糊。守望相助、扶危济困是中华民族的传统美德。要研究借鉴其他国家成功做法，创新我国慈善事业制度，动员全社会力量广泛参与扶贫事业，鼓励支持各类企业、社会组织、个人参与脱贫攻坚。同时，要引导社会扶贫重心下沉，促进帮扶资源向贫困村和贫困户流动，实现同精准扶贫有效对接。

——习近平：《在中央扶贫开发工作会议上的讲话》（2015 年 11 月 27 日）

扶贫开发是全党全社会的共同责任，要动员和凝聚各方面力量广泛参与。习近平总书记多次强调，坚持党政一把手负总责的工作责任制，坚持专项扶贫、行业扶贫、社会扶贫等多方力量、多种举措有机结合和互为支撑的“三位一体”大扶贫格局。习近平总书记指出，要深化东西部扶贫协作和党政机关定点扶贫，调动社会各界参与脱贫攻坚积极性，实现政府、市场、社会互动和行业扶贫、专项扶贫、社会扶贫联动。决战决胜脱贫攻坚，做到“一个不落”，必须发挥政府主导、市场参与的作用，大力开展社会扶贫、消费扶贫，更加广泛形成攻坚合力，攻克脱贫最后堡垒。

一、政府主导

政府主导是中国特色减贫道路的鲜明特征。政府主导扶贫开发是中国特色社会主义“以人民为中心”的发展立场和“共同富裕”的发展目标的必然要求，是在社会主义市场经济条件下中国共产党领导的政治优势和社会主义集中力量办大事的制度优越的充分彰显。政府主导扶贫开发，有利于把扶贫开发纳入国家总体发展战略，积极发挥政府的社会保护职能，优化脱贫攻坚政策的顶层设计，加强各类法律法规及社会保障制度建设，为市场机制在扶贫资源配置中发挥作用保驾护航。政府通过保持经济总量平衡，兼顾经济发展的效率与公平，促进经济结构协调和生产力布局优化，从而实现有效链接社会、市场、个人等各方资源，优化劳动力、资本、土地、技术等生产要素配置，增强对扶贫资源宏观调控的前瞻性、针对性和协同性。

政府主导扶贫的主要路径是专项扶贫和行业扶贫。专项扶贫是指专门针对贫困地区和贫困人口，以财政扶贫资金为支撑，设计、选择、组织实施专门扶贫项目的扶贫方式。行业扶贫是指教育、医疗卫生、水利、交通、农业等行业主管部门在制定相关政策和提供公共服务时将贫困人口摆在优先位置，制定实施有利于贫困人口和减贫事业的行业政策的扶贫方式。

（一）政府主导精准识别，解决好“扶持谁”的问题

我国坚持精准扶贫精准脱贫基本方略，逐村逐户开展贫困识别，对识别出的贫困村、贫困户建档立卡，通过“回头看”和甄别调整，不断提高识别准确率。一是开展贫困识别。2014 年，按照“县为单位、规模控制、分级负责、精准识别、动态管理”的思路，全国组织 80 多万人逐村逐户开展贫困识别。贫困村的识别标准是“一高一低一没有”，即贫困发生率高于全省贫困发

生率一倍以上、农民人均纯收入低于全省平均水平60%、没有集体经济收入。识别程序是村申请和“一公示一公告”，即乡镇审核后公示，县审定后公告。贫困户的识别标准是收入低于国家扶贫线并综合考虑“两不愁三保障”的情况。识别程序是农户申请和“两公示一比对一公告”，即村民评议、村委会审议后公示，乡镇审核后公示，县里进行信息比对后公告。经努力，共识别出贫困村12.8万个、贫困户2948万户、贫困人口8962万人，基本摸清了我国贫困人口分布、致贫原因、脱贫需求等信息，建立起全国统一的扶贫信息系统。二是开展“回头看”工作。2015—2016年，动员全国200多万人开展建档立卡“回头看”工作，纳入新识别的贫困人口，清退识别不准的人口。三是开展动态调整。对返贫人口和新发生贫困人口及时纳入帮扶。通过几年努力，贫困识别准确率不断提高，实现了从不够精准到比较精准的转变。建档立卡已经能完整记录贫困人口识别、帮扶、退出全过程，能说清楚贫困分布、致贫原因、脱贫措施、脱贫成效等。建档立卡使我国贫困数据第一次实现了到村、到户、到人，为实施精准扶贫政策措施、实行最严格考核评估制度和保证脱贫质量打下了坚实基础。

（二）全国党政系统选派干部开展驻村帮扶，解决好“谁来扶”的问题

实现选派全覆盖。2013年，各地启动驻村工作队选派工作，截至2016年实现全国12.8万个贫困村驻村工作队全覆盖，部分省份对扶贫任务重的非贫困村也选派了驻村工作队。全国累计派出驻村工作队20多万个，选派驻村第一书记和驻村干部300多万名，保持在岗的驻村第一书记、驻村干部近百万人，加上近200万名乡镇扶贫干部和数百万名村干部，一线扶贫队伍明显壮大。

完善驻村帮扶干部管理。2017年12月，中共中央办公厅、国务院办公厅印发《关于加强贫困村驻村工作队选派管理工作的指导意见》，对驻村工作队作出全面规范，确保实现选派精准、帮扶扎实、成效明显、群众满意。各地按照要求对不胜任的驻村干部进行了调整召回。

精准实训提升驻村帮扶实战能力。按照“干什么、学什么、缺什么、补什么”的原则，有针对性地开展驻村干部培训，进一步提升驻村干部攻坚

能力。

转变作风发挥帮扶实效。发挥党员先锋带头作用，在岗驻村干部中，党员占三分之二以上。

（三）政府主导实施“五个一批”工程，解决好“怎么扶”的问题

实施“五个一批”工程，还有就业扶贫、健康扶贫、资产收益扶贫、基础设施扶贫、公共服务扶贫等，坚持因地因人制宜，缺什么就补什么，能干什么就干什么，扶到点上、扶到根上。

多渠道实施产业扶贫。大力培育发展贫困地区特色优势产业，有产业基础的做大，有发展潜力的培育，促进一大批对贫困户增收带动作用明显的特色产业快速发展。创新实施扶贫小额信贷政策，为支持贫困户发展生产，提供“5 万元以下、3 年以内、免抵押免担保、基准利率放贷、扶贫资金贴息、县建风险基金”的扶贫小额信贷，破解贫困户贷款难、贷款贵问题，增强贫困群众的市场意识和信用意识。组织各地建立健全产业扶贫带贫机制。全国超过三分之二的贫困户有新型经营主体带动。培育贫困村创业致富带头人，组织开展带头人培育工作。实施乡村旅游扶贫，推广“两带四起来”模式，即景区带动贫困村，能人带动贫困户，把老百姓组织动员起来，把利益联结机制建立起来，把贫困群众带动起来，把文化弘扬起来。实施光伏扶贫，在试点基础上，在全国 27 个省区市 1400 多个县建设了 7 万多个村级光伏扶贫电站，产权和收益归村集体所有，通过公益岗位扶贫、小型公益事业扶贫、小微奖励补助扶贫等，引导贫困群众通过劳动增收。实施电商扶贫，累计支持 1231 个县开展电子商务进农村综合示范工作，帮助贫困群众解决农产品“卖难”问题。

构建综合性就业扶贫措施体系。加强劳务协作，组织贫困劳动力转移就业。指导各地充分利用贫困村集体闲置土地、废弃的学校、外出务工人员闲置的房屋庭院等，采取以奖代补或利用财政资金、对口帮扶资金、企业个人捐资的方式，新建、改建扶贫车间，主要从事劳动密集型的来料加工业和手工编织、民族手工艺品生产等，帮助贫困弱劳力、半劳力在家门口就业增收。对贫困家庭子女接受职业教育给予补助，组织贫困家庭“两后生”接受职业教育，掌握就业技能。

科学推进易地搬迁扶贫。一是确定搬迁范围。“十三五”期间，国家对“一方水土养活不了一方人”的地方易地搬迁近千万贫困人口，同步搬迁（指不在易地搬迁政策内，但自愿一同搬迁的人口）近 500 万人。二是筹集建设资金。国家按照人均 6 万元的标准，通过中央预算内投资、地方政府债务、专项建设基金、低成本长期贷款等方式筹集 6000 亿元专项资金用于易地搬迁扶贫工作。三是开展安置房建设。确定人均 25 平方米住房建设标准，指导各地因地制宜选择搬迁安置方式。四是做好后续帮扶工作。强化产业就业帮扶，完善安置区公共服务设施，加强社区融入工作，确保搬得出、稳得住、逐步能致富。

大力实施教育、健康扶贫。在教育扶贫方面，狠抓控辍保学，全面落实义务教育“两免一补”政策，实施农村义务教育学生营养改善计划，实施义务教育薄弱环节改善与能力提升工作，加强乡镇寄宿制学校和乡村小规模学校建设。深入推进乡村教师支持计划，扩大特岗计划（即公开招聘高校毕业生到“两基”攻坚县农村义务教育阶段学校任教）和银龄讲学计划（即面向社会公开招募一批优秀退休校长、教研员、特级教师、高级教师等到农村义务教育学校讲学）规模，国培计划覆盖 304 个深度贫困县。实施贫困地区定向招生专项计划。在健康扶贫方面，落实倾斜性医疗保障政策，城乡居民基本医疗保险基本实现贫困人口全覆盖，实施健康扶贫“三个一批”（即大病集中救治一批，慢病签约管理一批，重病兜底保障一批）行动计划，累计有 1500 多万名贫困大病患者和慢性病患者得到基本救治和管理服务。开展三级医院和贫困县医院结对帮扶，832 个贫困县 88％的乡镇卫生院和 75％的卫生室完成标准化建设。

有效开展危房改造，着力解决安全饮水问题。对建档立卡贫困户、低保户、五保户和贫困残疾人家庭四类对象进行危房改造。使贫困人口有水喝，饮水安全达到当地农村饮水安全评价标准。

创新生态扶贫模式。大力推进生态环境治理，在贫困地区选聘近 100 万名建档立卡贫困人员担任生态护林员。组建造林扶贫合作社，吸纳贫困群众参与生态保护工程建设。推进贫困地区退耕还林还草。党的十八大以来，累计退耕还林还草 6000 万亩。

有序实施低保兜底政策。一是提高低保补助标准，全国所有县（市、区）农村低保标准全部达到或超过国家扶贫标准。二是建立数据定期比对机制，定期开展建档立卡和低保对象数据比对，确保应保尽保。三是保障特困群体基本生活，对未脱贫建档立卡贫困户中靠家庭供养且无法单独立户的重度残疾人、重病患者等完全丧失劳动能力和部分丧失劳动能力的贫困人员，经个人申请，可参照单人户纳入农村低保范围。

有力推进交通、电力扶贫。贫困地区建制村基本通硬化路，除西藏外全国所有自然村通动力电，贫困县农网供电可靠率超过99%。

（四）政府主导贫困退出，解决好“如何退”的问题

按照设定时间表、留出缓冲期、实行严格评估、实行逐户销号的原则要求，严把贫困退出关，确保脱贫质量。一是确定贫困退出标准和程序。贫困县退出标准是：西部地区贫困发生率降到3%以下，中部地区降到2%以下。贫困县退出程序是：县申请，市级初审，省级核查，社会公示，各省宣布，国家抽查。贫困村退出标准是：西部地区贫困发生率降到3%以下，中部地区降到2%以下，统筹考虑村内基础设施、基本公共服务、产业发展、集体经济收入等因素。贫困村退出程序是：乡镇公示无异议后，公告退出。贫困人口退出标准是：以户为单位，年人均纯收入稳定超过国家扶贫标准且不愁吃不愁穿，义务教育、基本医疗、住房安全有保障。贫困村退出程序是：村两委组织民主评议后提出，经村两委和驻村工作队核实、拟退出贫困户认可，在村内公示无异议后，公告退出。二是科学制订脱贫滚动规划和年度计划，每年根据脱贫情况进行动态调整，实行科学合理有序退出。三是对脱贫质量开展评估。组织开展第三方评估贫困人口识别准确率、退出准确率和群众满意度，对申请退出的贫困县组织专项评估检查，确保退出结果真实。如国家每年都对中西部22个省区市脱贫攻坚成效进行评估，评估人员在1000人以上，其中教授、研究员占15%，在校硕士研究生和博士研究生占比超过80%。评估人员随机抽取并实地调查农户，评估过程全程录音录像，发挥了社会监督作用。

二、市场参与

国内外减贫实践证明，市场参与是扶贫脱贫的重要力量。只有体现市场规律的扶贫模式才具有可持续性。贫困人口也只有经过市场竞争的考验，才有可能真正具备稳定自主脱贫的能力。

（一）习近平总书记关于社会扶贫的重要论述为企业参与扶贫开发提供了根本遵循

习近平总书记高度重视企业在打赢脱贫攻坚战中的重要作用，指出：“要广泛调动社会各界参与扶贫开发积极性，鼓励、支持、帮助各类非公有制企业、社会组织、个人自愿采取包干方式参与扶贫。”① 习近平总书记多次强调：“‘人心齐，泰山移。’脱贫致富不仅仅是贫困地区的事，也是全社会的事。要更加广泛、更加有效地动员和凝聚各方面力量。”② “守望相助、扶危济困是中华民族的传统美德。要研究借鉴其他国家成功做法，创新我国慈善事业制度，动员全社会力量广泛参与扶贫事业，鼓励支持各类企业、社会组织、个人参与脱贫攻坚。同时，要引导社会扶贫重心下沉，促进帮扶资源向贫困村和贫困户流动，实现同精准扶贫有效对接。”③ 这些重要论述，深刻阐述了企业参与扶贫、打赢脱贫攻坚战的重要性，指明了企业参与扶贫的发展方向。

（二）市场参与扶贫具有客观必然性

从市场的角度看，市场通过“看不见的手”进行宏观调控和指挥，引导贫困地区经济发展，通过经济增长惠及贫困人口脱贫受益。社会主义市场经济仍然是商品和市场经济，市场不仅对社会生产，而且对收入分配也起着决定性的调节作用。要实现共同富裕，就必须处理好发展过程中的分配问题，打赢脱贫攻坚战，是处理好分配问题进而走向共同富裕的关键一步。市场在扶贫资源配置中拥有政府给予的合理的自主权，利用市场机制参与扶贫开发，

---

① 习近平：《在部分省区市扶贫攻坚与“十三五”时期经济社会发展座谈会上的讲话（节选）》（2015 年 6 月 18 日），载《习近平扶贫论述摘编》，2018，第 100 页。

② 习近平：《在中央扶贫开发工作会议上的讲话》（2015 年 11 月 27 日）。

③ 同上书，第 51 页。

意味着要不断释放市场配置扶贫资源的活力，拓宽扶贫开发的资源渠道，发挥市场在资源配置中的决定性作用，弥补政府在脱贫攻坚过程中可能出现的低效率和局部扶贫的缺陷。有关研究表明，在一些公共物品领域，市场机制对于多元需求的回应和对于各种资源的调动能力比政府更有优势。具体来说，市场力量在扶贫中主要承担行业扶贫的责任，作为市场微观主体的各行业部门，履行行业管理职能，实施支持贫困地区和贫困人口发展的政策和项目，承担改善贫困地区发展环境、提高贫困人口发展能力的任务，包括明确部门职责、发展特色产业、开展科技扶贫、完善基础设施、发展教育文化事业、改善公共卫生和人口服务管理、完善社会保障制度、重视能源和生态环境建设等方面。由此可见，引导市场力量参与贫困治理的公共行为，是促进社会治理中公共产品及公共服务的供给、市场主体慈善精神的弘扬、企业家社会责任感的培养，以及构建和谐社会的正确选择。

（三）市场（企业）参与扶贫是我国扶贫开发的重要经验

改革开放以来，在坚持政府主导的同时，我国始终坚持不断扩大市场主体和社会力量对扶贫开发事业的广泛参与。1984 年，中共中央、国务院发布《关于帮助贫困地区尽快改变面貌的通知》，指出“鼓励外地到贫困地区兴办开发性企业（林场、畜牧场、电站、采矿、工厂等），五年内免交所得税”，这是我国扶贫开发首倡企业参与扶贫。此后，各级政府出台各种政策鼓励企业到贫困地区投资兴业，并在财政、税收、土地、金融等方面给予优惠。国家政策的出台推动了企业在扶贫领域的活动。企业参与扶贫开发的领域通常包括发展产业、提供就业机会、建设公共设施、支持社区发展、促进能力建设等基本领域，其中产业化扶贫是根本道路。国家 1994 年发布的《国家八七扶贫攻坚计划》、2001 年发布的《中国农村扶贫开发纲要（2001—2010 年）》和 2011 年发布的《中国农村扶贫开发纲要（2011—2020 年）》都明确要求企业参与扶贫开发，并从政策上提供相应支持。

2013 年 12 月，中共中央办公厅、国务院办公厅印发《关于创新机制扎实推进农村扶贫开发工作的意见》，指出：“当前和今后一个时期，扶贫开发工作要进一步解放思想，开拓思路，深化改革，创新机制，使市场在资源配置中起决定性作用和更好发挥政府作用，更加广泛、更为有效地动员社会力量，构建政府、市场、社会协同推进的大扶贫开发格局，在全国范围内整合配置扶贫开发资源，形成扶贫开发合力。”企业作为市场扶贫的载体，企业扶贫成为新阶段扶贫工作的重要形式。2014 年 12 月，国务院办公厅发布的《关于进一步动员社会各方面力量参与扶贫开发的意见》指出：“鼓励民营企业积极承担社会责任，充分激发市场活力，发挥资金、技术、市场、管理等优势，通过资源开发、产业培育、市场开拓、村企共建等多种形式到贫困地区投资兴业、培训技能、吸纳就业、捐资助贫，参与扶贫开发，发挥辐射和带动作用。”

可见，国家在政策层面倡导和鼓励民营企业参与扶贫开发，推动并形成民营企业积极参与扶贫开发新高潮。鼓励民营企业发挥资金、技术、市场、管理等优势，通过资源开发、产业培育、市场开拓等多种形式到贫困地区投资兴业，发挥带动贫困地区发展的积极作用。支持民营企业开展实用技术、生产技能、经营管理等技能培训，引导民营企业通过基地带动、订单合同收购等模式，密切与贫困户的利益联结机制。经过长期实践探索，企业扶贫成为我国扶贫开发的重要力量。

（四）市场（企业）参与扶贫开发为我国扶贫成就作出了贡献

一是丰富了扶贫开发的载体和形式，创新了扶贫开发的体制和机制。企业参与扶贫开发工作，带动和形成了多元化的扶贫投资主体，缓解了政府在扶贫攻坚方面的压力。同时，对目标利润的追求决定了企业在参与扶贫过程中，注重形成扶贫造血机能，有效促进了由传统的政府包办式“输血型”扶贫模式向开发“造血型”扶贫模式转变。

二是增添了贫困地区的持续发展动力。企业参与扶贫开发，打破了贫困地区的封闭状态，不仅促进了贫困地区经济和企业自身发展，促进了统一市场的形成，而且促进了贫困地区社会经济发展，促进了贫困地区群众商品观念的发展。

三是转换了贫困地区的发展观念。企业参与扶贫开发，不仅给贫困地区带来了资金、技术等先进生产力要素，而且使贫困人口直接接受市场经济理念的熏陶和先进管理知识的培训，打破了传统观念的束缚和封闭状态，切实转换发展观念，提高发展能力。

四是激发了贫困地区的市场活力和持续动力。企业参与扶贫开发，既保证了资金使用的安全性、效益性，又形成了较好的规模经营效益，增强了脱贫致富的造血功能。

总体上看，企业参与扶贫开发是企业响应党中央号召，落实国家扶贫计划的具体行动，体现了中华民族扶贫济困的传统美德。对于发展贫困地区经济，缩小东西部的差距，加强民族团结，维持社会稳定，合理开发和配置资源，建立和发展社会主义市场经济体制，引导非公有制经济健康发展，都具有重大而深远的意义。

（五）市场参与扶贫重要途径——企业主导型扶贫模式

企业主导型扶贫模式指的是在扶贫开发活动中企业占据主导地位，企业根据政府制定的相关政策，帮助贫困区域和贫困群体发展经济，摆脱贫困走向富裕的一种扶贫方式。在市场经济体制条件下，贫困地区经济落后的原因往往是产业支撑的力度不够，缺乏进入市场的机会以及融入市场的能力。企业参与到扶贫工作中成为扶贫主体，能增加贫困地区扶贫的支持力度，实现企业的社会价值。企业作为扶贫开发中的主角，能提升贫困地区的生产力水平，增强再生能力，挖掘经济发展的内生动力，促进贫困地区经济可持续增长。在实践中，企业主导型扶贫开发模式大多是通过“企业＋项目＋农户”的模式。对企业来说，贫困地区有丰富的自然资源和劳动力资源，企业参与到贫困地区的扶贫开发中，不仅可以利用这些资源来降低生产成本，还可以享受国家和地方制定的一些优惠政策，提高企业的知名度。对贫困农户来说，企业参与扶贫开发可以向他们传递市场理念和信息，促进他们转换思想观念，同时拓宽他们的收入来源，降低返贫率。企业扶贫的投资活动是根据当地实际，与地区的产业政策相衔接，与地区的优势产业、支柱产业的开发相联系，与特困地区的自然资源、劳动力等要素相结合，做到取长补短、优势互补。

三、社会扶贫

（一）社会扶贫格局的逐步形成

1984年9月，中共中央、国务院发布《关于帮助贫困地区尽快改变面貌的通知》，标志着中国政府开始了有组织、有计划、大规模的减贫行动。1986年，我国成立专门的扶贫开发工作机构。1996年，中央扶贫开发工作会议召开，全国开始实施东西扶贫协作工作，以东部发达省市对口帮扶西部贫困地区为主要方式支援西部地区扶贫开发建设，并不断增加对口帮扶的省市数量。东西部之间的协作领域拓宽、协作深度拓展，形成了合作共赢的局面。进入21世纪以来，国家开始注重动员民营企业参与扶贫开发，并进一步鼓励社会组织、社会公众参与扶贫开发。伴随着经济社会的发展，越来越多的企业将扶贫开发视为重要的社会责任并积极参与。各类非政府组织在扶贫开发领域发挥着重要的作用。经过多年实践，东西部扶贫协作、党政机关企事业单位定点扶贫、军队武警扶贫，以及民营企业、社会组织、社会公众扶贫取得显著成效，社会扶贫成为大扶贫格局的重要组成部分。

在实践中，社会扶贫呈现以下几个特点：一是全社会广泛参与。东西部扶贫协作包括东部9个省（市）、13个市对口帮扶西部10个省（区、市），吉林、湖北、湖南的3个少数民族自治州和河北省张家口、承德、保定三市。定点扶贫的单位包括中央和国家机关各部门各单位、人民团体、参照公务员法管理的事业单位、国有大型骨干企业、国有控股金融机构、各民主党派中央及全国工商联、国家重点科研院校等。几经调整，近300家中央国家机关和企事业等单位与592个国家扶贫开发工作重点县建立了结对帮扶的关系。军队和武警部队根据国家和驻地扶贫开发总体规划，发挥优势，主动作为，积极参与实施定点扶贫和整村推进扶贫。各类人民团体、社会组织、民营企业和普通公民也积极参与扶贫开发。二是多元化扶贫策略。各行动主体根据自身特点采用多样化的扶贫开发策略，形成了智力支边、希望工程光彩事业、文化扶贫、春蕾计划、博爱工程、幸福工程、农业科技示范入户工程、双学双比、巾帼扶贫等扶贫济困活动，产生了良好的社会效果。三是可持续减贫模式。社会扶贫主体不断探索，扶贫理念和扶贫模式不断创新。更加注重可持续减贫发展，在产业扶贫、教育扶贫、电商扶贫以及公益扶贫等方面积极创新实现方式，帮助贫困对象更加主动参与扶贫行动，更加强调通过“造血式”扶贫方法，为贫困地区创造可持续性脱贫条件，增强扶贫效果的可持续性，防止返贫。

经过多年扶贫开发实践，中国走出了一条具有中国特色的扶贫开发道路，形成专项扶贫、行业扶贫和社会扶贫“三位一体”的大扶贫格局。在坚持政府主导扶贫的前提下，广泛动员社会力量积极参与扶贫济困，是加大扶贫开发力度、加快促进贫困地区经济社会发展的有效举措。总体来看，社会参与扶贫开发的成效主要体现在：一是社会扶贫观念日渐增强。最早参与社会扶贫活动的机构是与农村联系多、资源动员能力强的政府部门。随着扶贫开发纵深推进，社会各界对社会扶贫的认识更加深刻，更加认同社会扶贫的观念，参与社会扶贫的社会力量增多，参与扶贫的领域拓宽。社会扶贫的观念日益深入人心，为社会扶贫的进一步发展提供了思想基础。二是社会扶贫格局初步形成。20 世纪 80 年代的定点扶贫是社会扶贫的开端，经过几十年发展，社会扶贫的参与主体、扶贫形式、行动领域以及组织形式等都渐趋成熟，逐步形成了政府主导、社会力量积极参与扶贫开发，扶贫开发形式丰富多样，共同推进减贫事业发展的局面，社会扶贫格局初步形成。三是社会扶贫模式不断创新。东西部扶贫协作、定点扶贫、军队和武警部队扶贫、企业扶贫、社会组织扶贫、公民个人参与扶贫等模式持续创新。如“互联网＋”社会扶贫在各个领域深入推进，消费扶贫发展迅猛。四是社会扶贫成效日益凸显。

（二）社会扶贫的新发展

党的十八大以来，在习近平总书记关于社会扶贫重要论述指引下，我国针对各类社会扶贫模式的相应制度安排不断细化与完善。

创新社会扶贫机制。2013 年 12 月 18 日，中共中央办公厅、国务院办公厅出台《关于创新机制扎实推进农村扶贫开发工作的意见》，提出创新社会参与机制。“建立和完善广泛动员社会各方面力量参与扶贫开发制度。充分发挥定点扶贫、东西部扶贫协作在社会扶贫中的引领作用。支持各民主党派中央、全国工商联和无党派人士参与扶贫开发工作，鼓励引导各类企业、社会组织和个人以多种形式参与扶贫开发。”2014 年 5 月 12 日，国务院扶贫办出台《创新扶贫开发社会参与机制实施方案》，完善社会扶贫工作体系，创新社会扶贫工作机制，健全社会扶贫支持政策，营造社会扶贫浓厚氛围。

提高社会扶贫精准性。2014 年 5 月 12 日，国务院扶贫办等七部门联合印发的《建立精准扶贫工作机制实施方案》指出，完善社会扶贫帮扶形式，鼓励引导社会扶贫参与主体到贫困地区开展形式多样的扶贫帮扶活动，努力做到帮扶重点下移到贫困村、帮扶对象明确到贫困户，帮扶措施到位有效，帮扶效果可持续，实现社会帮扶的精准化、科学化。

拓展社会扶贫参与主体。2014 年 11 月 19 日，国务院办公厅印发的《关于进一步动员社会各方面力量参与扶贫开发的意见》指出，培育多元社会扶贫主体，大力提倡民营企业扶贫，积极引导社会组织扶贫，广泛动员个人扶贫，深化定点扶贫工作，强化东西部扶贫协作。

广泛动员社会力量。2015 年 11 月 29 日，《中共中央　国务院关于打赢脱贫攻坚战的决定》印发，指出：“广泛动员全社会力量，合力推进脱贫攻坚”，“健全东西部扶贫协作机制”，“建立东西部扶贫协作考核评价机制”。“健全定点扶贫机制。进一步加强和改进定点扶贫工作，建立考核评价机制，确保各单位落实扶贫责任。”“健全社会力量参与机制。鼓励支持民营企业、社会组织、个人参与扶贫开发，实现社会帮扶资源和精准扶贫有效对接。”

落实脱贫攻坚责任。2016 年 10 月 11 日，中共中央办公厅、国务院办公厅印发《脱贫攻坚责任制实施办法》，强调脱贫攻坚要按照“中央统筹、省负总责、市抓落实”的工作机制，构建责任明晰、各负其责、合力攻坚的责任体系。对东西部扶贫协作、定点扶贫、军队和武警部队、各民主党派以及民营企业、社会组织和个人合力脱贫攻坚作出明确规定。

明晰社会扶贫内容。2016 年 12 月 2 日，国务院印发《“十三五”脱贫攻坚规划》，阐述了在社会扶贫领域，加强东西部扶贫协作、定点帮扶、企业帮扶、军队帮扶以及社会组织和志愿者帮扶的主要内容及相关举措，是各地脱贫攻坚工作的行动指南，是各有关方面制订相关扶贫专项规划的重要依据。

（三）完善社会扶贫制度

定点扶贫。实现定点扶贫县全覆盖。2012 年 11 月 8 日，国务院扶贫办、中组部等八部门联合印发《关于做好新一轮中央、国家机关和有关单位定点扶贫工作的通知》，确定了新一轮定点扶贫结对关系，第一次实现了定点扶贫工作对国家扶贫开发工作重点县的全覆盖。调整定点扶贫结对关系。2015 年 8 月 21 日，国务院扶贫办、中组部等九部门联合印发《关于进一步完善定点扶贫工作的通知》，调整定点扶贫县，新增 22 个单位参加定点扶贫。调整后，全国共 320 个单位，帮扶 592 个国家扶贫开发工作重点县。同时，健全牵头联系机制，强化工作考核，做好相关定点扶贫工作。落实定点扶贫主体责任。2017 年 3 月 3 日，中共中央办公厅、国务院办公厅印发《〈关于进一步加强中央单位定点扶贫工作的指导意见〉的通知》，明确各单位不再是简单地送钱送物办好事，要重点选派干部，开展精准帮扶；深入调研，共谋脱贫之策；宣传动员，激发内生动力；督促检查，落实主体责任；夯实基础，培育基层队伍；总结经验，宣传推广典型。该指导意见还强调要强化牵头机制与建立考评机制。建立定点扶贫考核制度。2017 年 8 月 8 日，国务院扶贫开发领导小组出台《中央单位定点扶贫工作考核办法（试行）》，以承担定点扶贫任务的中央单位为考核对象，以“帮扶成效、组织领导、选派干部、督促检查、基层满意情况、工作创新”为考核内容，按照“单位总结、分类考核、综合评议”的考核程序对定点扶贫单位的工作进行考核。

东西部扶贫协作。界定东西部协作工作领域。2016 年 12 月 7 日，中共中央办公厅、国务院办公厅印发《关于进一步加强东西部扶贫协作工作的指导意见》，调整东西部扶贫协作结对关系，在完善省际结对关系的同时，实现对民族自治州和西部贫困程度深的市州全覆盖。以“开展产业合作、组织劳务协作、加强人才援助、加大资金支持、动员社会参与”为主要任务，确保西部地区现行国家扶贫标准下的农村贫困人口到 2020 年实现脱贫，贫困县全部摘帽，解决区域性整体贫困，推动西部贫困地区与全国一道迈入全面小康社会。细化东西部协作新方式。2017 年 1 月 5 日，国务院扶贫开发领导小组在扶贫日活动期间正式启动携手奔小康行动，共确定东部地区 257 个经济较发达县（市、区）与西部地区 390 个贫困县开展携手奔小康行动。这是实施精准扶贫精准脱贫的新举措，是深化细化东西部扶贫协作的新方式，支持西部地区贫困县打赢脱贫攻坚战，如期实现全面建成小康社会的目标。制定东西部扶贫协作考核制度。2017年8月8日，国务院扶贫开发领导小组印发《东西部扶贫协作考核办法（试行）》，指出以东部参加帮扶的省市以及西部被帮扶的省市州为考核对象，按照“省市总结、交叉考核、综合评议”的考核步骤进行考核。

军队和武警部队扶贫。2016年3月，中央军委政治工作部、国务院扶贫开发领导小组办公室联合印发的《关于军队参与打赢脱贫攻坚战的意见》指出，军队参与打赢脱贫攻坚战，要按照国家脱贫攻坚总体部署，落实精准扶贫精准脱贫的基本方略，坚持科学谋划、统筹推进，发挥优势、主动作为，因地制宜、精准发力，军地协作、整体联动，改进创新、务求实效的原则，搞好宣传教育、扶持发展特色优势产业、开展实用技能培训、协助推进教育扶贫、搞好医疗扶持、帮建基层政权组织、帮助改善生产生活、参与生态环境保护、支持乡风文明建设、参加兴边富民行动等工作。地方各级扶贫开发领导机构应吸收省军区系统和扶贫任务重的驻军单位参加。

民营企业参与扶贫。引导民营企业参与新一轮农村扶贫开发。2013年5月30日，全国工商联、国务院扶贫办印发的《关于共同推动民营企业参与新一轮农村扶贫开发的意见》指出，要引导民营企业参与片区产业扶贫、鼓励民营企业参与片区县域经济发展、组织民营企业参与专项扶贫工作、动员民营企业参与贫困农村公益事业、创新民营企业参与扶贫开发的途径与模式、服务片区小微企业和商会组织发展、加大对参与扶贫开发民营企业的支持力度，形成民营企业参与扶贫开发的新高潮。开展“万企帮万村”精准扶贫行动。2015年9月21日，全国工商联、国务院扶贫办、中国光彩会印发《“万企帮万村”精准扶贫行动方案》，指出“万企帮万村”精准扶贫行动，以民营企业为帮扶方，以建档立卡的贫困村为帮扶对象，以签约结对、村企共建为主要形式，以产业扶贫、商贸扶贫、就业扶贫、捐赠扶贫、智力扶贫、其他扶贫等帮扶途径，力争用3—5年时间，动员全国1万家以上民营企业参与扶贫开发，帮助1万个以上贫困村加快脱贫进程，为促进非公有制经济健康发展和非公有制经济人士健康成长、打好扶贫攻坚战、全面建成小康社会贡献力量。

社会组织及公众参与扶贫。改革社会组织管理制度。2016年8月，中共中央办公厅、国务院办公厅印发《关于改革社会组织管理制度促进社会组织健康有序发展的意见》，明确指出“改革社会组织管理制度、促进社会组织健康有序发展”，提出建立“政社分开、权责明确、依法自治的社会组织制度”，建设“结构合理、功能完善、竞争有序、诚信自律、充满活力的社会组织发展格局”，为社会组织的发展确立了方向，明确了路径。创新“互联网+”社会扶贫模式。2016 年 10 月，中央网信办、国家发展改革委、国务院扶贫办联合印发的《网络扶贫行动计划》指出，实施网络覆盖工程、农村电商工程、网络扶智工程、信息服务工程、网络公益工程五大工程，到 2020 年，网络扶贫取得显著成效，建立起网络扶贫信息服务体系，实现网络覆盖、信息覆盖、服务覆盖。制订脱贫攻坚志愿服务行动计划。2016 年 12 月 2 日，国务院印发的《“十三五”脱贫攻坚规划》指出，鼓励支持青年学生、专业技术人员、退休人员和社会各界人士参与扶贫志愿者行动。实施扶贫志愿者行动计划，每年动员不少于 1 万人次到贫困地区参与扶贫开发，开展扶贫服务工作。通过政府购买服务、公益创投、社会资助等方式，引导支持志愿服务组织和志愿者参与扶贫志愿服务，培育发展精准扶贫志愿服务品牌项目。支持社会工作专业力量参与脱贫攻坚。2017 年 6 月 27 日，民政部、财政部以及国务院扶贫办联合发布《关于支持社会工作专业力量参与脱贫攻坚的指导意见》，支持社会工作专业力量参与脱贫攻坚，明确服务内容：参与贫困群体救助帮扶、贫困群体脱贫能力建设、促进易地搬迁贫困群众融合适应、参与贫困地区留守儿童关爱保护、针对其他特殊困难人群开展关心服务。扶持壮大贫困地区社会工作专业力量，支持贫困地区加强社会工作专业人才队伍建设、组织建设。“支持实施社会工作专业力量参与脱贫攻坚重点项目”。

四、消费扶贫

（一）重大意义

消费扶贫是社会各界通过消费来自贫困地区和贫困人口的产品与服务，帮助贫困人口增收脱贫的一种扶贫方式，是社会力量参与脱贫攻坚的重要途径。组织开展消费扶贫行动，有利于动员社会各界扩大贫困地区产品和服务消费，有利于调动贫困人口依靠自身努力实现脱贫致富的积极性，有利于促进贫困人口稳定脱贫和贫困地区产业持续发展。习近平总书记对消费扶贫多次作出重要论述和指示批示。国务院办公厅印发《关于深入开展消费扶贫助力打赢脱贫攻坚战的指导意见》，国家发展改革委印发《消费扶贫助力决战决胜脱贫攻坚2020年行动方案》，对开展消费扶贫，助力打赢脱贫攻坚战作出具体安排。开展消费扶贫行动是应对疫情、灾情的有效方式，是巩固脱贫成果、防止返贫的有力举措，是促进贫困地区长远发展的重要抓手。

面对脱贫攻坚战和疫情防控阻击战双重挑战，习近平总书记2020年3月6日在决战决胜脱贫攻坚座谈会上明确指示要开展消费扶贫行动。国务院扶贫办与发展改革委、中宣部、中央网信办、教育部、财政部、农业农村部、商务部、国务院国资委、供销合作总社、全国工商联等深刻领会习近平总书记重要指示精神，按照政府工作报告和国务院扶贫开发领导小组有关要求，共同组织开展消费扶贫行动，联合印发推进方案等多个文件，召开全国消费扶贫行动现场推进会，指导各地开展了一系列工作，推进消费扶贫行动做实做细。

（二）顶层设计

2018年12月，国务院办公厅印发《关于深入开展消费扶贫助力打赢脱贫攻坚战的指导意见》，明确了开展消费扶贫的总体要求、主要举措和保障措施，要求围绕促进贫困人口稳定脱贫和贫困地区长远发展，坚持政府引导、社会参与、市场运作、创新机制，着力激发全社会参与消费扶贫的积极性，着力拓宽贫困地区农产品销售渠道，着力提升贫困地区农产品供应水平和质量，着力推动贫困地区休闲农业和乡村旅游加快发展，在生产、流通、消费各环节打通制约消费扶贫的痛点、难点和堵点，推动贫困地区产品和服务融入全国大市场。

2019年5月，财政部、国务院扶贫办印发《关于运用政府采购政策支持脱贫攻坚的通知》，2019年8月，财政部、国务院扶贫办、供销合作总社出台《关于印发〈政府采购贫困地区农副产品实施方案〉的通知》，鼓励全国各级预算单位采用优先采购、预留采购份额方式采购贫困地区农副产品，优先采购聘用建档立卡贫困人员物业公司提供的物业服务，充分运用政府采购政策支持消费扶贫，畅通各级预算单位与贫困地区产销需求对接渠道。其中，财政部负责组织引导各级预算单位采购贫困地区农副产品，国务院扶贫办负责指导贫困地区加强农副产品货源组织，供销合作总社负责建设运营贫困地区农副产品网络销售平台（即“扶贫832平台”）。

2020年2月，国务院扶贫办、中央网信办、教育部、农业农村部、商务部、国务院国资委、全国工商联印发《关于开展消费扶贫行动的通知》，围绕做好消费扶贫工作，克服疫情影响，巩固脱贫成果，确保高质量打赢脱贫攻坚战作出了具体安排，确定了消费扶贫行动五项原则，明确了消费扶贫行动主要模式和扶贫产品认定方式。

2020年4月，国务院扶贫办印发《关于做细做实消费扶贫行动有关事宜的通知》，进一步明确了消费扶贫行动工作目标，细化了各项工作要求，规范了扶贫产品认定流程。扶贫产品按照“县认定、市审核、省复核、国务院扶贫办汇总备案并公示发布”的流程进行认定、公示和发布。

（三）基本原则

坚持贫困地区群众发展生产增收脱贫与解决城市“菜篮子”“米袋子”问题相结合。充分发挥贫困地区的资源优势、生态优势，组织扶贫产品货源，确保农产品质量和食品安全，精准对接东部地区和大中城市居民对优质安全扶贫产品的需求，解决城市“菜篮子”“米袋子”问题，实现优势互补、互惠互利。

坚持政府鼓励引导与市场机制相结合。坚持政府引导、市场运作、社会参与，政府支持平台建设，通过协调提供场地、减免费用、给予补贴等优惠政策，发掘市场潜力，鼓励支持各类市场主体积极参与消费扶贫，合法诚信经营扶贫产品，实现合作共赢。

坚持创新试点与建立长效机制相结合。采取分类指导、分步推进的方式，支持引导有基础、有实力、有诚信的市场主体和有意愿的地区开展消费扶贫行动创新试点，推动建立扶贫产品与市场需求有效对接的长效机制。

坚持消费扶贫与东西部扶贫协作定点扶贫相结合。将消费扶贫作为巩固提升扶贫协作和定点扶贫帮扶成果的重要举措，将扶贫产品销售情况作为评价东西部扶贫协作和定点扶贫工作成效的重要内容，推动东西部扶贫协作地区和中央单位积极参与消费扶贫行动。

坚持销售方式线上线下相结合。线上主要依托中国社会扶贫网等电商平台，线下重点组织动员各类市场主体设立消费扶贫专柜、专区、专馆等，构建扶贫产品线上线下销售体系，为社会各界购买扶贫产品、参与消费扶贫行动提供便利条件。

（四）销售方式

政府采购模式。按照 2019 年财政部、国务院扶贫办印发的《关于运用政府采购政策支持脱贫攻坚的通知》和财政部、国务院扶贫办、供销合作总社《关于印发〈政府采购贫困地区农副产品实施方案〉的通知》，鼓励各级预算单位通过优先采购、预留采购份额方式，采购扶贫产品。

扶贫产品交易市场模式。东部省市为扶贫产品提供销售平台和渠道，动员各级党政机关、企事业单位和社会各界积极购买。贫困地区重点抓好扶贫产品的认定和监管，组织贫困群众发展市场有需求、本地有优势的特色扶贫产业，打造品牌，提高质量，保障供给。中部省份要利用区位优势，组织本地城市与贫困地区建立长期稳定的供销关系。

市场主体参与模式。鼓励和引导各类企业充分发挥自身优势，利用自有平台渠道，积极推动扶贫产品进市场、进商超、进学校、进社区、进食堂等，通过“以购代捐”“以买代帮”等方式促进扶贫产品销售。支持开设消费扶贫专柜专馆等创新试点，销售数据通过中国社会扶贫网进行统计、汇总，定期公布展示。发挥电商平台优势，完善网上扶贫特产馆、扶贫频道，拓宽扶贫产品网上销售渠道。

社会组织参与模式。鼓励和支持行业协会、商会、慈善机构等社会组织围绕贫困地区帮扶需求和帮扶资源，组织动员爱心企业、爱心人士购买扶贫产品。国务院扶贫办指导中国扶贫志愿服务促进会以藏区青稞、牦牛和南疆大枣、核桃等为重点，做好扶贫产品产销对接。

（五）工作举措

将消费扶贫纳入东西部扶贫协作政策框架。消费扶贫是深化东西部扶贫协作、实现共同发展的重要举措。将开展消费扶贫情况作为重要评价指标，列入新修订的《东西部扶贫协作成效评价办法》。将帮助扶贫协作地区消费扶贫金额和消费扶贫带动贫困人口数纳入东西部扶贫协作业务子系统统计范围，推动参与东西部扶贫协作的东部省市积极开展消费扶贫。2019 年，东部省份购买贫困地区农副产品 480 余亿元。北京设立消费扶贫产业双创中心，展示展销扶贫协作 7 个省 89 个贫困县 3000 余种扶贫产品，发放消费扶贫爱心卡 60 余万张，刷卡享优惠促销扶贫产品。以新发地等 10 多个批发市场为依托，在京客隆等 100 余家商超建立消费扶贫专区，建成运营 1000 多个消费扶贫网点。2019 年北京市购买和帮助销售扶贫协作地区农副产品 150 多亿元。广东建设东西部扶贫协作产品交易市场，参展销售农副产品涵盖 30 多类 1000 余种，覆盖广东扶贫协作的 12 个省区市 1200 多家企业。浙江打造消费扶贫街区“山丘集市”，在中国社会扶贫网上线“浙江馆”“宁波馆”，作为社会力量参与消费扶贫的重要平台。苏州开发手机银行 App“黔货进苏”模块，方便苏州银行 200 多万客户线上选购贫困地区农产品。

推动中央单位带头开展消费扶贫。将开展消费扶贫情况作为重要评价指标，列入新修订的《中央单位定点扶贫工作成效评价办法》，将购买和帮助定点扶贫县销售贫困地区农产品情况、购买和帮助销售 832 个贫困县农产品情况纳入中央单位定点扶贫业务子系统统计范围，建立工作台账，推动各级党政机关、企事业单位、社会各界积极开展消费扶贫活动。2019 年，参与定点扶贫的中央单位累计直接购买和帮助销售贫困地区农产品近 277 亿元。中国石油依托加油站便利店，拓宽销售渠道，组织消费扶贫对接会，创新对接方式。中航集团统筹协调和运用航食配餐、航空媒体等各方面资源参与消费扶贫，并动员职工“以购代捐”。

动员民营企业积极参与消费扶贫。充分依托民营企业“万企帮万村”精准扶贫行动，动员民营企业参与消费扶贫。截至 2019 年 12 月底，已有近 10 万家纳入“万企帮万村”精准扶贫行动台账的民营企业结对帮扶 6.5 万余个贫困村。2020 年 3 月，全国工商联会同国务院扶贫办等单位联合印发《关于进一步深入开展“万企帮万村”消费扶贫行动的通知》，支持推动“万企帮万村”企业申报扶贫产品，鼓励引导企业创建扶贫产品线上线下销售平台，广泛动员民营企业积极采购扶贫产品。

（六）支持政策

国家层面：一是国务院扶贫办协调相关方面加大对消费扶贫行动的支持力度，重点支持扶贫产品生产、储存、运输、销售等环节。二是国务院扶贫办协调有关部委出台支持生产加工销售扶贫产品的金融政策、物流政策和“绿色通道”政策等。三是对扶贫产品在售品种多、销售金额大、带贫效果明显、服务机制健全、支持政策优惠的线下交易市场和线上销售平台，可由省级扶贫部门和东部省市协作部门向国务院扶贫办申请授予“全国消费扶贫示范单位”。

地方层面：鼓励各地创新消费扶贫方式，出台支持政策，务实推进消费扶贫行动。一是出台对扶贫产品生产加工、检测检疫、仓储物流的支持政策。二是出台对本地区各类市场主体销售扶贫产品的支持政策。三是出台对扶贫产品销售平台在本地区落地推广的支持政策。

案例：恒大集团扶贫模式的实践成效

在全国政协的鼓励支持下，恒大集团从2015年12月开始结对帮扶贵州毕节市大方县，3年无偿投入30亿元，通过产业扶贫、易地扶贫搬迁、就业扶贫、教育扶贫等措施，到2018年底实现大方县18万贫困人口全部稳定脱贫。近两年来，恒大坚持精准扶贫，因户施策、因人施策，坚持“输血”与“造血”并举，坚持“见效快”与“利长远”并重，坚持运用市场化手段建立长效扶贫脱贫机制，着力探索可复制、可推广、可持续的发展路径，成为包括民营企业在内的全社会力量投身脱贫攻坚的标杆和样板，被称为精准扶贫的“恒大扶贫模式”。

自恒大集团结对帮扶大方县以来，在各级党委、政府的高度重视和全力推动下，在大方县各族干部群众大力支持和艰苦努力下，各项精准扶贫措施全面展开，取得了阶段性成果。建成并交付103项重点工程，总建筑面积约400万平方米，其中移民搬迁安置区、学校、医院等80个重点工程70万平方米，产业扶贫项目330万平方米。六大帮扶措施已覆盖80%的贫困人口，帮助大方县约8.05万人实现初步脱贫，占总脱贫人口的45%。恒大集团帮扶大方县脱贫的实践呈现出鲜明的时代特征，其做法和经验值得推广。

一、恒大扶贫模式为民营企业参与扶贫树立了榜样

我国“十三五”时期的经济社会发展，全面小康是主旋律，脱贫攻坚则是关键词。2015年11月，《中共中央　国务院关于打赢脱贫攻坚战的决定》印发，指出扶贫开发事关全面建成小康社会，事关人民福祉，事关巩固党的执政基础，事关国家长治久安，事关我国国际形象。打赢脱贫攻坚战，是促进全体人民共享改革发展成果、实现共同富裕的重大举措，是体现中国特色社会主义制度优越性的重要标志。要继续推进开发式扶贫，处理好国家、社会帮扶和自身努力的关系，要健全社会力量参与机制，鼓励支持民营企业、社会组织、个人参与扶贫开发，实现社会帮扶资源和精准扶贫有效对接。引导社会扶贫重心下移，自愿包村包户，做到每个贫困户都有党员干部或爱心

人士结对帮扶。

2015 年 12 月 1 日，恒大集团决定结对帮扶大方县，就是对党中央和国家精准扶贫战略的迅速响应，充分体现了民营企业在壮大发展的同时，饮水思源、回馈社会的行动自觉，体现了民营企业参与政治任务的责任担当。

在贵州省强力推进大扶贫战略行动的关键时刻，恒大结对帮扶大方县具有重要的标志性、引领性意义。恒大投入巨资，精准扶贫，思路开阔，路径清晰，措施有力有效，为民营企业家积极响应党中央号召、踊跃参与脱贫攻坚战树立了榜样。

二、恒大扶贫模式凸显了企业履行社会责任的意识

一般而言，随着市场经济的深入发展，企业在追求利润的同时应承担起相应的社会责任，树立良好的企业形象已成为行业共识，企业回报社会的意识在不断提高。企业参与脱贫攻坚，使企业履行社会责任有了更大的发挥空间，也使企业在回馈社会，积极承担社会责任中实现发展共赢。但企业作为市场主体，其参与市场经济活动的根本目标还是获取最大利润。利益是企业参与扶贫开发的直接动力。由于在贫困地区投资兴业必须让渡一部分市场利润，以带动贫困农户发展，企业基于成本效益的考虑，往往不热衷于投资成本甚大、收效甚微的扶贫领域。而企业单纯的捐赠与付出，又弱化了企业的市场特性，增加了企业负担，削弱了企业的积极性。因此，我国企业参与扶贫的意识不够，缺少行动自觉，不少企业参与扶贫开发源于对政府扶贫资源的考量。

恒大集团作为企业，在参与精准扶贫上“打头阵”，助力全面建设小康社会和实现“两个一百年”目标，得到了各方关注和赞誉。各方一致认为，恒大的扶贫行动彰显了负责任企业的形象，凸显了新时代中国企业家“达则兼济天下”的精神和社会责任意识，创立了一个社会力量参与扶贫的新样板。

三、恒大扶贫模式创新了企业参与扶贫的实现方式

企业参与脱贫攻坚，精准扶贫精准脱贫是基本方略。为达到精准扶贫，恒大做了大量的调研分析工作。恒大通过大规模入户调查，运用大数据技术对大方县建档立卡数据库贫困人口进行精准识别，为制定帮扶方案、精准施策打下坚实基础，做到因户、因人施策，确保扶贫对象、项目安排、资金使用、措施到户等措施精准。

因地制宜的产业扶贫，是实现永久脱贫的基础，也是恒大帮扶措施的关键所在。对于贫困地区的产业“怎么扶”，过去在实际操作中困难重重。特别是在一些贫困程度深、贫困面广的地区，一方面普遍存在筹集资金难、产业发展难的问题，另一方面因为缺乏“造血”能力，而导致返贫现象普遍。

帮扶大方，恒大不仅出资金，还出人才、出技术、出管理、出思路，特别是以产业扶持为核心，帮助贫困地区因地制宜发展产业，帮助贫困老百姓持续增收、稳定脱贫。在产业选择上，恒大结合当地实际，以市场为导向，发展蔬菜、肉牛、中药材和经果林等特色产业，为每个贫困户配备至少两个产业项目。恒大还充分发挥其在市场化运作中的资金、资源等优势，引进上下游龙头企业，形成“龙头企业＋合作社＋贫困户＋基地”的帮扶模式。在实施过程中，恒大与当地政府一起，共同运用市场手段把分散的土地适度集中，连片建设产业基地；把一家一户的农民组织起来，组建合作社；引进上下游龙头企业，根据市场需求指导合作社进行生产。这种持久的、可内生发展、互利共赢的市场化合作机制，实现了对产业化各环节的有机衔接，从根本上解决了长期困扰贫困户的不知道“种什么、种多少、怎么种、卖给谁”的问题，通过供产销一体化经营，帮助贫困人口就地脱贫。

恒大创新性地将产业扶贫的各个关键环节建立起既相对独立又紧密衔接的价值链，很好地解决了传统产业扶贫贫困人口难参与，益贫机制难以持续的缺陷，丰富了企业参与扶贫的途径与模式。

恒大集团在帮扶过程中，变点式帮扶为整县推进、变间接帮扶为直接参与、变单一捐资为立体帮扶、变“大水漫灌”为精准“滴灌”，形成了民营企业直接参与精准扶贫的新模式，为民营企业参与“补短板”，促进共同富裕创新了实现方式，提供了范例。

四、恒大扶贫模式凸显了企业参与扶贫的内生性特征

扶贫先扶志、扶智，发展教育是脱贫致富的治本之策。恒大投入3.3亿元建设学校，加强师资队伍建设。开工建设的11所小学、8所幼儿园2017年底交付，3所幼儿园2018年初交付；1所完全中学和1所职业技术学院2018年6月30日前交付。与清华大学达成合作，已培训340名教师以及管理干部，设立恒大大方教育奖励基金，已奖励资助200名偏远山区优秀教师和300名优秀学生。这些投入为教育扶贫奠定了坚实基础，将有效提升大方县劳动者素质，将劳动力优势转化为未来经济优势，从根本上提升全县的产业竞争力。同时，恒大针对贫困家庭中有外出就业需求的青壮年劳动力，组织职业技能培训，计划3年内吸纳3万人到恒大集团下属企业和战略合作企业就业，增强了贫困户的“造血”功能。

在精准扶贫的基础上，恒大不断进行模式创新，改单一的捐助方式为立体帮扶，实行“输血”与“造血”并举。通过产业扶贫、易地扶贫搬迁、吸纳就业扶贫、发展教育扶贫和特困群体生活保障扶贫等综合措施，建立全方位、系统化帮扶体系。摒弃传统的扶贫办法，通过借鉴成功管理经验和成熟策略，创新帮扶方式，注重贫困户内生动力激发与培育。

恒大扶贫模式从资金投入的“输血式”帮扶，到全盘整合的“造血式”帮扶，不是“授人以鱼”或“授人以渔”，而是“鱼渔皆授”。针对贫困地区多样化的“困”根，从多个领域多管齐下，全面激发贫困地区、贫困户脱贫的内生动力。

五、恒大扶贫模式探索了企业参与扶贫的可持续性路径

经过近两年的建设，恒大探索出一套科学的扶贫体系，针对不同群体，坚持“精准扶贫、因户施策、因人施策”，坚持“输血”与“造血”并举。恒大不仅出资金，还着眼长远，将人才、管理、技术有机结合起来，创造持续脱贫新动力，从根本上解决贫困地区的脱贫问题。

在产业扶贫方面，恒大结合当地实际，发展蔬菜、肉牛、中药材和经果林等特色产业，实现供产销一体化经营，帮助贫困人口增收脱贫。以蔬菜产业为例，引进地利集团等16家蔬菜上下游龙头企业，借助“互联网+”的手段，根据市场需求指导育苗中心生产。蔬菜成熟后，由集散中心到田间地头向合作社现场收购，然后集中洗拣分，把绿色蔬菜供给到重庆、贵阳等地。采取供产销一体化的蔬菜产业精准扶贫模式，帮扶的贫困户户均种植蔬菜2.5亩，年人均纯收入超过4100元。

在易地扶贫搬迁方面，恒大建设的新农村，配备了家具、家电等基本生活用品，实现贫困户拎包入住，同时每户配建2栋蔬菜大棚，发展肉牛养殖、乡村旅游等产业，确保贫困户“能脱贫、稳得住”。本着实用、节约的原则，通过首批10个新农村的探索，恒大对第二批开工的40个新农村进一步优化设计，将原双拼特色民居改为四联、六联和八联的特色民居，实现了既能“搬得出”，又能降成本，还能节约地，走出了一条可借鉴、可复制、可推广的路子。

慈善事业，是脱贫攻坚必不可少的组成部分。恒大援建的1所慈善医院、1所养老院、1所儿童福利院已竣工交付。设立了2亿元的“恒大大方慈善基金”，为孤寡老人养老就医、困境儿童生活学习和贫困家庭就医提供补助。另外，为14140名特困人员每人购买一份固定收益的商业保险，补足当地低保标准与脱贫标准之间的差额。同时，组织恒大集团员工“一助一”帮扶全县农村留守儿童、困境儿童和孤儿4993人。

在恒大的管理模式、思维方式等的影响下，当地干部的素质和能力有了很大提升。恒大集团给大方人民带来的不仅是价值30亿元的物质财富，还有宝贵的精神财富，为全县实现稳定脱贫、可持续发展奠定了坚实基础。

总之，恒大集团帮扶贵州毕节市大方县，力度大、受益人数多、措施全面、模式创新、效率高，成功开启了企业精准扶贫新模式，有力彰显了民营企业的社会责任，催生了结对帮扶的“恒大效应”。恒大集团对党中央和国家精准扶贫战略的迅速响应，开启了一个扶贫工作的“社会总动员”模式，并在行动中很好地诠释了如何通过“输血”与“造血”并举，激活贫困地区内生动力，为社会力量参与精准扶贫、精准脱贫树立了典范，为企业参与扶贫、打赢脱贫攻坚战探索了新路。

第七章
内生动力

NEISHENG DONGLI

一个不落

YI GE BU LA

注重激发内生动力。贫困群众既是脱贫攻坚的对象，更是脱贫致富的主体。要加强扶贫同扶志、扶智相结合，激发贫困群众积极性和主动性，激励和引导他们靠自己的努力改变命运，使脱贫具有可持续的内生动力。要改进帮扶方式，多采取以工代赈、生产奖补、劳务补助等方式，组织动员贫困群众参与帮扶项目实施，提倡多劳多得，不要包办代替和简单发钱发物。要加强教育引导，通过常态化宣讲和物质奖励、精神鼓励等形式，促进群众比学赶超，提振精气神。要发挥村规民约作用，推广扶贫理事会、道德评议会、红白理事会等做法，通过多种渠道，教育和引导贫困群众改变陈规陋习、树立文明新风。这也有利于减轻群众负担。要加强典型示范引领，总结推广脱贫典型，用身边人、身边事示范带动，营造勤劳致富、光荣脱贫氛围。

——习近平：《在打好精准脱贫攻坚战座谈会上的讲话》（2018 年 2 月 12 日）

习近平总书记指出，扶贫要同扶志、扶智结合起来。智和志就是内力、内因。他在福建宁德担任地委书记时就强调“弱鸟先飞”，就是说贫困地区、贫困群众要有“飞”的意识和“先飞”的行动。没有内生动力，仅靠外部帮扶，帮扶再多，也不能从根本上解决问题。近年来，习近平总书记反复强调，要注重调动贫困群众的积极性、主动性、创造性，注重培育贫困群众发展生产和务工经商的基本技能，注重激发贫困地区和贫困群众脱贫致富的内在活力，注重提高贫困地区和贫困群众自我发展能力。在习近平关于扶贫同扶志、扶智相结合的重要论述指引下，国家出台专门指导意见，各地结合实际开展多种多样的实践，探索形成了丰富的扶贫同扶志、扶智相结合的成功做法和经验，为实现“一个不落”奠定坚实基础。

一、习近平关于扶贫同扶志、扶智相结合的重要论述

习近平关于扶贫同扶志、扶智相结合的重要论述即激发内生动力的扶贫论述是习近平扶贫论述的重要组成部分，蕴含丰富的内涵，主要包括以下五个方面。

（一）激发内生动力是扶贫脱贫的根本目标

习近平总书记指出，我们坚持开发式扶贫方针，把发展作为解决贫困的根本途径，既扶贫又扶志，调动扶贫对象的积极性，提高其发展能力，发挥其主体作用。只要有信心，黄土变成金。贫穷不是不可改变的宿命。人穷志不能短，扶贫必先扶志。要做好对贫困地区干部群众的宣传、教育、培训、组织工作，让他们的心热起来、行动起来，引导他们树立“宁愿苦干、不愿苦熬”的观念，自力更生、艰苦奋斗，靠辛勤劳动改变贫困落后面貌。贫困群众既是脱贫攻坚的对象，更是脱贫致富的主体。要坚持以促进人的全面发展的理念指导扶贫开发，丰富贫困地区文化活动，加强贫困地区社会建设，提升贫困群众教育、文化、健康水平和综合素质，振奋贫困地区和贫困群众精神风貌。摆脱贫困首要的并不是摆脱物质的贫困，而是摆脱意识和思路的贫困。扶贫必扶智，治贫先治愚。贫穷并不可怕，怕的是智力不足、头脑空空，怕的是知识匮乏、精神委顿。脱贫致富不仅要注意“富口袋”，更要注意“富脑袋”。要加强扶贫同扶志、扶智相结合，激发贫困群众的积极性和主动性，激励和引导他们靠自己的努力改变命运，使脱贫具有可持续的内生动力。要统筹安排使用扶贫资源，把各部门制定的政策措施落实到位，创造可持续发展条件，激活内生动力，加大教育、健康扶贫力度，调动贫困群众的积极性和主动性，建立健全稳定脱贫长效机制，注重脱贫质量。

我们践行习近平激发内生动力的扶贫论述，就是要始终强调要发挥贫困人口的主体性、能动性和创造性，并倡导艰苦奋斗、自力更生精神，把内生

动力激发、提升、培育作为精准扶贫精准脱贫的重要内容和根本目标，以实现贫困地区贫困人口内源式发展。

（二）尊重贫困群众脱贫攻坚的主体地位

习近平总书记指出，贫困群众既是脱贫攻坚的对象，更是脱贫致富的主体。要注重扶贫同扶志、扶智相结合，把贫困群众的积极性和主动性充分调动起来，引导贫困群众树立主体意识，发扬自力更生精神，激发改变贫困面貌的干劲和决心，靠自己的努力改变命运。干部和群众是脱贫攻坚的重要力量，贫困群众既是脱贫攻坚的对象，更是脱贫攻坚的主体。现在，一些地方出现了“干部干，群众看”的现象。一些贫困群众等靠要思想严重，“靠着墙根晒太阳，等着别人送小康”，认为“扶贫是干部的事，反正干部立了军令状，完不成任务要撤职”。出现这种现象，既有群众的原因，也有干部的原因。一些地方工作还是老办法老路子，简单给钱给物，对群众的思想发动、宣传教育、感情沟通不到位，在调动贫困群众的脱贫积极性、激活内生动力上做得不够。群众动力是基础。必须坚持依靠人民群众，充分调动贫困群众的积极性、主动性和创造性，坚持扶贫同扶志、扶智相结合，正确处理外部帮扶和贫困群众自身努力的关系，培育贫困群众依靠自力更生实现脱贫致富意识，培养贫困群众发展生产和务工经商技能，组织、引导、支持贫困群众用自己的辛勤劳动实现脱贫致富，用人民群众的内生动力支撑脱贫攻坚。

我们践行习近平激发内生动力的扶贫论述，就是要充分发挥贫困群众在脱贫攻坚中的主体作用，要采取系统性措施，从理念到落实，让贫困群众在项目选择、设计、实施、管理、监督、验收、后续管理全过程每一个环节发挥主体作用，强化贫困群众的主体意识和拥有感，最大限度地提升贫困群众在脱贫攻坚中的获得感。

（三）多措并举激发内生动力

习近平总书记指出，授人以鱼，不如授人以渔。扶贫必扶智，让贫困地区的孩子们接受良好教育，是扶贫开发的重要任务，也是阻断贫困代际传递的重要途径。我们正在采取一系列措施，让贫困地区每一个孩子都能接受良好教育，让他们同其他孩子站在同一条起跑线上，向着美好生活奋力奔跑。新型农村合作医疗和大病保险政策要向贫困人口倾斜，门诊统筹要率先覆盖所有贫困地区，财政对贫困人口参保的个人缴费部分要给予补贴。要加大医疗救助、临时救助、慈善救助等帮扶力度，把贫困人口全部纳入重特大疾病救助范围，保障贫困人口大病得到医治。扶贫必扶智，治贫先治愚，国家教育经费要继续向贫困地区倾斜、向基础教育倾斜、向职业教育倾斜，帮助贫困地区改善办学条件，对农村贫困家庭幼儿特别是留守儿童给予特殊关爱。要统筹安排使用扶贫资源，把各部门制定的政策措施落实到位，创造可持续发展条件，激活内生动力，加大教育、健康扶贫力度，调动群众积极性和主动性，建立健全稳定脱贫长效机制，注重提高脱贫质量。要提高扶贫措施有效性，核心是因地制宜、因人因户因村施策。目前，脱贫的做法和手段有很多，如发展特色产业脱贫、组织劳务输出脱贫、资产收益脱贫、异地搬迁脱贫、生态保护脱贫、发展教育脱贫、医疗保险和医疗救助脱贫、低保兜底脱贫、社会公益脱贫等。要弘扬中华民族传统美德，勤劳致富，勤俭持家。要发扬中华民族孝亲敬老的传统美德，引导人们自觉承担家庭责任、树立良好家风，强化家庭成员赡养、扶养老年人的责任意识，促进家庭老少和顺。一个健康向上的民族，就应该鼓励劳动、鼓励就业、鼓励靠自己的努力养活家庭，服务社会，贡献国家。要改进工作方式方法，改变简单给钱、给物、给牛羊的做法，多采用生产奖补、劳务补助、以工代赈等机制，不大包大揽，不包办代替，教育和引导广大群众用自己的辛勤劳动实现脱贫致富。

我们践行习近平激发内生动力的扶贫论述，就是要针对精神贫困的综合性成因，采取综合性举措。教育扶贫阻断贫困代际转移，健康扶贫降低贫困脆弱性和因病致贫的风险性，发展产业就业增加收入，“富口袋”为“富脑袋”提供支撑。

（四）外部帮扶与内生动力结合

习近平总书记指出，用好外力、激发内力是必须把握好的一对重要关系。对贫困地区来说，外力帮扶非常重要，但如果自身不努力、不作为，即使外力帮扶再大，也难以有效发挥作用。只有用好外力，激发内力，才能形成合力。没有比人更高的山，没有比脚更长的路。只要贫困地区干部群众激发走出贫困的志向和内生动力，以更加振奋的精神状态、更加扎实的工作作风，自力更生、艰苦奋斗，我们就能凝聚起打赢脱贫攻坚战的强大力量。要进一步发挥部门和地方的积极性，外部帮扶要与内生动力更好结合。随着外部支持力度的加大，在一些地方产生了“挤出效应”，许多贫困户等靠要思想没有转变，有的甚至更加突出。要改变我们习惯的送钱送物方式，坚持“扶贫先扶智，扶贫先扶志”，深入细致做好群众的思想工作，帮助贫困群众提高增收致富的能力，帮助贫困群众摆脱思想贫困、意识贫困。要建立正向激励机制，总结推广脱贫致富成功经验，宣传脱贫致富先进典型，让大家充分认识到勤劳致富、扶贫济困是伟大光荣的事业。通过组织开展贫困识别和贫困退出、扶贫项目实施，贫困地区基层治理能力和管理水平明显提高，增强了农村基层党组织的凝聚力和战斗力。通过选派第一书记和驻村工作队，锻炼了机关干部，培养了农村人才。要改进帮扶方式，多采取以工代赈、生产奖补、劳务补助等方式，组织动员贫困群众参与帮扶项目实施，提倡多劳多得，不要包办代替和简单发钱发物。要加强教育引导，各地要办好各种类型的农民夜校、讲习所，通过常态化宣讲和物质奖励、精神奖励等形式，促进群众比学赶超，提振精气神。要尊重扶贫对象主体地位，各类扶贫项目和扶贫活动都要紧紧围绕贫困群众需求来进行，支持贫困群众探索创新扶贫方式方法。上级部门要深入贫困群众，问需于民、问计于民，不要坐在办公室里拍脑袋、瞎指挥。贫困群众需要的项目往往没有扶持政策，而明眼人都知道不行的项目却被当作任务必须完成。这种状况必须改变。

我们践行习近平激发内生动力的扶贫论述，就是要用好外力、激发内力。从政策设计上，形成正向引导激励机制，防止政策“养懒汉”；加强教育宣传，通过典型引导贫困群众自力更生，在外力帮助下实现自主脱贫、稳定脱贫；改变外在帮扶方式，创新各类更有利于调动贫困群众参与的途径方式，把扶贫脱贫和贫困群众的自我发展能力建设有机结合起来。

（五）注重贫困地区基层干部的能力建设和素质培养

习近平总书记指出，要抓好党建促脱贫攻坚。“帮钱帮物，不如帮助建个好支部。”要把夯实农村基层党组织同脱贫攻坚有机结合起来。在乡镇层面，要着力选好贫困乡镇一把手、配强领导班子，使整个班子和干部队伍具有较强的带领群众脱贫致富能力。在村级层面，要注重选派一批思想好、作风正、能力强的优秀年轻干部和高校毕业生到贫困村工作，根据贫困村的实际需求精准选配第一书记、精准选派驻村工作队。致富不致富，关键看干部。在脱贫攻坚战场上，基层干部在宣讲扶贫政策、整合扶贫资源、分配扶贫资金、推动扶贫项目落实等方面具有关键作用。要采取双向挂职、两地培训等方式，加大对西部地区干部特别是基层干部、贫困村致富带头人的培训力度，帮助西部地区提高当地人才队伍能力和水平，打造一支留得住、能战斗、带不走的人才队伍。要求基层扶贫干部拿出“敢教日月换新天”的气概，鼓起“不破楼兰终不还”的劲头，攻坚克难，乘势前进。重视发挥广大基层干部群众的首创精神，支持他们积极探索，为他们创造八仙过海、各显神通的环境和条件。

我们践行习近平激发内生动力的扶贫论述，就是要切实加强对基层干部的培训，着力提高他们的能力和素质。特别是通过有效培训，帮助基层干部转变传统观念。帮助基层干部理解和掌握精准扶贫、精准脱贫的方法和要求，理解和掌握“六个精准”的根本要求，“五个一批”的脱贫路径，解决“四个问题”方式方法。帮助基层干部理解和掌握组织群众、发动群众参与的能力和技能。

二、激发内生脱贫动力的典型路径

在习近平激发内生动力扶贫论述的指引下，各地以激发贫困群众内生动力为目标，持续探索、积累了不少摆脱精神贫困的好路径和好方法。以下的案例，展现了各地激发内生动力的生动实践。尽管每个案例的着力点不尽相同，但贯穿始终的是内外结合，以习近平激发内生动力的扶贫论述为行动纲领，不断激发贫困群众内生动力，实现稳定脱贫。国务院扶贫办全国政策法规司和国务院扶贫办扶贫宣传教育中心组织编写的《中国减贫奇迹怎样炼成——扶贫扶志故事选》，是对习近平关于扶贫同扶志、扶智相结合重要论述实践创新的呈现，也是对扶贫扶智扶志显著成效的展示，为各地扶贫扶志扶智、激发内生动力的经验交流提供了生动鲜活的案例。该书从精神贫困的生成原因和应对策略角度，将 32 个扶贫扶志扶智案例分为 10 种类型：党建引领、政策激励、能力提升、典型示范、发展促进、文化倡导、观念更新、教育扶贫、改进帮扶、治理创新等。以下简要总结和提炼不同类型扶贫扶志扶智的基本特点、做法经验，实际上可以理解为激发内生脱贫动力的典型路径。

（一）党建引领激发内生动力

党建引领立足中国扶贫开发的政治和制度优势，通过基层党组织及其建设引领贫困人口内生动力提升。党建引领脱贫攻坚一方面表现为强化农村支部建设、配强农村干部，以此激发农村活力和自我发展能力；另一方面表现为党建引领下探索创新符合地方实际的扶贫扶志扶智行动，如河北阜平县骆驼湾村和顾家台村、黑龙江桦川县、贵州贵定县、陕西旬阳县等地的扶贫扶志扶智案例。

河北阜平县骆驼湾村和顾家台村坚持建好支部，建优党员队伍，发挥基层党员带富驱动力，同时注重做强产业、加强宣传教育激发内生动力。黑龙江桦川县创新党建引领路径，全面强化乡村干部、农村党员、驻村帮扶干部三支队伍建设保障脱贫攻坚，建强扶贫教育基地，突出红色文化宣传，注重提高贫困群众致富技能。贵州贵定县深化“思想是先导、群众是主体、设施是重点、产业是核心、就业是出路、干部是关键、作风是保障、党建是统领”的思想认识，通过打好物质扶贫、思想扶贫、情感扶贫攻坚战，如期完成脱贫任务。陕西旬阳县以建强基层党组织为中心，以稳定产业就业为保障，走出了一条扶贫、扶志、扶智、扶正、扶长“五扶励志”的新模式。从主要经验看：河北省骆驼湾村和顾家台村脱贫证明强有力的领导班子是扶贫扶志扶智的基本依托，产业扶贫是解决贫困问题的有效路径，齐心协力、合力共建是扶贫扶志扶智的根本出路。黑龙江桦川县以党建引领为支撑保障、以高位推进为政治保障、以创新施策为不竭动力，彻底解决物质和精神双脱贫“最后一公里”的问题。贵州贵定县的实践表明，扶贫扶志扶智工作应以注重困难问题为基础、以勇于创新为动力、以聚干部群众真情为关键。陕西旬阳县“五扶励志”的新模式表明，必须坚持党建引领、坚持群众主体、坚持目标指向、坚持深化改革。

福建建瓯市针对扶贫对象的不同情况，坚持党建引领，实施“精准滴灌”，为各贫困村“量身定制”扶贫规划、确定扶贫项目，切实把党的组织活力转化为推动扶贫开发的动力，形成“支部带富、党员创富、群众致富”的党建扶贫新格局。从搭建服务平台入手，建瓯创新党建扶贫工作模式，探索建立“党建+”模式。一是“党建+产业”，增强发展动力。注重发挥党支部在产业发展的政治引领作用，立足资源优势，积极发展现代特色农业和乡村旅游业，实现产业发展到哪里，党支部就建到哪里。大力推行“支部+公司（合作社）+基地+贫困户”“支部+集体经济”“支部+电商”的党群共富机制，引导村集体把土地、山林等资源，通过转让、租赁、参股等形式转化为“红色股本”，鼓励农民通过流转山林、土地等方式参与经营分红或务工增收，促进贫困村早出列、贫困户早脱贫。二是“党建+能人”，增强发展引力。充分发挥农村党员能人在致富、创富、带富的先锋模范作用，探索实施“红色细胞”工程，通过创建党员创业示范基地，开展“三定三帮”（定片、定人、定责，帮群众解决困难、帮群众代办事项、帮群众致富增收）活动，帮助贫困户找穷因、寻良方、挖穷根。三是“党建+金融”，增强发展活力。积极筹措扶贫小额信贷 1121 万元，由绿瓯农林发展有限公司运作，启动扶贫小额贷款和易地扶贫搬迁投融资两个平台的建设。东峰镇井歧村党支部培育和发展雷竹产业过程中，采取“支部协调、五户联保、统贷统还、分散使用”金融扶贫创新推动计划，向银行低息贷款 560 多万元，确保想种竹的农户干得下去、有钱赚。贫困户陈国华通过种植 20 多亩雷竹，年收入达 10 多万元，一举脱贫致富。四是“党建+项目”，增强发展助力。坚持把群众致富需求与党建项目紧密结合起来，积极开展党员脱贫专项帮扶、就业全程帮扶、“双技”培训帮扶、无住房解困帮扶“四项帮扶计划”，实现困难群众困有所助。福建省建瓯市通过抓党建促脱贫的实践证明，村党组织是脱贫攻坚的领导核心。有了村党组织这个核心，贫困群众脱贫路上也就有了主心骨、领路人。

（二）政策激励激发内生动力

政策激励立足于由扶贫发展政策制定和执行方面的偏差、不足所带来的等靠要等精神贫困现象。扶贫扶志行动中政策激励表现为奖勤罚懒，建立自立自强的评价机制，提升精准扶贫政策与贫困地区实情的契合度，如内蒙古兴安盟乌兰浩特市、辽宁公营子镇、四川南江县以及湖南株洲市渌口区等地的案例。

内蒙古兴安盟乌兰浩特市创新“积分制”管理，将贫困户按照有无劳动能力进行分类，赋予不同比例的积分，让贫困户通过努力增加自身收入、展示良好精神风貌、积极参与乡村建设等方式获得积分。扶贫同扶志、扶智相结合，创新帮扶方式是关键，培养良好习惯是手段，助力乡村振兴是方向。辽宁公营子镇和四川南江县以创新乡村“道德银行”为抓手，创新评分规则，充分发挥“道德银行”积分激励机制。辽宁公营子镇和四川南江县以“道德银行”为载体的扶贫扶志模式表明，要以群众为主体，以奖励激励为动力，充分激发内生动力。湖南株洲市渌口区创立“星级创建”新机制，提出以正确价值观引导“立志”、以监督的力量倒逼“立志”以及以精神和物质激励“立志”的创新做法，助推贫困人口脱贫立志。实践表明，通过明确星级创建标准、强化星级创建结果运用、推行星级重建动态管理、实施星级重建的民主机制，有利于实现内生动力培育由虚到实的转变。

陕西略阳县积极推动“扶志＋扶智”工作，从贫困群众最关心，也最能体现他们现实利益的角度出发，推出了因地制宜的产业奖补政策，通过奖补结合促脱贫激发群众脱贫内生动力。为进一步调动建档立卡贫困户发展产业增收脱贫的积极性，从 2017 年 9 月起，略阳县采取奖补结合、资金到户的方法，按照每户不超过 1 万元的标准，分 3 个年度对全县 13255 户建档立卡贫困户产业发展进行补助和奖励。具体实施中，主要分 3 个类别进行扶持和管理。补助方面：第一类是对发展特色种养业的贫困户，每户补助资金总额不超过 1 万元，分 3 年兑付到户，原则上第一年补助 5000 元，第二年补助 3000 元，第三年补助 2000 元；第二类是对持有工商营业执照、发展家庭经济的贫困户，每户补助金额不超过 1 万元，原则上按照 4000 元、3000 元、3000 元的标准，分 3 次兑付；第三类是对务工的贫困户，年度补助资金按当年务工收入的 15％计算，连续补助 3 年，每户补助金额不超过 1 万元。而对同一贫困户，既发展种养业，又发展家庭经济或者外出务工的，规定可以按类别叠加补助，但每类补助不得突破该类补助标准的上限。奖励方面：（1）发展特色种养业，年度销售收入累计达到5000元以上的贫困户，连续3年按照销售收入的10%予以奖励，每年度最高奖励不超过1000元。（2）发展家庭经济，年度经营收入累计达到1万元以上的贫困户，连续3年按照经营收入的10%予以奖励，每年度最高奖励不超过2000元。（3）务工收入年度累计达到1.5万元以上的贫困户，连续3年按照务工收入的10%予以奖励，每年度最高奖励不超过2000元。按照产业奖补政策，那些发展产业规模越大、类别越多的贫困户，得到的补助和奖励就越多，脱贫致富的动力就更强。在重奖实补产业政策的激励下，越来越多的贫困户选择了适合发展的项目。在推出奖补政策的同时，略阳县还在保障政策执行、防止漏洞的机制上进行了设计。主要做到“三严”：一是严格产业核查核算标准，对全县主推的19类特色种养业和3类家庭经营项目，以及外出打工，都规定了清晰明确的核查验收指标和补助标准；二是严格验收程序和资料，要求贫困户必须提供真实有效的印证资料和签字证明，并实行村镇两级验收核查和公示；三是严格处罚弄虚作假现象，依法依规进行追责、惩处。

激发内生动力关键在“激发”二字，“晓之以义”与“动之以利”同样重要。略阳县从贫困群众最关心，也最能体现他们现实利益的角度出发，推出了因地制宜的产业奖补政策，从而激发贫困群众脱贫致富的内生动力。科学设置奖励梯度，做到干多补多增干劲，干好奖好促效益，有效解决了吃大锅饭的弊端，从而在产业扶贫中将效率原则与公平原则有机结合。略阳县对产业脱贫实行补助和奖励，较好地解决了贫困群众发展产业缺资金的问题，帮助他们迈出了脱贫致富的步伐，而且树立了勤劳致富光荣的鲜明导向，实现了群众内生动力与产业脱贫的共同促进。

（三）能力提升激发内生脱贫动力

能力提升立足于贫困人口主体的可行能力，基于教育、医疗、技能、资金、市场、信息等方面的致贫原因提出应对策略。提升贫困人口能力，聚焦贫困人口需求，引导贫困人口参与，提升其生存技能和应对市场风险的能力。

如山西天镇县、吉林东辽县、海南省和云南怒江傈僳族自治州等地的案例。

山西天镇县许家窑村创立了“边城小村”“爱心股份”等方式提高贫困群众的自我脱贫意识和自我发展能力，提出了“爱心股份”“争先笸箩”“扶贫摄影展”等扶贫好点子，走出了一条“志智双扶”的“许家窑模式”。实践说明扶贫扶志扶智需要打造特色品牌，激发群众活力与干劲，善用社会力量，开创公益扶贫新模式。吉林东辽县扶贫扶志扶智实践围绕“扶志气、增智力、强治理”，实施“扶志思进、扶智强能、扶治共管”三项工程。说明扶贫扶志扶智工作需要强化责任担当，坚持产业支撑、富村先富民，把精神脱贫与经济脱贫统一起来。海南省通过“电视夜校＋”的模式，为贫困群众搭建了一个学政策、学技术、卖产品、找工作、找信息的学习与服务平台，将扶贫与扶志扶智、基层组织建设、产业发展、技术培训等有效结合起来，表明打赢脱贫攻坚战需要把农村基层党组织建设、基层干部作风转变和新时代农民教育有机结合起来。云南怒江傈僳族自治州构建怒江大讲习格局，发挥新时代农民讲习所平台优势，创新工作方法，提升贫困群众素质。云南怒江傈僳族自治州新时代农民讲习所坚持精心组织，周密部署，依靠群众，发动群众，组织群众，为破解“志智双扶”难题积累了宝贵经验。

山西阳曲县于2016年5月创造性地搭建“周末学堂”平台，践行了先富“脑袋”再富“口袋”、再出“学堂”搞创收的想法，激发起全县干部群众尤其是贫困群众的脱贫主动性。通过大量实践探索，“周末学堂”已形成一套特色鲜明的做法：一是“全覆盖＋常态化”，在原有道德讲堂、农村文化大院、社区活动室的基础上，确定场地，悬挂牌匾，配备必需的学习设施，并覆盖全县各乡镇、社区、机关企事业单位和行政村，以及所有干部群众；二是“规定内容＋干群需要＋正能量教育”，设立以社会主义核心价值观、党规党章、村规民约、家风家教等为基本框架的培训内容体系，并坚持“缺什么补什么”，通过微信公众平台向群众提前征集和推荐教学内容；三是“送学下乡＋典型引领”，县四大班子领导带头“送学下乡”，农业专家和乡村农业技术带头人走进田间地头，形式多样，并评选典型事迹激励困难群众自强上进。阳曲县“周末学堂”成效显著，受益的困难群众较多，积极推动产业扶贫。据统计，一年来参学的党员干部6600余人，群众参与89000余人，“送学下乡”225人次，有2000余名困难群众找到新的创业就业门路。尤其是在攻克产业脱贫资金短缺的掣肘方面，专门开展“五位一体”精准扶贫小额信贷发放培训，组织120人深入全县117个村5470户贫困户12137名贫困人员中帮助其提高认识。目前，已发放贷款5183万元，1046户贫困户受益，占任务数4800万元的108%。

（四）典型示范激发内生脱贫动力

典型示范立足于贫困人口身边的典型人和事，选取具有较大示范带动效应和社会影响的榜样人物、先进事迹激发贫困人口内生动力。一方面，将有代表性的脱贫致富农户和个人树立为典型，以故事的形式宣传其脱贫故事、脱贫精神；另一方面，为脱贫致富典型建立宣讲平台，促进脱贫致富典型与贫困户、贫困个体的深度沟通，激发贫困户的致富意愿和内生动力。如福建仙游县上昆村贫困户陈国成、广东龙川县周塘村李军辉、河南唐河县贫困户王万才、西藏阿里地区革吉县布贡村党员久美、新疆生产建设兵团第十四师二二五兵团拉依苏村买塞地·吐送等人的案例。

福建仙游县上昆村贫困户陈国成在困难面前不泄气、不懈怠，自力更生、勤劳致富、感恩思进，在“扶贫、扶志、扶智”三位一体的扶贫模式与产业扶贫、健康扶贫、教育扶贫组合拳的帮助下，不仅实现了自主创业脱贫，而且利用产业带动同村贫困户就业。河南唐河县的贫困户王万才，从最初的甘穷安贫、缺少“精神之钙”，到后来勤思苦干，力拔“贫困之根”，热心公益并积极向党组织靠拢，成为“志智双扶”的成功典型。广东龙川县周塘村的李军辉是当地有名的“懒汉”贫困户，后来随着精准扶贫工作的不断推进，李军辉在帮扶下转变思想，发展产业，成了当地有名的“致富带头人”。西藏阿里地区革吉县布贡村出身贫寒、职位平凡的老人久美铭记党员责任，“饮水思源，不忘初心”，积极发挥党员的先锋模范作用，身体力行走遍乡村每个牧业点，用心宣讲党的政策，让“四讲四爱”的群众教育深入人心。新疆生产建设兵团第十四师二二五兵团拉依苏村的村民买塞地·吐送，积极改变传统生活方式，树立脱贫志气，用勤劳脱贫致富。他勤德兼备，为感党恩回报社会，带领父老乡亲一起脱贫致富。上述案例表明，要注意发挥典型人物和事迹的示范作用，坚持贫困户主体性地位，充分发挥贫困户的主动性和积极性，以及脱贫户的引领和带头作用，把产业项目与农民意愿相结合，把“造血式”扶贫与“输血式”救济相结合。精准扶贫，关键在人，以“志智双扶”提升贫困群众脱贫内生动力，是打赢脱贫攻坚战的关键，是脱贫致富的窍门。

四川峨边彝族自治县靠典型带动激发内生动力，多措并举攻克精神贫困。一是深化精神扶贫，踏上励志崛起新征程。峨边彝族自治县制发了移风易俗三年攻坚计划，全面开展卫生文明、勤俭创业、遵法守约“三大行动”，实施思想先导、基础设施、社会治理“三大工程”，强化组织、制度、经费“三个保障”；深入开展“感恩奋进·我的脱贫路”活动，通过典型贫困群众代表的集中宣讲，以说帮扶、说变化、说未来、说感恩等为主要内容，采取对下说、对外说、相互说等形式讲述脱贫心路历程，营造励志感恩奋进、脱贫示范引领的良好氛围。二是摒弃陈规陋习，培育现代文明新风尚。创新建立“双高”（高聘金、高礼金）治理工作考核、约谈和管理运行“三个机制”，引导群众从简办理“红白事”，“因婚致贫”“因丧返贫”现象得以有效遏制；巩固深化“德古”依法调解制度，建立健全“德古”纠纷排查调处、督查督办等 7 项工作机制；深入开展“千名干部联万家”活动，凡群众办“红白事”，县、乡、村联户干部第一时间“赶人情”，主动把群众当“亲人”，把民生当“家事”。三是创新宣传载体，提振贫困群众精气神。创新开展“千名干部大走访大宣讲”活动，县级领导主动挂帅，“五个一”帮扶力量和县、乡干部全员出动。结合彝族地区实际，创新采取流动与固定相结合、需求与技能相结合等形式，办好、办实、办活“农民夜校”，让“农民夜校”成为彝族地区提升素能、带动发展、培育新风的好平台；深入开展“峨边好干部”“五星家庭”等评选活动，传递正能量。四是挖掘传统民俗，滋养群众精神大世界。创新组建“文化大篷车”，围绕新风倡树，精心挖掘编排文艺节目，深入贫困村开展集中巡回演出，以喜闻乐见的表演形式潜移默化地将爱党爱国、诚实守信、自力更生、勤劳致富等新风吹进贫困群众心中；深入挖掘自然风光和彝族文化的深刻内涵，创新打造五渡镇至黑竹沟镇沿线 100 余公里的“脱贫攻坚——民俗风情文化长廊”和民俗风情街，推进民族特色文化与生态旅游开发互动发展。峨边精神扶贫的大胆探索取得了良好的效果，营造了彝族地区“养成好习惯，形成好风气”的氛围，有效增强了贫困群众自强不息、自我脱贫的意识，有效解决了服务群众“最后一公里”问题，让全社会凝心聚力奋战攻坚的正能量得到有效传递。

（五）发展促进激发内生脱贫动力

发展促进立足于贫困人口的外部资源、环境、条件改善等，并据此采取扶贫扶志扶智的策略。在实践中体现为精准扶贫综合措施的带动效应，以改革发展促进贫困人口能力提高，实现扶志扶智与物质扶贫融合。如浙江长兴县、宁夏盐池县、新疆泽普县、江苏宿迁市等地的案例。

浙江长兴县创新推出以帮扶低收入农户和村级集体经济发展后进村为主的“双扶”行动，让改革发展成果惠及更多农民群众，为精准扶贫提供新的方向和思路。宁夏盐池县王乐井乡曾记畔村通过互助资金、小额信贷打基础，诚信体系培育做铺垫，撬动银行金融资金支持产业发展，走出了一条“依托金融创新推动产业发展、依靠产业发展带动群众增收”的富民之路。新疆泽普县传承“胡杨”精神，全面促进区域发展，实现农村贫困人口稳步脱贫。这三个案例表明：脱贫攻坚要注重创新驱动、注重帮扶带动、注重观念变动。产融结合是核心，改革创新是动力。精准扶贫应重视调动扶贫对象的积极性，重视扶贫对象的能力建设。

近年来，江苏宿迁市借乘“互联网＋”东风，积极探索，通过推行“支部＋电商”等形式，强化政治引领，完善服务功能，初步探索出一条增强内生动力，摆脱精神贫困的路径。一是开展“一村一品一店”，搞活党群服务中心。在薄弱村充分利用党群服务中心，通过开设电商代购代销点服务点帮助群众开发“一村一品一店”，实现买全国、卖全国。党群服务中心的功能延伸为宣传、培训、策划、示范、物流等5个功能。二是支部引领促增收，自律诚信成典范。党支部充分发挥基层堡垒作用，通过在“三会一课”中间穿插开展电商培训、技术指导，引导村民触网上线，主动当起了电商发展的“红色引擎”。引导合作社、龙头企业利用电商拓宽线上销售渠道，带动更多贫困户就业增收。创建行业协会党支部，通过确定“统一标准、统一生产、统一价格、统一物流”的行业规范，引导组团发展。促规范，讲诚信，帮助解决生产经营中不正当竞争等问题。例如，宿豫区大兴镇喜糖盒协会成立党支部，吸纳全镇35户喜糖盒网点加盟，帮助解决生产经营中出现的产品质量、资源配置和不正当竞争等问题，使喜糖盒销量占淘宝网同类产品的90%。三是“红色电商”示范干，党员形象网上升。全市实施农村“红色电商321”培养计划，将农村电商骨干培养成党员，将党员培养成电商骨干和“红色电商达人”。全市4.2万家网店中，五分之一为党员户和入党积极分子户开办，销售份额超过40%，涌现一大批依法诚信经营，主动帮贫带困的党员示范户。宿城区耿车镇大众村曾以垃圾回收为主业，在产业转型的形势下，村支书李军带领全村发展电商，群众从怕到干，网店从无到有，短短几年，全村519户从事电商，年销售突破4.5亿元，成为远近闻名的“淘宝村”。宿豫区大兴镇大学生村干部不仅带头创办淘宝网店，还把一名信访“难缠户”发展成“电商户”，既化解了村里多年的信访难题，也帮助上访人解决了后顾之忧。宿迁通过“支部＋电商”的形式成功完成了由“土地掘金”向“网上掘金”的转变，激发了百姓的内生动力，扭转了社会风气，营造良好的社会氛围，促进了干群、党群关系和谐发展，在转变贫困群众思想观念的同时还提高了他们的市场意识、风险意识、诚信意识和品牌意识。

（六）文化倡导激发内生脱贫动力

文化倡导立足于文化贫困和文化扶贫，突出体现为提高贫困农民的文化素质和知识水平。文化倡导依托农村文化阵地，以传统优秀文化为载体，以群众喜闻乐见的形式，寓教于乐，向贫困农民宣传勤劳光荣的思想观念，鼓励他们用勤劳的双手早日摘掉贫困帽。如江西鄱阳县、山东曲阜市的案例。

江西鄱阳县从“文艺扶贫”入手，以文扶民、以文富民、以文惠民，以高尚思想塑造新型农民，以鲜明特色打造秀美乡村，走出了一条以“文艺扶贫”助力脱贫攻坚的“鄱阳路径”。山东曲阜市依托优秀传统文化资源禀赋，发挥道德文化引领作用，创新实施“育德＋扶志＋解困”精神扶贫模式，发挥传统文化优势实现扶贫扶志结合，消除精神贫困。鄱阳县文艺扶贫表明，党政重视、多方合力是重要保障，弘扬传统、以文化人是有效路径，依靠群众、发动群众是根本所在。从曲阜市案例看，以传统文化消除精神贫困的关键应提升宣讲力、坚持讲学做促相结合。

（七）更新观念激发内生脱贫动力

观念更新基于贫困人口的思想认知、传统观念、地方习俗等精神贫困，破解贫困人口的思想之困、观念之困，主要举措包括推进农村精神文明建设、开展文明创建活动，以提升乡风文明水平，改善贫困地区和贫困人口的精神面貌。如湖北随州市曾都区、广西合山市、青海循化撒拉族自治县等地的案例。

湖北随州市曾都区坚持抓正面引导，破除守旧心理；抓政策落实，破除后顾之忧；抓移风易俗，破除陈规陋习；抓技能培训，破除本领恐慌；抓产业扶持，破除增收瓶颈，以“五抓五破”点燃脱贫引擎。广西合山市构建扶贫、扶志、扶智“三扶合一”攻坚体系，破除等靠要思想，探索出了一条西部经济欠发达地区精准扶贫精准脱贫的发展新路子。青海循化撒拉族自治县针对彩礼负担重、“念活经”费用走高等风俗习惯，探索实行了移风易俗、树立文明新风活动，有效减轻了贫困群众的经济负担和心理压力。湖北随州市曾都区的案例表明，脱贫攻坚要注重发挥个体因素的决定作用，注重发挥精神激励的促进作用，注重发挥乡风文明建设的引领作用。广西合山市的案例表明，贫困治理应以准确把握不同类型贫困群体的精神观念为切入点，打好脱贫攻坚战应以构建常态化扶贫体制机制为重心。青海循化撒拉族自治县的案例表明，移风易俗应强化宣传教育、突出因地制宜、狠抓关键少数、健全制度机制，同时须发挥群众的主体性作用。

（八）教育扶贫激发内生脱贫动力

教育扶贫立足于阻断贫困的代际传递，发展贫困地区的教育事业，提高贫困人口的思想道德和科学文化素质。对贫困地区，教育扶贫保障贫困儿童平等享受教育，培养好习惯、好行为。就全国而言，教育扶贫意味着教育资源的均衡化，让贫困地区享受更加优质的教育资源。如北京对口援藏组建“京藏宏志班”、南开大学援建“公能”教室案例。

北京对口援藏组建“京藏宏志班”案例：由北京援藏指挥部出资，在拉萨北京实验中学组建了首批“京藏宏志班”，借鉴了北京宏志教育理念，为拉萨市贫困地区的孩子提供优质的教育资源，有效地阻断了贫困代际传递。南开大学援建“公能”教室案例：南开大学对口帮扶庄浪县，坚持学校投入做基础、定方向，校友投入提水平、增效果的做法，为庄浪县乡镇学校援建“公能”素质教育发展教室，将素质教育带到西部大地。北京对口援藏组建“京藏宏志班”的案例说明，志气培育和心理建设是宏志精神的核心要义，加强宏志文化建设和课程建设是实现宏志班办学梦想的必由之路。南开大学援建“公能”教室的案例说明，治贫必先治愚，脱贫须先治本，同时狠抓政策落地，资源持续投入，巩固教育扶贫成效。

（九）改进帮扶激发内生动力

改进帮扶立足于发展特色产业带动贫困人口就业，培育自我发展能力，发挥贫困人口主体作用。改进帮扶必须调整以前不利于调动贫困群众的帮扶方式，创新具有激励、带动作用的政策措施，动员贫困群众参与到扶贫项目的实施过程中，带动贫困人口发展产业实现就业。如上海杨浦区、江苏阜宁县、安徽宿州市埇桥区等 3 地的扶贫扶志扶智事例。

上海杨浦区支援贵州道真仡佬族苗族自治县开展蔬菜产业扶贫，改进帮扶方式，从推进贫困户思想观念转变、市场意识提高，拓展产销市场，提高贫困户组织化程度等方面重构蔬菜产业组织模式。江苏阜宁县结合本地实际和市场形势，打造特色产业，坚持扶志优先、突出扶智提升、强化组织保障，确保脱贫取实效，走出了一条别具特色的“造血”发展路子。安徽宿州市埇桥区通过聚焦精准把脉，实现因人因户施策；创新举措，提高了脱贫成效；多管齐下，提升了贫困户的增收能力；改进帮扶方式，提高了贫困户发展能力。

（十）治理创新激发内生动力

治理创新以乡村社会内部为切入点，以村规民约为约束，充分发挥贫困群众的自治组织作用。乡村治理创新借助村庄自治性组织，将农民尤其是贫困农民组织起来，调动贫困人口的生活积极性和脱贫致富主动性，提升贫困人口的社区认同感，重建贫困人口与乡村社会的社会联结。如重庆武隆区羊角镇艳山红村、甘肃积石山保安族东乡族撒拉族自治县等地的扶贫扶志扶智案例。

重庆武隆区羊角镇艳山红村立足本地实际，第一书记游四海带领全村人围绕“凝心聚力促发展，扶志扶智助脱贫”展开脱贫工作，人心由“散”变“齐”，容颜由“旧”变“新”，荷包由“瘪”变“鼓”，使该村成功实现了“三变”。甘肃积石山保安族东乡族撒拉族自治县探索出以扶志扶智为主要内容的村民知情大会、“两户”见面会、“三说三抓”大会，创新治理机制，提振脱贫精气神。重庆武隆区艳山红村的脱贫事例，说明好支部是凝聚人心、凝聚力量的核心，好的治理组织是扶贫扶志扶智的金钥匙。甘肃积石山保安族东乡族撒拉族自治县的案例说明，贫困人口知晓政策，主动参与是扶贫扶志扶智的前提条件；改进帮扶方式是扶贫扶志扶智的有效途径；干群共话脱贫，良性互动是扶贫扶志扶智的动力支撑。

近年来，广西合山市积极探索精神扶贫新思路，从思想、志气、信心、心灵、智力等方面实施精神扶贫，破解了不想脱贫、不敢脱贫、不能脱贫、不会脱贫、不望脱贫五大难题。一是实施“思想扶贫”，破解“不想脱贫”难题。全市成立“抓党建促脱贫”工作队党委，组建以贫困村第一书记、驻村工作队员、结对帮扶干部为主体的扶贫骨干队伍，进村入户进行动员、宣讲、教育。采取“一帮一、一帮多”的贴心帮扶方式，党员干部与贫困户结对联系，解决或化解群众思想认识问题。二是实施“志气扶贫”，破解“不敢脱贫”难题。在全国率先实施“脱贫争先工程”，从宣传引导、励志教育、典型引路入手，采取“线上＋线下”等方式，以身边的致富典型感动人、以身边故事鼓舞人、以贫困党员比学赶超争先摘帽带动人。着力破解部分贫困群众目标不清、志气不足导致“不敢脱贫”等问题，激发贫困户脱贫斗志。三是实施“信心扶贫”，破解“不能脱贫”难题。出台一系列惠农政策提振信心，对建档立卡贫困户进行信用评级授信，引导金融机构加大对扶贫开发的支持力度。2016 年，该市共有 1311 户贫困户申请小额贷款 6014 万元，贫困户贷款率达 82％。出台政府无偿资金注入政策，为每户贫困户提供 1 万元的扶持资金，作为贫困户入股合作社的股金，每年分红获利。鼓励村级党组织和党员领办、引办合作社，拓宽贫困群众收入来源、稳定贫困村集体经济。四是实施“心灵扶贫”，破解“不望脱贫”难题。因学因病致贫是合山市贫困人口致贫、返贫的主要原因之一。合山市组建党员志愿先锋队，实施阳光助残、关爱留守儿童、关爱孤寡老人行动；组建教育扶助工作队，帮助贫困学生办理助学贷款、发放助学金、免除学费；组建医疗志愿服务队，送医送药、医疗救助、心理疏导。五是实施“智力扶贫”，破解“不会脱贫”难题。合山市围绕就业、产业、创业，有针对性地开展外出务工技能培训、农村实用技术培训、个性化技术指导、服务自主创业培训，2015 年以来 13000 多人实现了稳定就业和创业，智力扶贫成了贫困户增收、稳定脱贫的主要渠道。2016 年，合山市成为广西首批脱贫县（市、区）之一，共有 2481 户贫困户 8997 名贫困人口顺利脱贫，贫困发生率控制在 3%内，合山市在广西 21 个区级贫困县党委和政府扶贫开发工作成效考核中位居第一。“会脱贫、要脱贫、敢脱贫、争脱贫”成为合山市建档立卡贫困户的精神常态和共同追求。2017 年，合山市按照“脱贫不脱帮扶、脱贫不脱政策”的原则，继续对脱贫户扶持，进一步巩固全市脱贫摘帽成效。

案例：毕节市“扶志＋扶智”的深度脱贫攻坚之路

党的十九大提出实施乡村振兴战略，并史无前例地把这个战略庄严地写入党章，将其列为全面建成小康社会的重大战略部署，为农业农村改革发展指明了航向。目前，农村的贫困仍是实施乡村振兴战略的凸出短板。党的十八大以来，国家及地方已出台各种针对建档立卡户的帮扶政策，社会各界亦积极参与帮扶，成绩斐然。但少数贫困群众等靠要思想依然存在，部分地区有加剧之势。攻克深度贫困堡垒的一项重要工作，就是让贫困户具有自我脱贫的内生动力与愿望，这是思想的扶贫，是脱贫攻坚过程中的硬骨头，更是彻底解决深度脱贫的关键，要树立“弱鸟先飞”的追赶意识。面对大量的政策措施，要让老百姓理解、把握，首先需要执行的干部吃透政策精神，熟知具体操作方式。贵州毕节市兴办“新时代农民讲习所”（简称讲习所），上一级对下一级讲，干部对群众讲，群众自己讲，营造了集体学习宣传脱贫思想政策的良好氛围，既锻炼基层干部的执行能力，更让贫困群众逐步具备自我脱贫的意识和能力。2017 年 10 月 19 日，习近平总书记在参加党的十九大贵州省代表团讨论时强调，要赋予“新时代农民讲习所”新的内涵，这是创新，党的根基在基层，一定要抓好基层党建，农村要始终坚持党的领导。毕节市通过兴办讲习所探寻“扶志＋扶智”的深度脱贫攻坚之路，为全国深度贫困地区提供了有益经验。

一、毕节市“新时代农民讲习所”建设成效显著

1. 2017 年设立讲习所 2989 个，培训干部群众百万余人次

2017 年 4 月 14 日，威宁彝族回族苗族自治县成立贵州省首家“脱贫攻坚讲习所”，随即大方、黔西、七星关、纳雍等区县均建立脱贫攻坚讲习所。截至 2017 年 11 月，毕节市共成立脱贫攻坚讲习所 2989 个，平均每位讲习所专职讲师半年为上千名村民授课 63 场，已开展培训 1 万多场，培训干部群众 100 万余人次。罗飞扬原本是纳雍县一名普通的手工艺人，但从小跟随家人学习刺绣和织麻，并长期从事相关行业，因此他拥有了一些“绝活”。2017 年，罗飞扬受邀成为纳雍脱贫攻坚讲习所的一名专职讲师，几个月内他就到全县

各个村寨开展了63场授课，为上千名村民讲解刺绣和织麻手艺，鼓励指导广大苗族妇女重拾苗家传统刺绣手艺并到昆寨乡小花苗服饰蜡染刺绣加工厂工作，人均月工资达2500元以上。

2. 县、乡、村讲习所三级纵向联动，实现村级全覆盖

2017年7月27日，毕节市纳雍县成立了脱贫攻坚讲习所，提出组织专职讲师深入农家小院、田间、地头，向贫困村民讲解扶贫政策和致富经，为决战贫困提供智力支持。纳雍县全县陆续设立了454个讲习所。其中，全县总讲习所1个，26个乡（镇、街道）各建1个，427个行政村各建1个，实现了县、乡、村讲习所三级纵向联动，实现村级全覆盖。

3. 多种讲习方式促进村民思想观念转变，脱贫技能提升，助力产业扶贫

在纳雍县宗岭镇坪箐村，脱贫攻坚讲习所通过院坝会、群众会、走村串户等方式，积极向村民宣传扶贫政策，讲解农村经济发展，教村民销售、算账，教村民种植养殖技术，破除村民等靠要的思想，让广大村民从守旧的思想中解放出来，逐步向有思想、懂技术、会经营、能致富的新型农民转变。利用讲习所这个载体，坪箐村两委趁热打铁，邀请本村及周边村寨种植和养殖“土专家”讲授种植养殖技术。截至2017年10月，坪箐村已经成立16个专业合作社，已经有490名村民加入合作社，同时链接了全村76户208名精准扶贫户，发展茶叶、核桃、苏州大白鹅、根雕、大棚蔬菜、八月瓜等产业。

毕节市通过兴办讲习所，全市干部群众脱贫攻坚的精气神有了很大提升，贫困群众的思想观念明显转变，主动脱贫意愿高涨，帮扶干部的信心和工作动力也显著增强。

二、“新时代农民讲习所”形成发展的原因及其主要功能

1. “新时代农民讲习所”形成发展的原因

一是中央有要求。中国特色社会主义进入新时代，要赋予“新时代农民讲习所”新的内涵。党的十八大以来，以习近平同志为核心的党中央以巨大的政治勇气和强烈的责任担当，提出一系列脱贫攻坚新理念、新思想、新战略，出台一系列扶贫方针政策，推出一系列贫困治理的重大举措，解决了许多长期想解决而没有解决的贫困难题，推动党和国家扶贫事业发生历史性变革。这些历史性变革，推动中国特色社会主义脱贫攻坚工作进入新时代。新

时代内涵十分丰富，意义十分重大深远，它意味着中国特色社会主义道路、理论、制度、文化不断发展，拓展了发展中国家走向现代化的途径，为解决人类贫困问题贡献了中国智慧和中国方案。对此，解决脱贫政策实施“最后一公里”的问题，讲习所的创建将被赋予新意义，为深度贫困的堡垒攻克作出激发脱贫内生动力的积极贡献，是贯彻落实习近平关于扶贫同扶志、扶智相结合重要论述的重大探索。

二是现实有条件。脱贫攻坚工作正站在历史的新起点，已具备促进“新时代农民讲习所”发挥巨大作用的制度基础与实践基础。党中央把贫困人口脱贫作为全面建成小康社会的底线任务和标志性指标，确定的“中央统筹、省负总责、市县抓落实”的管理体制得到贯彻，四梁八柱的顶层设计基本形成，五级书记抓扶贫、全党动员促攻坚的氛围已经形成，各项决策部署得到较好落实。同时，目前正处在通过脱贫攻坚促进农村大发展的良好时机，有利于促进“新时代农民讲习所”发挥巨大作用。

三是群众有呼声。绝大多数贫困群众对自我脱贫有着迫切需求。人的因素是第一位的，只有把群众的积极性充分调动起来，才能使群众有改变命运的干劲。通过讲习所，把大家的力量集结起来，采用科学的生产方式，就一定能够改天换地。扶贫的对象在基层，政策落实在基层，成效也体现在基层。而贫困对象自身脱贫能力弱，已成为深度脱贫攻坚工作的短板。贫困主体的能力一再受限，很多政策部署就会落空，尤其是产业扶贫工作难以维持。老百姓讲实际，要有获得感，通过讲习所了解形势、了解国家的大政方针，知晓与切身利益相关的民生政策，提高技能与自我发展能力，是切切实实的迫切需要。扶贫实践需要讲习所对此发挥长远作用。

2. “新时代农民讲习所”的功能和作用

一是新时代执政的基层抓手。一分部署、九分落实，没有好的落实，再好的决策也是水中月、镜中花。脱贫工作的最终落实往往是由多种因素决定的，包括数据统计、调查研究、政务流程管理、职责分工和队伍建设等，需要建立督查机制、检查机制、反馈机制，特别是要将督查督办融入脱贫工作各领域、各环节，做到事前提醒、事中监督、事后追责，减少违规事件、触碰道德底线事件的发生。通过兴办讲习所，打通政策落地“最后一公里”，为各项脱贫工作的最终落实提供保障，促进村两委提高凝聚力、号召力、执行力，巩固我们党的执政基础。

二是成为激发基层干部群众脱贫内生动力的平台。近年来，国家及地方出台了各种针对建档立卡户的帮扶政策，加上社会各界的帮扶，使少数贫困户产生了等靠要的思想，只等“输血”，不愿“造血”。更有甚者，达到脱贫标准，却不愿意退出贫困行列。国家的政策要让老百姓理解、把握，首先需要执行的干部吃透政策精神，熟知具体操作方式。但从现实情况看来，不少村干部和第一书记尚未清楚知晓，难以肩负政策落地的重任。办讲习所，上一级对下一级讲，让大家都跟着学，既锻炼执行能力，也让老百姓受益。

三是农村精神文明建设的阵地。从全国范围来看，部分农村地区的各种迷信活动还较多，有些地方因此而引起的社会不安定情况还比较突出。如果党不加强基层群众的教育工作，让老百姓在精神上有与时俱进的需要和追求，民族复兴的伟业就难以真正实现。我们要讲好党的十八大以来以习近平同志为核心的党中央的巨大政治勇气和强烈的责任担当，讲好一系列脱贫攻坚新理念新思想新战略，讲好一系列扶贫重大方针政策，以此推动党和国家扶贫事业发生历史性变革，构筑乡村新的精神文明样态。

四是干部转变作风的途径。抓好扶贫部门党风政风作风建设，需要推进全面从严治党，认真践行密切联系群众的理念，严明党纪国法、严肃责任追究，不断加强干部教育和队伍建设，提高制度执行力度和刚性约束。这是一项长期性基础工作，需要采取多种措施。通过兴办讲习所，改进干部的工作作风，建立落实主体责任和相关责任制度，规范干部职工的工作行为，从而使良好的党风政风内化为干部的工作理念和工作习惯。

五是乡村振兴的基础和创新农村基层社会治理的举措。乡村振兴离不开每一位群众的努力。脱贫攻坚工作的各方面都要经过讨论，同群众商量着办，以达到使群众满意的效果。没有一个载体，没有一个互动的过程，很难成就好的方式。讲习所以政府为主导，同贫困群众勠力同心，成为农村基层社会治理的重要举措，为乡村振兴打下坚实基础。

三、毕节市“新时代农民讲习所”的主要做法

毕节市在创办“新时代农民讲习所”的过程中着重从以下几个方面入手。

1. 创新讲习阵地的“五有标准”

各市（州）、县（区、特区）、乡（镇、街道）、村（社区）均按照“五有标准”创办讲习所：有场地，每个市（州）、县（区）、乡（镇）、村（社区）至少要有一个固定场所作为集中讲习的阵地，村民组可视具体情况设立固定讲习所；有机构，各地成立新时代农民讲习所管理机构，有专人负责开展讲习活动，围绕活动开展、师资建设、资料管理、效果评估等建立健全讲习制度，定期研究讲习所事宜；有师资，各讲习所有固定讲习队伍，并可针对需要聘请外地外单位讲习员开展讲习；有标识，所有讲习员开展讲习时须佩戴统一制作的徽章，在讲习所显眼位置悬挂“新时代农民讲习所”牌子，流动讲习所有印着“新时代农民讲习所”的红旗；有资料，各讲习所按照省、市、县的安排，结合本地实际制定切实可行的讲习计划和课程表，每月至少开展2次集中讲习，认真收集整理讲习计划、讲习记录、考勤记录等有关资料，分门别类进行规范整理归档。

各市、县两级均创建“新时代农民（市民）讲习所”，农村乡镇、村两级均创建“新时代农民讲习所”，“讲”出干部群众的新动能、新状态，“习”出干部群众的新作为、新成效，把讲习所建成凝心聚力的大阵地、脱贫攻坚的大课堂、同步小康的大本营。

2. 拓展讲习主体的“五级联动”

（1）组建五级讲习队伍。省委宣传部会同有关部门，选调熟悉党的理论路线方针政策，了解全省改革和发展实际，政治素质好、理论水平高、宣讲能力强的相关人员组建省级讲习员队伍。按照分级负责的原则，市（州）、县（区）、乡（镇）、村（社区）根据本地实际，相应组建讲习员队伍。

（2）拓展充实讲习主体。讲习主体除全省各级党政领导干部和讲师团队伍外，各地根据工作实际，拓展扩大讲习主体范围，建立讲习员库。各高校、企事业单位党员领导干部、专业技术人员，“贵州脱贫攻坚群英谱”及各类先进模范人物，第一书记、驻村干部、农民讲师、技术专家、学校教师、带富能手、退休老干部、行业领域精英、文化和传统工艺传承人，以及推动脱贫攻坚的“土专家”“田秀才”“乡贤榜样”等，都可纳入讲习主体范围，通过定期或不定期方式进行讲习。

3. 按照“六讲六干”做到讲习结合

（1）讲思想，干有方向。深入宣讲习近平新时代中国特色社会主义思想、党的十九大精神和习近平总书记在参加贵州代表团讨论时发表的重要讲话精神，宣讲中国特色社会主义进入新时代的新论断、我国社会主要矛盾发生变化的新特点、分“两步走”全面建设社会主义现代化国家的新目标、党的建设的新要求，要讲清楚、讲明白，让广大干部群众听得懂、能领会，坚定不移沿着正确方向前进。

（2）讲感恩，干有激情。深入宣讲习近平总书记对贵州的关怀厚爱，对贵州各族人民的关怀牵挂，对贵州发展提出的总体要求、重点任务及对党的建设作出的指示要求，宣讲贵州干部群众感恩党中央，将习近平总书记的亲切关怀和殷切期望转化为奋发有为的磅礴力量，奋力开启新征程、谱写新篇章、实现新跨越。

（3）讲政策，干有思路。深入宣讲党和国家的方针政策和重大决策部署，宣讲中央及贵州省出台的产业发展政策、扶贫开发政策、改善民生政策，帮助干部群众熟悉明白这些政策，特别要弄懂弄通、用好用活与当地发展、与自身有关的政策，认清本地资源和自身优势，理清发展思路和举措。

（4）讲技术，干有本领。根据当地发展特色和群众需要，按照“缺什么补什么”的原则，联合有关职能部门的专家、技师等，开展各类知识、技术技能培训，增强群众各种技能本领，提升综合素质。

（5）讲“比武”，干有榜样。围绕讲习所兴办及活动开展等工作，省里对省直各单位讲习员队伍建设、深入基层开展讲习情况，各市县讲习阵地建设及活动开展情况，各媒体宣传报道讲习活动情况，进行三场“大比武”。讲习员之间可就讲习次数、效果、群众欢迎程度等进行“比武”。通过“比武”，促进各讲习所在比中学习、在比中提升、在比中赶超，推进全省讲习活动向前发展。

（6）讲道德，干有精神。大力培育和弘扬团结奋进、拼搏创新、苦干实干、后发赶超的新时代贵州精神，深入开展理想信念教育、社会主义核心价值观教育、国情省情世情教育及中华优秀传统文化教育，深入宣传宣讲民主法治、传统美德、团结和谐、家训家风等，使干部群众内化于心、外化于行，进一步激发干部群众决战脱贫攻坚、决胜同步小康的内生动力和发展信心。

4. 结合当地实际创新宣讲方式方法

（1）分类讲习。根据当地工作实际和现阶段发展需要，合理区分各级各地“新时代农民讲习所”不同功能定位，按照新时代农民的不同特点、不同需求，结合不同层次群体的文化程度、年龄结构和语言习惯等特点，针对党员干部、社区居民、农村群众等关心的问题，分类施策、因人施教，确保宣讲效果。

（2）丰富形式。采取“课堂式大集中、互动式小分散”的方式，推动讲习阵地“便民化”。开展“课堂讲习”，充分运用各地兴办的讲习所，集中干部群众开展课堂式宣讲；开展“流动讲习”，针对群众个体需求，在田间地头、居民院落、园区工地等场所，通过院坝会、板凳会、座谈交流等形式开展讲习；开展“新媒体讲习”，充分运用互联网、远程教育等信息化手段拓展讲习平台和载体，通过广电网络、“村村通户户用”工程在电视信息平台开展讲习，注重发挥微博、微信群、QQ 群、手机客户端、门户网站等新兴媒体平台作用进行讲习。

（3）讲究方法。紧密结合当地实际、听众实际，从大处着眼、小处着手，用小事例讲清大道理，与群众身边熟悉的生活实例相结合，把专业术语通俗化，逻辑论证简明化，枯燥问题风趣化，抽象事物鲜活化，让群众喜闻乐见、易于接受，增强针对性、实效性和感染力，将讲习做深做实，避免流于表面。如黔西县洪水镇新桥村食用菌产业园建立“新时代农民讲习所”，在党总支的领导下，打造“党支部＋合作社（基地）＋农户”的发展经营体系，解决 61 人就业，其中贫困户 23 人，突出特点是把科技人员放到园区实干，避免企业缺人才、缺先进技术，人才缺资金、缺动力，把专利技术与产业相结合，产生双赢效果。

（4）侧重一线实干。讲习重点面向基层党员干部队伍及广大群众，深入基层、深入群众、深入脱贫攻坚最前线，用通俗的语言开展讲习，走进群众的门槛作动员，下到群众的田坎教技术。如黔西县中建乡金兰镇、金碧镇、新仁乡等乡镇总结出让群众能听得懂的、反映生活实践的生动语言，引起群众强烈反响。

5. 健全完善持续发展的制度机制

随着中国特色社会主义现代化进程的加快，特别是农村现代化的推进，讲习所的功能定位更加全面、准确。它应该是促进农村基层党建，夯实党的执政基础，促进扶贫同扶志、扶智相结合，激发贫困群众的内生动力，促进农民的科技素质提升，推动特色产业发展壮大，促进农村乡村文明建设，提高乡村社会治理水平，促进干部作风转变的重要途径。与此同时，要将其作为一个夯实执政基础的重要途径，立足长远发展，在同一地区因地制宜、非均匀地投放讲习资源，增强发展的平衡性与战略性。

（1）强化组织机构。成立讲习所联席会议领导小组，下设办公室在省委宣传部，负责全省“新时代农民讲习所”兴办及活动开展等工作的统筹协调、督查指导，根据实际情况适时召开会议。各市县党委宣传部要高度重视，参照省里的做法，建立相应组织机构，认真抓好辖区内讲习所的建设。各地将兴办“新时代农民讲习所”需要经费纳入同级财政预算。

（2）强化任务分工。各地各部门自觉做到认识到位、责任到位、措施到位，充分发挥职能作用，着力构建协调统一、资源聚合、特色鲜明、效果显著的大讲习格局。讲师团负责成立讲习员专家库，培训讲习员，根据各地需要推荐讲习员。省委党校、省社科院对全省各地讲习所做法经验开展深入研究，形成研究成果。省直机关工委负责协调省直机关各部门党员干部赴各地讲习所开展讲习。省委教育工委负责协调高校教师赴各地讲习所开展讲习。省委国防工委、省国资委负责协调有关企业的专家、技师等赴各地讲习所开展讲习。各成员单位组建讲习员队伍，根据各单位职能定期选派讲习员赴各地讲习所开展讲习。各成员单位在每月底前、每季度底前将本月或本季度开展讲习情况报联席会议办公室，年底将本年讲习情况总结报联席会议办公室。

（3）强化载体整合。把兴办“新时代农民讲习所”作为当前一项重要工作，既不断拓展讲习所外延，又把讲习活动与当前正在开展的各种宣讲活动有机结合，既各有特色各有重点，又相辅相成形成合力。充分运用“道德讲堂”、党员活动室、夜校等阵地平台，有效整合现有资源。与选拔、树立、宣传相结合，在脱贫攻坚战场中发现不同行业不同领域涌现的先进人物，大力弘扬先进典型精神，带动干部群众决胜脱贫攻坚。

(4) 强化师资力量。将兴办“新时代农民讲习所”与干部队伍建设相结合，把开展讲习活动作为发现干部、锻炼干部、培养干部的重要途径，对工作积极、成效明显、群众欢迎的单位和个人进行表彰。充分发动社会力量，积极建设好讲习队伍，形成专兼职讲习队伍紧密配合、合力讲习的良好态势。同时，五级书记一起抓工作，高度重视讲习业务，积极推动讲习工作。

(5) 强化讲习课程。根据不同的贫困群体进行分类讲授，实讲、实干、抓落实，确保效果，并采用课堂式大集中、互动式小分散的方式，丰富讲习形式，采取多种信息化手段，打造对贫困群众脱贫切实有效的课程，帮助他们提升脱贫技能，增强脱贫能力与信心。

(6) 强化氛围营造。各级媒体认真挖掘各地各部门对“新时代农民讲习所”活动过程中的做法经验和取得的成效，加强宣传报道。主要新闻媒体开设专栏，对讲习所工作进行重点报道，营造浓厚舆论氛围。各地各有关部门及时总结推广开展讲习所活动的好做法、好经验，加大督查指导力度，确保工作取得实效。如黔西县脱贫攻坚讲习所工作得到《人民日报》《焦点访谈》等主流媒体报道后，引起社会各界普遍关注。

第八章

决战决胜

JUEZHAN JUESHENG

一个不落

YI GE BU LA

我多次讲，脱贫攻坚战不是轻轻松松一冲锋就能打赢的，从决定性成就到全面胜利，面临的困难和挑战依然艰巨，决不能松劲懈怠。……现在，脱贫攻坚政策保障、资金支持和工作力量是充足的，各级干部也积累了丰富经验，只要大家绷紧弦、加把劲，坚定不移把党中央决策部署落实好，完全有条件有能力如期完成脱贫攻坚目标任务。

——习近平：《在决战决胜脱贫攻坚座谈会上的讲话》（2020 年 3 月 6 日）

2020 年，是脱贫攻坚战收官之年。决战决胜脱贫攻坚，需要在全面认识脱贫攻坚面临的前沿问题的基础上，科学判断基础，准确把握方向，客观分析困难，明确重点任务，完善保障举措，坚决克服新冠肺炎疫情影响，如期完成脱贫攻坚目标任务，确保贫困地区和贫困群众同全国一道进入全面小康社会。

一、全面认识决战决胜脱贫攻坚面临的前沿问题

脱贫攻坚进入决战决胜关键时期，剩下的都是贫中之贫、困中之困，都是最难啃的硬骨头。决战决胜脱贫攻坚，深刻认识并辨证把握脱贫攻坚面临的诸多理论实践前沿问题紧迫而重要。对于决战决胜脱贫攻坚中十个方面问题和挑战的理解，无疑可以为实现高质量脱贫、巩固脱贫攻坚成果提供决策参考。

（一）理解脱贫攻坚的伟大成就

脱贫攻坚的伟大成就，可以从直接效果、间接影响和溢出效应三个方面进行概括。

从脱贫攻坚的直接效果看，投入多少钱，建设多少项目，多少贫困人口受益并实现脱贫，这些都是脱贫攻坚的直接效果。在脱贫攻坚期间，基础设施、公共服务、贫困户收入的变化，可以纵向比，也可以横向比。从全国看，脱贫攻坚取得了历史上最好的减贫成绩，习近平总书记作出的重大判断完全符合实际情况，因此进行规范的总结和清晰的表述就非常重要。弄清楚脱贫攻坚投入、产出是总结的前提，如果连投入多少钱都不清楚，做了多少事也不明晰，那么效果、成就呈现就会影响可信度。脱贫攻坚的投入是全方位的，不仅仅局限于专项扶贫投入（也就是过去由扶贫办管理的财政扶贫资金）。脱贫攻坚的投入涉及方方面面，渠道多、数量大、投入集中、使用要求更高，这是脱贫攻坚阶段扶贫投入的主要特点。

从脱贫攻坚的间接影响看，脱贫攻坚既是“五位一体”战略布局的组成部分，又在经济、政治、社会、文化、生态文明和党的建设等方面产生了全方位的积极影响。比如从经济领域看，由于脱贫攻坚各种资金项目的投入，大大加快了贫困地区脱贫攻坚和经济社会发展进程，这些不仅以定性的、直观的描述给予呈现，从定量角度进行分析，也印证了以上论断。脱贫攻坚的间接影响还体现在坚定“四个自信”方面，道路自信、理论自信、制度自信、文化自信都与脱贫攻坚密切相关，脱贫攻坚就是“四个自信”的生动实践。再比如，脱贫攻坚在全面从严治党方面也产生了重要影响。总体看，脱贫攻坚确实是一项前无古人、难有来者的伟大历史事件。

从脱贫攻坚的溢出效应看，最直接的体现是中国贫困治理新体系的形成。这套体系对于在中国特色社会主义新征程中开展贫困治理、促进共享发展具有重要参考价值。脱贫攻坚的溢出效应还体现在抓党管党方面。比如在培养锻炼党的干部上产生了明显效果。目前驻村帮扶干部累计超过300多万人次，在岗的第一书记20.6万人、驻村工作队70万人，这些干部都是县级机关单位派驻的，不含乡干部。近百万名干部奋战在脱贫攻坚一线，他们进村入户为贫困群众谋脱贫、谋发展，不仅指导村两委、群众按照精准扶贫方略把国家多种脱贫攻坚政策落到实处，而且干部的能力得到了锻炼、提高，增进了干部与群众的感情，增进了干部对国情、广大农村的了解和理解。这是这些干部走上领导岗位的重要资本，为这些干部未来治理一个地方或一个部门奠定了基础。中国共产党的执政能力和形象提升是脱贫攻坚的重要溢出效应。放眼全球，没有哪个政党能够一个不落地解决本国人民的绝对贫困问题，也没有哪个政党能够如此广泛深入地动员全党、全国、全社会凝心聚力解决贫困问题。这是一个政党执政能力的充分体现。中国扶贫的巨大成就，其背后实质上是一个国家贫困治理体系的有效性以及较强的国家治理能力的呈现。

综上所述，脱贫攻坚的伟大成就集中体现在两个方面。一方面，脱贫攻坚解决了中华民族几千年发展史上从来没有解决的绝对贫困问题。这是一个史诗般的成就，决定了脱贫攻坚必定载入中华民族发展、人类发展的史册。另一方面，脱贫攻坚形成和确立了习近平扶贫论述。这套思想体系不仅指引着脱贫攻坚取得全面胜利，也必将指引中国在新的发展征程中，在解决不平衡不充分发展问题、促进共享发展、加快共同富裕进程中发挥指导作用。这也是中国为全球贫困治理贡献的中国智慧、中国方案的核心内容。

（二）领会脱贫攻坚的指导思想

脱贫攻坚指导思想的前沿性体现在三个方面。

一是习近平扶贫论述是中国为全球减贫治理贡献的中国智慧、中国方案。习近平扶贫论述既有中国特色，又有治理贫困认识的普遍性，能够回应全球贫困治理中一系列难题，特别是经过中国脱贫攻坚大规模的实践检验，这一理论体系具有鲜明的科学性。正如联合国秘书长古特雷斯指出的，精准扶贫方略是解决 2030 年全球可持续发展议程减贫目标的唯一途径。

二是从习近平扶贫系列讲话到习近平扶贫论述，是一个有序推进的过程。尽管习近平扶贫论述是政治抉择问题，但作为脱贫攻坚重要的前沿问题，需要深入研究，把脱贫攻坚实践对这一思想体系确立的强烈需求呈现出来，把这一思想体系的丰富内涵、理论品格呈现出来，把这一思想体系引领实践取得的成效并回应全球贫困治理问题的指导价值呈现出来。

三是要加强习近平扶贫论述的理论创新和实践创新研究，为习近平扶贫思想的形成与确立奠定基础。首先要加强基础性研究，包括理论创新、实践创新研究，对《习近平扶贫论述摘编》进行深入解读；其次要深化习近平扶贫论述的专题、重大主题研究；再次要开展思想体系研究，从思想体系的方方面面凝练、构建习近平扶贫思想；最后要强化思想传播路径研究，有力有效地对这一思想体系进行对内宣传和对外传播。要更加扎实地以习近平扶贫论述武装头脑，指导实践，推动工作。实践充分证明，脱贫攻坚成效越显著的地方，其共同特点必然是当地干部群众学习领会习近平扶贫论述更加深刻，运用于推动工作做得更好。

（三）把握脱贫攻坚的目标标准

目标标准问题的前沿性主要体现在三个方面：

第一，减贫目标确定的基本要素。这是理解目标标准的认识基础。把握不好，就会出现降低标准或拔高标准的现象。一个国家或区域扶贫目标的确定，主要受政治承诺、贫困现状、减贫动力（如发展带动减贫能力、可投入扶贫资源）等方面影响。现状与目标之间的差距，就是脱贫攻坚要完成的目标任务。能否完成，取决于投入力量的大小和采取扶贫方式的有效性。为此，中央确定全面打赢脱贫攻坚战，以攻坚的方式凝聚更大力量；全面实施精准扶贫精准脱贫方略，用精准扶贫方式确保贫困人口精准脱贫。

第二，脱贫攻坚目标标准的内涵。国务院扶贫开发领导小组印发的《关于解决“两不愁三保障”突出问题的指导意见》明确：贫困人口义务教育有保障，主要是指除身体原因不具备学习条件外，贫困家庭义务教育阶段适龄儿童、少年不失学辍学，保障有学上、上得起学；贫困人口基本医疗有保障，主要是指贫困人口全部纳入基本医疗保险、大病保险和医疗救助等制度保障范围，常见病、慢性病能够在县、乡、村三级医疗机构获得及时诊治，得了大病、重病基本生活有保障；贫困人口住房安全有保障，主要是指对于现居住在C级和D级危房的贫困户等重点对象，通过进行危房改造或其他有效措施，保障其不住危房。贫困人口饮水安全有保障，主要是指贫困人口有水喝，饮水安全达到当地农村饮水安全评价标准。这是从全国范围确定的目标标准，具有普适性。由于我国地域辽阔，各地需要根据实际情况确定具体标准。各地区可以在国家基本标准和总体要求的基础上，因地制宜细化实化标准并严格执行。

第三，坚持脱贫攻坚目标标准的要求。习近平总书记多次强调指出，要坚持党中央确定的脱贫攻坚目标和扶贫标准，贯彻精准扶贫精准脱贫基本方略，既不急躁蛮干，也不消极拖延，既不降低标准，也不吊高胃口，确保焦点不散、靶心不变。当前，各地存在不少拔高标准的现象，比如有的地方把“义务教育有保障”变成了上什么学都不花钱，把“基本医疗有保障”变成了看什么病都不花钱，把“住房安全有保障”变成了住大房住好房，过高的标准将很难实现，而实现不了会损害党和政府的公信力。坚持脱贫攻坚目标标准，既是理论问题也是实践问题，还是脱贫攻坚的重要前沿问题之一。只有把握好问题的核心，才能保持定力，坚持脱贫攻坚目标标准不动摇。具体而言，就是：在教育扶贫方面，加强乡镇寄宿制学校、乡村小规模学校和教师队伍建设，扎实推进义务教育控辍保学工作，加大对家庭经济困难学生的资助力度，有效阻断贫困代际传递。在健康扶贫方面，建立健全基本医疗保障制度，加强县、乡、村医疗卫生机构建设，配备合格医务人员，消除乡、村两级机构医务人员“空白点”，做到贫困人口看病有地方、有医生、有制度保障。在危房改造方面，加强对深度贫困地区的倾斜支持和技术帮扶，采取多种措施保障贫困人口基本住房安全。在饮水安全方面，加快深度贫困地区、改水任务较重地区和边境地区农村饮水工程建设，保障贫困人口喝上放心水。

（四）坚持脱贫攻坚的基本方略

脱贫攻坚基本方略的前沿性体现在三个方面。

第一，精准扶贫精准脱贫方略是一项系统工程，是由核心内容、实现路径、根本要求、保障体系和落实行动等各相互作用、相互促进的子系统耦合而成，具有内在逻辑关联的贫困治理体系。实践中出现的扶持不精准、脱贫不稳定、内生动力不足等现象，根本原因就在于工作中不能准确理解和把握精准扶贫精准脱贫方略的根本要求。换言之，准确理解和把握精准扶贫精准脱贫方略的根本要求，成为领会贯彻习近平扶贫论述、全面落实精准扶贫，实现脱真贫、真脱贫目标的关键。

第二，精准扶贫精准脱贫方略是我国扶贫理念的重大创新，充分体现了目标导向与问题导向相统一、战略性与可操作性相结合的方法论。做到“六个精准”是基本要求，实施“五个一批”是实现途径，解决“四个问题”是关键环节，推进贫困治理体系和治理能力现代化是主要目标。其根本要求就是通过一系列改革创新，实现扶贫方式方法的转变，以此不断推进贫困治理体系和治理能力的现代化。做到“六个精准”，实施“五个一批”，解决“四个问题”，是一个具有内在逻辑关系的体系。做到“扶持对象精准”，就能解决好“扶持谁”的问题。两者之间通过建档立卡实现。这里的建档立卡是一个动态过程，是一个治理实践过程，是一个体系完善的过程。建档立卡至少包括三个层次：一是建档立卡过程，首先是发动群众、组织群众评出真正的贫困户，通过这一过程，激发群众内心深处扶贫济困的内在本性，也是帮助群众提高自身能力、激发内生动力的过程；二是经过程序被列为建档立卡的贫困户，在得到精准帮扶，达到“两不愁三保障”的标准后，要及时退出；三是由于各种原因致贫、新出现的贫困人口要及时建档立卡，享受精准扶贫政策。及时、动态进出建档立卡系统的过程，就是贫困治理中精准识别贫困的过程。

第三，精准扶贫精准脱贫方略具有理论逻辑、历史逻辑和实践逻辑。从理论维度看，全球减贫治理中的难题始终是瞄不准，瞄不准的根源在于对贫困的认识不充分。习近平总书记提出精准扶贫，是对几十年来全球减贫事业关于贫困认识的创新与完善。二战以来，减贫发展理论的基本观点，就是通过整体发展带动贫困减少，以涓滴效应消除贫困。但近几十年来，很多国家实践证明这行不通，特别是当发展到一定程度后带贫效应大幅度减弱，涓滴效应弱化。新时代脱贫攻坚，反其道而行之，通过脱贫攻坚统揽经济社会发展全局、促进整体区域发展，以解决贫困问题从而带动整个区域发展。这是对全球发展理论的创新。从历史维度看，近300多年来，全球一直没有很好地解决发展带动消除贫困问题，根本原因在于，贫困的规律并没有被完全认知，习近平提出的精准扶贫精准脱贫方略正是基于对贫困演变规律的深刻认识和把握。从实践维度看，各地实践呈现出扶贫脱贫的普遍性，这既是理论问题，也是实践问题。既需要基于实践的理论思考，也需要理论创新指导、推动新实践。

（五）攻克深度贫困

脱贫攻坚中的深度贫困问题，是打赢脱贫攻坚战的底线和短板，是“坚中之坚”“难中之难”。深度贫困问题的前沿性集中体现在深度贫困的对象、深度贫困的内涵与外延、深度贫困的攻克。在脱贫攻坚战的决胜时期，“三区三州”的脱贫攻坚问题特别需要深入研究。

什么是深度贫困对象？既包括深度贫困区域，也包括深度贫困群体。从区域看，全国性深度贫困区域主要指“三区三州”。“三区三州”是连片深度贫困地区，80％以上区域位于青藏高原区，这些区域自然条件差，经济基础弱，贫困程度深，生存环境恶劣，致贫原因复杂，民族、宗教、维稳问题交织，基础设施和公共服务缺口大。2017 年 6 月 23 日，习近平总书记在山西太原主持召开深度贫困地区脱贫攻坚座谈会，首次提出抓好“三区三州”的脱贫工作，指出西藏和四省藏区、南疆四地州、四川凉山、云南怒江、甘肃临夏等地区，生存环境恶劣，致贫原因复杂，基础设施和公共服务缺口大，贫困发生率普遍在 20％左右。

深度贫困问题的内涵与外延。习近平总书记曾把深度贫困的特征概括为“两高、一低、一差、三重”。“两高”即贫困人口占比高、贫困发生率高，“一低”即人均可支配收入低，“一差”即基础设施和住房差，“三重”即低保五保贫困人口脱贫任务重、因病致贫返贫人口脱贫任务重、贫困老人脱贫任务重。由此，“两不愁三保障”是脱贫的基本标准，脱贫外延包括具有基本的基础设施和公共服务。

深度贫困的攻克。“三区三州”虽然只剩下 172 万贫困人口（2018 年底）没有脱贫，但这些地方的脱贫成本比别的地方更高，脱贫难度比别的地方更大。这是脱贫攻坚后两年重点攻坚的区域，各地各部门正紧盯这些地区，加大投入、加大帮扶力度，确保完成脱贫任务，主要是扶贫同扶志、扶智相结合，激发内生动力；因地制宜，精准施策；集中优势兵力，精锐出战，做到人员到位、责任到位、工作到位、效果到位。

（六）完善大扶贫格局

习近平总书记指出，要深化东西部扶贫协作和党政机关定点扶贫，调动社会各界参与脱贫攻坚的积极性，实现政府、市场、社会互动和行业扶贫、专项扶贫、社会扶贫联动。这一重要论述不仅深刻阐述了坚持构建大扶贫格局的重大意义，而且指明了深化大扶贫格局的发展方向。坚决打赢脱贫攻坚战对确保如期全面建成小康社会、实现第一个百年奋斗目标具有决定性意义。必须不断深化大扶贫格局，持续构筑全社会扶贫的强大合力。

改革开放以来的扶贫实践表明，大扶贫格局是中国特色扶贫开发道路的重要组成部分。20 世纪 80 年代中期到 90 年代，我国社会扶贫工作不断发展。党的十八大以来，中国特色的社会扶贫体系日趋成熟，但离完善大扶贫格局的要求依然存在差距。最主要体现在对习近平总书记提出的社会扶贫“两动论”（指构建政府、市场、社会互动和专项扶贫、行业扶贫、社会扶贫联动的大扶贫格局）还没有深刻理解，总体上缺乏精准和足够的认识与把握。政府、市场、社会缺乏互动，目前政府充分发挥了作用，但市场在扶贫脱贫中的作用被忽略了，或市场的作用发挥不足，在社会动员方面做得不充分。专项扶贫、行业扶贫、社会扶贫联动的程度不够，社会扶贫的活力还没有完全激发。

决战决胜脱贫攻坚必须深化大扶贫格局，需要正确把握以下工作原则：一要坚持脱贫攻坚目标标准，既不降低标准，也不拔高标准；二要坚持精准扶贫精准脱贫基本方略，各种力量要因村因户因人施策，精准发力；三要坚持改革创新扶贫体制机制，各方面要更加用心用力用情开展工作；四要坚持高质量脱贫，更加注重帮扶的长期效果，夯实稳定脱贫、逐步致富的基础；五要坚持扶贫同扶志、扶智相结合，激发贫困群众内生动力；六要坚持全面从严治党要求，严格考核评估，确保脱贫成果经得起历史和实践检验。

深化大扶贫格局，需要强化专项扶贫精准到村到户到人，加大行业扶贫，加快补齐贫困地区基础设施短板，加大东西部扶贫协作力度，深入开展定点扶贫工作，扎实做好军队帮扶工作，更广泛动员民营企业、社会组织、公民个人参与社会扶贫，继续着力创新体制机制，实现政府、市场、社会互动和行业扶贫、专项扶贫、社会扶贫联动。

（七）激发扶贫脱贫内生动力

脱贫攻坚内生动力之所以成为理论前沿问题，是因为内源发展和内生动力至关重要。只有催生内生动力，内源发展才有实现基础，而只有实现内源发展，可持续发展才有前提。因此，只有激发、培育与形成内生动力，高质量脱贫和高质量脱贫摘帽才有可能实现。

习近平总书记高度重视激发贫困群众的内生脱贫动力。《习近平扶贫论述摘编》中，“坚持群众主体，激发内生动力”主题单独成章，摘录了习近平总书记关于扶贫扶志的26段重要论述。这些重要论述深刻阐述了尊重贫困群众主体地位和首创精神的基本原理，要求脱贫攻坚必须坚持依靠人民群众，充分调动基层和贫困群众的积极性、主动性、创造性。这些论述是习近平扶贫论述的重要组成部分，是马克思主义群众观的具体体现，是做好扶贫扶志工作的根本遵循。党中央、国务院印发的《中共中央　国务院关于打赢脱贫攻坚战三年行动的指导意见》（简称《三年行动指导意见》），将扶贫扶志行动作为十项到村到户到人精准帮扶举措之一，提出加强教育引导，开展扶志教育活动；加大以工代赈实施力度，动员更多贫困群众投工投劳；推广以表现换积分、以积分换物品的“爱心公益超市”等自助式帮扶做法；鼓励各地总结推广脱贫典型，宣传表彰自强不息、自力更生脱贫致富的先进事迹和先进典型，用身边人身边事示范带动贫困群众；大力开展移风易俗活动，通过自治、法治、德治相结合，教育引导贫困群众弘扬传统美德、树立文明新风；加强对高额彩礼、薄养厚葬、子女不赡养老人等问题的专项治理；深入推进文化扶贫工作，提升贫困群众的公共文化服务获得感；把扶贫领域诚信纳入国家信用监管体系。为深入贯彻落实习近平总书记关于扶贫扶志的重要论述和《三年行动指导意见》精神，国务院扶贫办会同12个部委印发了《关于开展扶贫扶志行动的意见》，提出加强教育宣传培训、改进帮扶方式、推进移风易俗、强化基层党组织政治功能等14条具体措施。

目前增强脱贫内生动力依然存在不少问题，一是主观上安于现状而不想改变，二是客观上能力不足而不能改变，三是工作上引导政策不够精准。虽然有等靠要、不劳而获等思想的贫困人口总的比例不高、数量不大，但其负面影响大，社会关注度高，容易发酵，可能引起其他贫困群众特别是普通农户的不满，影响脱贫攻坚效果。

摆脱思想贫困、意识贫困，增强贫困群众自我发展能力，是筑牢脱贫稳定基础的治本之策。脱贫攻坚进入决胜时期，激发贫困群众奋斗热情和干劲的重要性和紧迫性更加凸显。为此，应进一步完善"益贫带贫"机制，为贫困群众脱贫、持续增收创造机会。进一步完善政策激励约束机制，强化正向激励，防止政策"养懒汉"。进一步加强产业就业技能技术培训，提高自我发展能力。进一步加强先进典型引导，发挥示范引领作用。进一步加强村规民约引导，破除陈规陋习。进一步加强宣传教育，营造扶贫扶志扶智的浓厚氛围。

此外，扶贫困群众的志，首先是干部要有志气、有信心。干部内生动力的激发，一是通过加大培训力度改变理念，改善领导干部的政绩观。对于基层干部而言，就是要提高精准扶贫精准脱贫的攻坚能力。二是通过全面从严治党、作风建设、反腐败进一步激发干部的内生动力。三是通过关怀激励，激发干部的内生动力。

（八）实现稳定脱贫

习近平总书记《在解决"两不愁三保障"突出问题座谈会上的讲话》指出："脱贫既要看数量，更要看质量，不能到时候都说完成了脱贫任务，过一两年又大规模返贫。要多管齐下提高脱贫质量，巩固脱贫成果。"可见，稳定脱贫是指在预定期限内不仅完成脱贫数量、质量目标，而且要建立长效稳定的脱贫机制，实现稳定脱贫。脱贫攻坚解决的是绝对贫困问题，针对各方面的致贫原因精准采取对策，这决定了稳定脱贫的对策必然是综合性、立体、可持续的。

严把贫困退出关，这是稳定脱贫的前提。脱贫攻坚解决的是绝对贫困问题，标准就是"两不愁三保障"。这是贫困人口脱贫的基本要求和核心指标。必须严格执行退出的标准和程序，确保脱真贫、真脱贫。这就需要按照"中央统筹、省负总责、市县抓落实"的体制机制，上下共同努力解决。要把握保障标准，各地可以在国家基本标准和总体要求的基础上，因地制宜细化实化标准。要宣传政策标准，合理引导预期。要统筹整合资源，减少和简化项目审批环节，优化工作流程，加快项目实施进度，确保尽快基本解决突出问题。

把防止返贫摆在重要位置，这是稳定脱贫的基础。要适时组织对脱贫人口开展“回头看”，探索返贫监测预警机制，对贫困人口、脱贫人口、边缘人口等进行定期核查、动态管理，及时将返贫人口和新发生贫困人口纳入帮扶。同时，加强探索建立稳定脱贫长效机制，强化产业扶贫，组织消费扶贫，加大培训力度，促进转移就业，让贫困群众有稳定的工作岗位。做好易地扶贫搬迁后续帮扶。加强扶贫同扶志、扶智相结合，让脱贫具有可持续的内生动力。

重视脱贫攻坚风险的防范，这是稳定脱贫的支撑。要防范完不成任务和脱贫质量不高的政治风险。特别是要聚焦深度贫困地区，全面摸清底数，强化政策措施，补齐短板弱项。要防范工作中的风险。特别是要防范易地扶贫搬迁中因就业不足、稳定性差、社会融入差等问题解决不好带来的社会风险，防范扶贫小额信贷贷款出现呆账坏账以及光伏扶贫建设质量不高、运维滞后、套取冒领国家补助资金等经济风险。要防范由于各种政策的叠加不劳动比劳动享受的政策还多，形成“养懒汉”而导致的道德风险。要防范资产流失的管理风险。脱贫攻坚期间，大量扶贫资金投入，大批扶贫项目建设，形成巨量存量资产，需要以县为单位摸清底数，建立台账，有效监管，防止资产流失，充分发挥这些资产在稳定脱贫、促进发展中的作用。还要加强扶贫资金监管和制度建设，防范扶贫领域腐败问题的风险。

防止脱贫摘帽后工作松劲懈怠，这是稳定脱贫的保障。从实践和历史经验看，一些摘帽县在摘帽以后出现松劲懈怠，如有的撤摊子、歇歇脚，有的转移重心、更换频道，这需要引起重视并认真解决。最主要的是要稳定脱贫攻坚政策。把习近平总书记关于“贫困县党政正职要保持稳定，做到摘帽不摘责任。脱贫攻坚主要政策要继续执行，做到摘帽不摘政策。扶贫工作队不能撤，做到摘帽不摘帮扶。要把防止返贫放在重要位置，做到摘帽不摘监管”的重要指示落到实处，保持脱贫攻坚期内政策稳定，贫困村退出贫困序列后驻村工作队继续开展帮扶，继续加大扶贫资金投入和监管力度，加强财政涉农资金整合，夯实稳定脱贫的基础。

（九）总结脱贫攻坚的理论实践

《中共中央　国务院关于打赢脱贫攻坚战的决定》明确要求："系统总结我们党和政府领导亿万人民摆脱贫困的历史经验，提炼升华精准扶贫的实践成果，不断丰富完善中国特色扶贫开发理论。"在波澜壮阔的脱贫攻坚伟大战役中，在习近平扶贫论述指引下，各地各部门坚决贯彻落实中央脱贫攻坚部署，全面实施精准扶贫方略，展开了丰富的实践，积累了宝贵的经验。对脱贫攻坚的成就、经验进行全面、系统、深入的总结，对坚决打赢脱贫攻坚战、做好 2020 年扶贫工作，丰富中国特色社会主义道路和理论，激励全国人民为建设社会主义现代化强国继续奋斗具有重要意义。新时代脱贫攻坚的成就与经验总结，具有不可替代的现实意义和长远影响：一是为脱贫攻坚宣传提供鲜活素材，二是为中国共产党向世界宣布全面打赢脱贫攻坚战提供厚实的基础素材支撑，三是忠实呈现以习近平同志为核心的党中央在新时代"不忘初心、牢记使命"的伟大实践，四是总结成果成为国家脱贫攻坚档案的重要组成部分，五是总结成果的提炼转化将为全球减贫事业贡献中国智慧和中国方案。

脱贫攻坚总结是一项复杂的系统工程。从总结内容看，脱贫攻坚理论总结，重点从助力习近平扶贫理论体系形成、探索中国贫困治理理论、凝练脱贫攻坚精神、总结中国特色扶贫道路四个方面进行总结。脱贫攻坚历程总结，主要是对脱贫攻坚的重要时间节点和重大事件进行记录、呈现，全景式记录脱贫攻坚的伟大历史进程。脱贫攻坚实践总结，主要从解决绝对贫困、消除区域性整体贫困、巩固党在农村的执政基础、培养锻炼干部、弘扬社会主义核心价值观等方面进行总结，包括省、市、县、乡、村精准扶贫成就总结，专项扶贫、行业扶贫、社会扶贫总结。

加强脱贫攻坚总结成果的运用。按照总结形成成果和知识产品出版规范，整合各方资源，合力打造中国扶贫发展书系，全面记录、呈现脱贫攻坚的历程、效果、影响、经验、启示及伟大精神，成为国家脱贫攻坚档案的重要组成部分。加强开发习近平扶贫论述系列知识产品，为国内宣传、国际传播提供支持，推动构建中国脱贫攻坚的学术话语和理论话语。加强总结成果的转化，着力为习近平扶贫论述的形成与确立提供成果支撑，为脱贫攻坚宣传提供扎实素材和生动案例，为完善扶贫机制政策、研究2020年后的扶贫战略提供基础，为扶贫理论的丰富发展提供支持，为讲好中国脱贫故事提供来源，为中国脱贫攻坚档案建设提供重要内容。

（十）谋划2020年后扶贫战略

习近平总书记指出："打好脱贫攻坚战是实施乡村振兴战略的优先任务。贫困村和所在县乡当前的工作重点就是脱贫攻坚，目标不变、靶心不散、频道不换。2020年全面建成小康社会之后，我们将消除绝对贫困，但相对贫困仍将长期存在。到那时，现在针对绝对贫困的脱贫攻坚举措要逐步调整为针对相对贫困的日常性帮扶措施，并纳入乡村振兴战略架构下统筹安排。这个问题要及早谋划、早作打算。"[①] 学习领会习近平总书记这一重要论述的内涵，有几个关键要点：第一，对于贫困村和所在县乡而言，脱贫攻坚是乡村振兴的基础，必须优先完成；第二，脱贫攻坚战解决的是绝对贫困问题，但相对贫困问题将长期存在；第三，在乡村振兴战略架构下解决相对贫困问题。这些重要论述，为谋划2020年后我国扶贫工作思路、推进扶贫战略转型指明了方向，提供了指引。

提前谋划2020年后扶贫战略，是由中国共产党的性质决定的。中国共产党的初心和使命，就是为中国人民谋幸福，为中华民族谋复兴。让全体人民特别是低收入群体共享发展成果，最能体现中国共产党的初心和使命，最能体现中国共产党以人民为中心的发展思想，最能体现中国共产党的宗旨和社会主义的本质要求。及早研究制定2020年后扶贫战略，既是建立稳定脱贫机制的需要，也是实现脱贫攻坚战和战后扶贫工作无缝衔接的需要，更是中国共产党向第二个百年奋斗目标进军的需要。从全球看，也是在提前10年完成联合国2030年发展议程减贫目标的基础上继续引领全球减贫事业、为全人类作出更大贡献的需要。

2020年后我国相对贫困问题的治理与缓解，将是中国特色社会主义新征程中必须面对的挑战。脱贫攻坚战结束后，我国绝对贫困问题的消除，并不

① 习近平：《把乡村振兴战略作为新时代"三农"工作总抓手》，《求是》2019年第11期。

意味贫困问题的消失，贫困依然以新的形式和表现存在。从发展进程看，2035年我国将基本实现共同富裕，基本建成现代化国家，这一目标要求，决定了无论是实施乡村振兴战略，还是推进城乡一体化发展，都需要把有效缓解相对贫困问题摆在突出位置，这是解决不平衡不充分发展问题的前提和基础，也是高质量实施乡村振兴战略的必然要求。尽管共同富裕不是每一个个体都达到相同的富裕程度，但是共同富裕的社会形态必然要求相对贫困问题（数量、程度）被控制在可以接受的范围。可见，相对贫困问题的有效治理将贯穿中国特色社会主义初级阶段，必然成为推动乡村振兴战略、城乡一体化发展和社会主义现代化建设中的重大议题。

研究2020年后扶贫战略，必须充分考虑我国的基本国情。从我国和发达国家、其他发展中国家的减贫实践及历史看，减贫工作往往存在“扶贫—脱贫—返贫”的现象，由此加大扶贫成本，影响减贫成效。提高贫困治理的有效性，需要在治国理政中始终保持对扶贫工作的重视，避免过大的贫富差距。从全球范围看，我国是最大的发展中国家，由于人口基数大，决定了不管用什么标准衡量，都会存在比较大的相对贫困人口规模。我国处于并将长期社会主义初级阶段的基本国情决定了完全采取西方国家主要通过福利救济兜底解决贫困问题的办法还行不通，短期内还没有足够的财力支撑。因此，坚持精准扶贫方略，实行开发式扶贫和保障性扶贫结合的方式方法，是我国治理相对贫困的有效选择。不仅要减贫，而且要通过开发增强贫困人口的劳动技能，提升民族的整体素质。

研究制定2020年后扶贫战略是治国理政的重要内容，也是一项复杂的系统工程。一方面，需要以深入总结我国扶贫开发特别是脱贫攻坚的经验为基础，需要全面把握贫困治理所面临的国家发展宏观环境作为参照，以相对贫困问题的范围、对象、特征为分析重点，围绕新的扶贫标准、目标任务、工作范围、基本方略、体制机制、政策体系、保障措施等方面开展深入、系统的研究，形成一揽子的贫困治理新体系；另一方面，如何有力有效地向国际社会推介习近平扶贫论述和中国减贫方案，为全球减贫贡献中国智慧、中国方案，也应该成为我国2020年后治理贫困的重要工作内容。

二、正确把握决战决胜脱贫攻坚形势任务和困难挑战

决战决胜脱贫攻坚需要科学判断决战决胜脱贫攻坚的基础，坚定必胜信心，需要深刻领会习近平总书记关于决战决胜脱贫攻坚的重要论述，保持脱贫攻坚战收官的正确方向，需要客观分析决战决胜脱贫攻坚的困难挑战，保持攻坚克难状态。

（一）科学判断决战决胜脱贫攻坚基础，坚定完成目标任务的信心

决战决胜脱贫攻坚的坚实基础集中体现在三个方面：脱贫攻坚取得的决定性成就，是夺取脱贫攻坚战全面胜利的物质基础；脱贫攻坚制度体系形成和精准扶贫工作机制完善，是打赢脱贫攻坚战的制度基础；加强党的领导层层落实责任，是实现脱贫攻坚目标任务的政治组织基础。

决战决胜脱贫攻坚具有坚实的物质基础。党的十八大以来我国累计减贫9348万人，年均减贫1335万人，7年累计减贫幅度达到94.4%，创造了历史最好减贫成绩。2013年至2019年，贫困地区农民人均可支配收入年均增速高出全国农村平均水平2.2%，贫困群众“两不愁三保障”基本实现、自我发展能力和动力明显增强，返贫人口逐年减少，脱贫质量明显提高，为进一步发展打下牢固基础。贫困地区基本生产生活条件明显改善，群众出行难、用电难、上学难、看病难、饮水难、通信难等长期没有解决的老大难问题普遍得到解决。贫困地区以脱贫攻坚统揽经济社会发展全局，特色产业不断壮大，生态环境明显改善，经济活力和发展后劲明显增强，呈现出新的发展局面。全社会合力攻坚、“三位一体”的大扶贫格局已经形成。300多万名干部被派驻到贫困村担任驻村干部和第一书记，在贫困识别、精准帮扶等脱贫攻坚工作中促进了党群、干群关系不断改善，农村基层的管理水平和治理能力得到了有效提升，党在农村的执政基础更加巩固。

决战决胜脱贫攻坚具有坚实的制度基础。一是建立了中国特色脱贫攻坚制度体系。这套制度体系包括与“中央统筹、省负总责、市县抓落实”体制机制相适应，在各负其责基础上的合力脱贫攻坚责任体系；针对多种致贫因素，形成政策“组合拳”的政策体系；确保扶贫投入力度与打赢脱贫攻坚战要求相适应的投入体系；发挥社会主义制度集中力量办大事优势的社会动员

体系；确保中央决策部署落地落实的督查体系；体现最严格的考核评估要求确保真扶贫、扶真贫、真脱贫的考核体系。二是创新完善了精准扶贫的工作机制。通过精准识别贫困村和贫困户，进行建档立卡，在调整完善中不断提高贫困识别的准确率，基本解决“扶持谁”的问题；大规模派驻村干部和第一书记开展驻村帮扶，加上贫困地区原有的数百万名乡村干部，显著增强脱贫攻坚的一线力量，基本解决“谁来扶”的问题；坚持因人因地制宜的原则，针对贫困地区全面实施“五个一批”工程，保证精准扶贫扶到点上、扶到根上，基本解决“怎么扶”的问题。中央对贫困县、贫困村及贫困人口的退出标准和程序作出明确规定，各地科学制订脱贫年度计划和滚动规划，国家对贫困退出开展第三方评估，基本解决“如何退”的问题。脱贫攻坚制度体系的形成和不断完善，为决战决胜脱贫攻坚提供了坚实的制度支撑。

决战决胜脱贫攻坚具有坚实的政治组织基础。脱贫攻坚实行“中央统筹、省负总责、市县抓落实”的管理体制。2015 年，中西部 22 个省区市党政主要负责同志向中央签署脱贫攻坚责任书、立下军令状。贫困县党政正职攻坚期内保持稳定，发挥一线作战指挥部的作用。省市县乡村五级书记抓扶贫，层层压实责任。几百万名党政机关和国有企事业单位干部驻村帮扶，为基层注入活力。行业部门认真履行脱贫攻坚责任，加大资金、政策、项目支持力度，促进贫困地区基础设施和社会事业水平全面提升。东西部扶贫协作形成多层次、多形式、全方位的工作格局，承担起产业合作、劳务协作、人才支援、资金支持、社会动员等方面的任务。近 300 个中央单位参与定点扶贫，实现对 592 个贫困县全覆盖，示范带动各省区市层层组织开展定点扶贫工作。

（二）准确把握决胜脱贫攻坚的根本遵循，保持攻坚战收官的正确方向

党的十八大以来，习近平总书记把脱贫攻坚作为全面建成小康社会的底线任务和标志性指标，亲自挂帅出征、驰而不息推进，走遍全国集中连片特困地区，国内考察多次涉及扶贫，在许多重要会议上都强调扶贫，每年扶贫日期间出席重大活动或作出重要指示，每年听取脱贫攻坚成效考核汇报。针对不同阶段、不同方面的重点工作，习近平总书记连续 6 年召开 7 次座谈会，分析形势任务，作出工作部署，督促各地区各部门抓好落实，保证了脱贫攻

坚的正确方向和良好态势。习近平总书记关于扶贫工作的重要论述，是打赢脱贫攻坚战的科学指南。习近平总书记在新冠肺炎疫情防控的关键时刻，在脱贫攻坚战还有 300 天的时间节点，召开第七次也是规模最大的一次脱贫攻坚座谈会，进行再动员、再部署，为脱贫攻坚战完美收官、决战决胜脱贫攻坚提供了根本遵循。

为决战决胜脱贫攻坚注入强大动力。习近平总书记强调，到 2020 年现行标准下的农村贫困人口全部脱贫，是党中央向全国人民作出的郑重承诺，必须如期实现，没有任何退路和弹性。这是一场硬仗，越到最后越要紧绷这根弦，不能停顿、不能大意、不能放松。这些重要论述，充分体现了中国共产党以人民为中心的发展思想，充分体现了新发展理念对脱贫攻坚的统领，极大增强了各地各部门带领全国人民最大限度降低新冠肺炎疫情影响的信心，以更大决心更强力度夺取脱贫攻坚战全面胜利，进一步凝聚了全党全国全社会攻坚克难的勇气和力量。

进一步坚定打赢脱贫攻坚战的信心决心。习近平总书记充分肯定了脱贫攻坚取得的决定性成就，指出，现在脱贫攻坚政策保障、资金支持和工作力量是充足的，各级干部也积累了丰富经验，各方面都在加大支持力度，只要大家绷紧弦、加把劲，有力有序把党中央既定部署落实好，完全有条件有能力把耽误的时间抢回来，把滞后的工作赶回来，把造成的损失补回来，如期完成脱贫攻坚任务。这些重要论述，是在全面总结脱贫攻坚实践基础上得出的科学论断，是鼓舞全国人民斗志和士气的重要认识，极大地增强了全党全社会打赢脱贫攻坚战的必胜信心和坚定决心。

指明了夺取脱贫攻坚战全面胜利的前进方向。习近平总书记指出，脱贫攻坚战不是轻轻松松一冲锋就能打赢的。剩余脱贫攻坚任务虽然同过去相比总量不大，但都是贫中之贫、困中之困，是最难啃的硬骨头。巩固 9300 多万人的脱贫成果任务很重。脱贫攻坚工作中还不同程度地存在松劲懈怠、精力转移、形式主义、官僚主义、弄虚作假、不精准等问题，以及突如其来的新冠肺炎疫情带来的新挑战。从决定性成就到全面胜利，面临的困难和挑战依然艰巨，决不能松劲懈怠。这些重要论述是习近平总书记立足全局作出的科学判断，要求全党要始终保持清醒头脑，保持攻坚态势，努力降低新冠肺炎疫情影响，攻坚克难完成任务，多措并举巩固成果，保持脱贫攻坚政策稳定，严格考核开展普查，接续推进全面脱贫与乡村振兴有效衔接，加强党对脱贫攻坚的领导，为决战决胜脱贫攻坚指明了前进方向。

阐述了决战决胜脱贫攻坚的行动指南。习近平总书记强调，脱贫攻坚越到最后越要加强和改善党的领导。各省区市都层层签了军令状，承诺了就要兑现。时间一晃就过去了，上上下下必须把工作抓紧。贫困群众“两不愁”质量水平明显提升，“三保障”突出问题总体解决，但稳定住、巩固好不是一件容易的事情。要保证资金投入，加强资金监管。要深化东西部扶贫协作和中央单位定点扶贫。要加强扶贫领域作风建设。这些重要论述要求，决战决胜脱贫攻坚必须继续坚持发挥各级党委总揽全局、协调各方的作用，落实脱贫攻坚一把手负责制，省市县乡村五级书记一起抓，为脱贫攻坚提供坚强政治保证。继续坚持目标标准，坚持精准方略，把提高脱贫质量放在首位，确保如期高质量完成脱贫攻坚目标任务。继续保持扶贫投入与脱贫攻坚相适应，围绕脱贫攻坚项目精准使用、提高使用效率和效益，强化监管，做到阳光扶贫廉洁扶贫。深化东西部扶贫协作和中央单位定点扶贫，当前最突出的任务就是帮助中西部地区降低新冠肺炎疫情对脱贫攻坚的影响，长远上要立足国家区域发展总体战略，深化区域合作，实现共同发展。要继续坚持全国一盘棋，持续深化大扶贫格局，凝聚决战决胜脱贫攻坚的强大合力。继续坚持把全面从严治党要求贯穿脱贫攻坚工作全过程和各环节，确保扶贫工作务实、脱贫过程扎实、脱贫结果真实，脱贫成效经得起实践和历史检验。要继续坚持依靠人民群众，扶贫同扶志、扶智相结合，实现可持续发展。

（三）客观分析决战决胜脱贫攻坚的困难挑战，保持攻坚克难状态

习近平总书记关于决战决胜脱贫攻坚的重要论述为决战决胜脱贫攻坚提供了科学指引，脱贫攻坚战取得的成就、积累的经验和形成的机制，奠定了决战决胜脱贫攻坚的坚实基础。同时，我们也要清醒地认识到，脱贫攻坚从决定性成就到全面胜利，面临的困难和挑战不可低估，面临的任务依然艰巨复杂，全党全社会必须保持一鼓作气攻坚克难的精神状态。

如期实现脱贫攻坚目标，巩固脱贫成果任务艰巨。从剩余脱贫攻坚任务

完成看难度很大，截至2020年3月全国还有52个贫困县未摘帽、2707个贫困村未出列、551万贫困人口未脱贫，主要集中在深度贫困地区。特别是“三区三州”地区，不仅贫困发生率高、贫困程度深，而且基础条件薄弱、致贫原因复杂、发展滞后较多、公共服务不足，脱贫难度极大。剩下的贫困人口，虽然同过去相比总量不大，但都是贫中之贫、困中之困，解决难度大成本高，是最难啃的硬骨头。从实现稳定脱贫看压力不小，全国已脱贫的9300万人口大部分仅仅摆脱了绝对贫困，要稳定住、巩固好“三保障”成果，进而实现稳定脱贫、自主发展，还需要“扶上马送一程”。根据建档立卡数据统计，已脱贫人口中有近200万人存在返贫风险，边缘人口中有近300万人存在致贫风险。易地扶贫搬迁有近1000万贫困人口，如何帮助搬迁人口稳得住、能致富，任务艰巨。

新的致贫因素和贫困群体给全面脱贫带来新的挑战。主要有两个方面。一方面，新冠肺炎疫情的影响。疫情使贫困劳动力外出务工受阻，部分贫困劳动力有1—3个月无务工收入。疫情使贫困户生产经营受阻，生产和消费下降，影响产业扶贫增收。疫情使扶贫项目开工受阻，扶贫项目开工时间普遍延迟，项目效益受到不利影响。疫情还会影响尚未脱贫或刚刚脱贫人口的信心，导致等靠要的思想抬头。另一方面，经济社会发展面临的新挑战新困难的影响。我国经济发展转型加上受疫情影响及国际市场的变化，造成就业市场竞争要求提高、产品流通不畅、企业投资意愿降低、部分生产资料价格上涨等，会给贫困地区贫困群众带来不利影响，增加脱贫成本，巩固脱贫成果难度加大，返贫风险加大。

脱贫攻坚工作中存在的突出问题还没有得到彻底解决，主要体现在四个方面：一是松劲懈怠问题。一些地方出现了工作重点转移、投入力度下降、干部精力分散的现象。二是形式主义、官僚主义问题。会议多、填表多、检查多屡禁不止，“算账式”脱贫、“突击式”脱贫等数字脱贫、虚假脱贫仍有发生。三是一些地方打着脱贫攻坚旗号大举借债、盲目拔高标准等问题也还没有得到根本制止。四是不少地方扶贫同扶志、扶智相结合的办法方式不多，部分贫困群众发展的内生动力不足。

三、精准发力综合施策决战决胜

习近平总书记指出，关于脱贫攻坚战最后一年的工作，《中共中央 国务院关于抓好“三农”领域重点工作确保如期实现全面小康的意见》已经作出部署，各地各部门要抓好贯彻落实。

（一）攻坚克难完成剩余贫困人口脱贫和贫困县摘帽任务

一是进一步聚焦重点地区和突出问题，集中力量有序有效打好深度贫困歼灭战。加快推进“三区三州”等深度贫困地区脱贫攻坚实施方案，统筹各方面资源持续向深度贫困地区聚焦发力，召开“三区三州”脱贫攻坚现场推进会现场解决问题。认真落实关于开展挂牌督战工作的指导意见，对未摘帽的52个县和贫困人口多、脱贫难度大的1113个村挂牌督战，组织动员民营企业和社会组织与1113个贫困村结对帮扶。各省区市对本辖区内的挂牌对象负总责，统筹各类资源，采取特殊措施，加大工作力度，确保完成脱贫任务。

二是做好问题排查工作，全面解决“两不愁三保障”问题。全面排查辍学、基本医疗未保障、住危房、饮水安全有问题等的人口数量、表现形式，逐一帮扶、销号。在梳理排查中，要坚持现行标准，既不能拔高标准、吊高胃口，也不能降低标准、影响质量。统筹落实好养老、医疗、低保、救助等社会保障措施，对无法依靠产业就业帮扶脱贫的特殊贫困人口，实现应保尽保，确保这些特殊贫困人口的基本生活得到切实保障。

三是精准施策，坚决降低新冠肺炎疫情对全面脱贫的不利影响。建立新冠肺炎疫情影响分析应对机制，组织驻村干部全部进入工作岗位，分区分级精准施策，坚持疫情防控和脱贫攻坚两手抓。在企业复工复产、重大项目开工建设、物流体系建设等方面，优先组织和使用贫困劳动力，开展东西部扶贫劳务协作，“点对点”帮助贫困劳动力尽快有序返岗。调整使用财政专项扶贫资金，落实扶贫小额信贷政策，支持扶贫龙头企业、扶贫车间尽快复工，规范光伏扶贫公益岗位设置，吸纳贫困劳动力就近就业。开展消费扶贫行动，组织产销对接，解决贫困地区农畜产品销售难问题。调整完善脱贫攻坚项目库，调整使用扶贫资金，简化流程、提高效率，推进扶贫项目建设，继续改善贫困地区贫困群众的生产生活条件，提升公共服务水平。

（二）巩固脱贫攻坚成果，确保稳定脱贫

一是巩固 9300 多万已脱贫人口的脱贫成果。在产业扶贫方面，要继续推动贫困地区因地制宜发展特色产业，完善带贫机制，继续加大产业扶贫力度。加强对贫困村创业致富带头人的培养，落实扶贫小额信贷政策。要加大消费扶贫力度，着力解决扶贫产品销路问题，推动产业扶贫项目长期有效，实现贫困群众稳定增收。在就业扶贫方面，要继续推进劳务扶贫协作，加强就业技能培训。劳务输入地要千方百计加大对贫困家庭劳动力稳岗就业的工作力度。贫困地区要加强扶贫车间建设，提升带贫能力，给贫困家庭劳动力提供更多就地就近稳定就业的机会。在易地扶贫搬迁后续扶持方面，要把集中搬迁安置区作为重点，集中力量解决好搬迁群众就业、基本公共服务、社区治理、社会融入等问题，确保搬得出、稳得住、有就业，逐步能致富，防止出现后遗症。在扶贫同扶志、扶智相结合方面，要加强政策引导，动员贫困群众参与项目实施，防止政策“养懒汉”。加强典型示范，对自力更生、主动脱贫的人员，给予物质奖励和精神激励。发挥村规民约作用，开展陈规陋习、不赡养老人等治理，引导贫困群众养成健康文明的生活方式。

二是建立防止返贫监测和帮扶机制。对脱贫不稳定户、边缘易致贫户以及因新冠肺炎疫情或其他原因收入骤减或支出骤增户加强监测，提前采取针对性的帮扶措施。对有劳动能力的贫困边缘人口，给予扶贫小额贷款贴息、技能培训、扶贫公益岗位等扶贫政策支持。

（三）保持脱贫攻坚政策稳定，提高脱贫质量

一是稳定有效的脱贫攻坚政策。对退出贫困序列的贫困县、贫困村和贫困人口，保持现有帮扶政策支持和工作力度不减，驻村工作队不撤，深化东西部扶贫协作和中央单位定点扶贫。加大产业、就业扶贫力度，帮助贫困人口建立稳定增收渠道。加大易地扶贫搬迁后续扶持力度，重点完善解决搬迁群众就业、基本公共服务、社区治理、社会融入等问题的政策举措，确保搬得出、稳得住、有就业、逐步能致富。统筹安排专项扶贫资金支持非贫困县、非贫困村贫困人口脱贫，防止出现死角盲区。

二是坚持脱贫标准。脱贫攻坚解决的是绝对贫困问题，脱贫标准就是贫

困人口稳定实现“两不愁三保障”。攻坚期内要始终坚持这个标准，既不能脱离实际、拔高标准、吊高胃口，更不能虚假脱贫、降低标准、影响成色。

三是严格落实摘帽不摘责任、不摘政策、不摘帮扶、不摘监管的要求，确保脱贫攻坚责任落实、政策落实、工作落实。

四是严格考核验收。继续开展脱贫攻坚督查巡查和成效考核，加强常态化督导，及时发现和整改问题。对各地宣布脱贫摘帽的县进行抽查，严把退出质量关。组织开展国家脱贫攻坚普查，全面调查脱贫结果的真实性、准确性。

（四）加强扶贫领域作风能力建设

一是深入推进抓党建促脱贫攻坚，持续开展扶贫领域腐败和作风问题专项治理，重点解决频繁填表报数、多头重复考核督查、文山会海等突出问题，进一步减轻基层负担。

二是加强脱贫攻坚干部群众能力建设。多采用案例教学、现场教学、走出去学习等实战培训方式，让扶贫干部在战斗中学会战斗，增强精准扶贫工作能力。加强对贫困群众实用技能、市场营销、就业创业等方面的培训，促进发展生产、稳定就业。加强贫困村创业致富带头人培育，确保每个贫困村都有创业致富带头人，带动贫困群众参与扶贫项目。加大农村本土人才回引和支持创业的力度，为贫困地区持续发展提供人才保障。

三是保持打攻坚战的状态，防止松懈，防止滑坡。要强化政治担当，从决胜全面小康、实现第一个百年奋斗目标的高度认识这项政治任务，增强责任感和使命感，发扬连续作战作风，咬紧牙关、一鼓作气、乘势而上，不获全胜决不收兵。

（五）做好总结工作，发挥宣传舆论作用

一是做好实践总结。在这场波澜壮阔的脱贫攻坚战中，我们进行了一系列改革创新，取得了一系列重大理论成果和历史性成就，探索积累了许多弥足珍贵的经验，涌现出了一大批可歌可泣的英雄模范，形成了脱贫攻坚伟大精神，创新了中国特色的扶贫开发道路，需要从党和国家全局高度进行总结。

二是做好正面宣传。重点宣传习近平扶贫论述和党中央关于脱贫攻坚的决策部署，宣传各地区各部门统筹推进疫情防控和脱贫攻坚工作的新举措、好办法，宣传基层扶贫干部的典型事迹和贫困地区人民群众艰苦奋斗的感人故事。用客观事实、鲜活案例全面展示脱贫攻坚成就，彰显中国共产党的领导和社会主义制度的政治优势。

三是做好对外宣传。我国的脱贫攻坚已赢得国际社会高度评价，很多国家和国际组织表示希望分享中国的减贫经验。我国各地正按照中央外宣总体部署，做好扶贫外宣基地建设，讲好中国减贫故事。

案例：挂牌督战的制度设计与实践落实

2020年是决胜全面建成小康社会、决战决胜脱贫攻坚之年。如期打赢脱贫攻坚战，是全面建成小康社会必须完成的硬任务。习近平总书记对脱贫攻坚收官工作及时作出部署，2019年底，在中央经济工作会议上提出了对工作难度大的贫困县和村挂牌督战的重要指示要求。国务院扶贫开发领导小组于2020年1月25日印发《关于开展挂牌督战工作的指导意见》，具体部署推进挂牌督战工作，这是贯彻习近平总书记重要指示精神，落实党中央、国务院决策部署的有力举措，对全面如期完成脱贫攻坚任务，高质量打赢脱贫攻坚战具有重大意义。

一、挂牌督战的政策背景

准确把握挂牌督战的政策内涵，要结合脱贫攻坚进程来理解。党的十八大以来，在以习近平同志为核心的党中央的坚强领导下，全面落实精准扶贫精准脱贫方略，脱贫攻坚取得了决定性成就。脱贫攻坚战经历了三个阶段。

第一阶段是脱贫攻坚全面整体推进阶段。2013年，习近平总书记在湖南湘西州花垣县十八洞村首次提出精准扶贫重要思想。2015年，习近平总书记作出做到“六个精准”、实施“五个一批”、解决“四个问题”等重要指示，在中央扶贫开发工作会议上系统阐述了脱贫攻坚的目标任务、基本方略、政策举措和工作要求，吹响了脱贫攻坚的号角，脱贫攻坚战全面打响，精准扶贫精准脱贫方略全面实施，脱贫攻坚高速推进，减贫成效全面显现，东部苏、浙、粤三省消除了绝对贫困问题。

第二阶段是攻坚“三区三州”等深度贫困地区阶段。随着脱贫攻坚的持续深入推进，深度贫困地区面临的任务难度逐步凸显，特别是西藏和四省藏区、南疆四地州、四川凉山、云南怒江、甘肃临夏等深度贫困地区成为“坚中之坚”和最难啃的硬骨头。习近平总书记审时度势，及时作出重要战略部署。2017年6月23日，习近平总书记在山西太原主持召开深度贫困地区脱贫攻坚座谈会，对做好深度贫困地区脱贫攻坚工作作出全面安排，标志着脱贫攻坚从面上推进向深度贫困地区聚焦。各地各部门按照中央部署要求，统筹各方资源，积极推进新增资金、项目、政策向深度贫困地区倾斜，深度贫困地区脱贫攻坚进程明显加快。

第三阶段是2020年决战决胜的关键阶段。截至2019年底，全国95%以上的贫困人口实现脱贫，90%以上的贫困县摘帽，剩余的贫困人口主要集中在未摘帽的贫困县和贫困人口规模大、贫困发生率高的乡村。这些地区贫困程度深、自然条件差、致贫原因复杂、脱贫成本高，是各地经过几轮攻坚一直没有攻下来的“山头”，是最难啃的硬骨头，是全国脱贫攻坚的难中之难，坚中之坚。2019年底，根据脱贫攻坚的新形势，习近平总书记作出对工作难度大的县和村挂牌督战的重要指示，为打赢深度贫困歼灭战指明了方向，为全面如期完成脱贫攻坚任务提供了指引。所以说，挂牌督战是根据我国当前脱贫攻坚进程，为确保如期全面完成脱贫攻坚任务而采取的一项重要举措，是确保打赢深度贫困歼灭战的再聚焦，是贯彻落实精准扶贫精准脱贫方略、实施靶向制导的又一次生动实践。

二、挂牌督战的顶层设计

国务院扶贫开发领导小组印发的《关于开展挂牌督战工作的指导意见》（简称《指导意见》）是开展挂牌督战工作的根本依据，我们要深入领会文件精神，认真抓好贯彻落实。要重点理解四个方面的内容。

一是督战范围。《指导意见》非常明确，督战对象就是“2019年底，未摘帽的52个贫困县”“贫困人口超过1千人的88个村和贫困发生率超过10%的1025个村，共1113个村”。52个县集中在广西、四川、贵州、云南、甘肃、宁夏和新疆7个省区，1113个村集中在上述除宁夏外的6个省区。这些县和村绝大多数位于深度贫困地区，脱贫任务重，工作难度大，是剩下的最难啃的硬骨头。

二是督战内容。《指导意见》明确要求围绕“两不愁三保障”“责任落实、政策落实、工作落实”和“精准识别、精准帮扶、精准退出”等要求，重点督战五个方面内容，包括：义务教育、基本医疗、住房安全和饮水安全保障情况；贫困家庭劳动力新增转移就业情况，公益岗位新增就业情况，无劳动能力家庭兜底保障情况等；易地扶贫搬迁入住和后续帮扶措施落实情况；不稳定脱贫户和边缘户的动态监测和帮扶情况；中央专项巡视“回头看”、2019年扶贫成效考核以及各地“大排查”等发现问题整改情况。工作推进中要突出目标导向和问题导向，在退出标准上，要坚持“两不愁三保障”标准不动摇，既不拔高也不降低。各地可结合实际，适当增加督战内容，但必须围绕完成脱贫攻坚任务，不能让无关的内容搭车加塞，分散攻坚精力。各挂牌县、挂牌村要紧盯退出标准，摸排梳理出详细的作战任务清单，明确短板差距，明晰脱贫路径，靶向攻坚，逐县逐村逐户强化举措、补齐短板、解决问题。

三是督战方式。挂牌督战贯彻“中央统筹、省负总责、市县抓落实”的体制机制，中央层面，逐一明确国务院扶贫开发领导小组以及国务院扶贫办、国务院扶贫开发领导小组成员单位、承担东西扶贫协作任务的相关省市和中央定点帮扶单位的工作职责。省级层面，明确制定本区域挂牌督战实施方案，组织相关地州市对挂牌县进行督战，指导各县对挂牌村进行督战，每月初向国务院扶贫办报告工作进展情况，统筹使用各类资源，加大支持帮扶，调动各方力量尽锐出战。县级层面，明确对村督战，集中优势兵力，统筹整合资源，强化支持帮扶。

四是督战要求。挂牌督战工作既要较真碰硬体现“督”的硬核，更要凝心聚力注重“战”的实效。对督战中发现的突出问题要进行及时分析研判，需要支持的，协调有关部门及时解决。需要整改的，要加大整改力度。对整改不到位、弄虚作假的，要及时开展约谈。对问题突出、工作严重滞后、影响恶劣的，要严肃问责。在开展挂牌督战工作中，要特别注重减轻基层负担。要切实转变工作作风，注重实效，严防形式主义、官僚主义。要加强统筹安排，防止层层加码，对搭车督战，增加基层负担的做法要及时纠正。

2020年3月6日，习近平总书记主持召开决战决胜脱贫攻坚座谈会，明确提出：“确保剩余建档立卡贫困人口如期脱贫，对52个未摘帽贫困县和1113个贫困村实施挂牌督战，国务院扶贫开发领导小组要较真碰硬‘督’，各省区市要凝心聚力‘战’，啃下最后的硬骨头。”各地、各部门认真学习领会习近平总书记的重要指示精神，贯彻《指导意见》的工作要求，牢牢把握“督”是为了“战”，“战”是为了切实解决问题的工作目标，省、市两级要整合“督”的力量，出人出力，备足弹药。乡、村两级干部是挂牌督战冲在第一线的战斗员，要全面摸清工作底数，用好各方资源，撸起袖子加油干，逐户逐人逐项解决短板问题，逐个攻破剩下的最后堡垒。

三、挂牌督战的稳步推进

1. 中央层面加大支持力度，加强跟踪调度，强力推进挂牌督战工作

一是加大资金支持力度。在2020年资金分配时进一步加大对挂牌督战县、村的支持力度。加强对挂牌督战县项目库建设的工作指导。

二是跟踪调度各地挂牌督战工作进度。根据国务院扶贫办新冠肺炎疫情对脱贫攻坚影响分析应对机制，按周调度各地挂牌督战情况。每周调度各地挂牌督战等重点工作情况，对52个挂牌督战县“三保障”和安全饮水、外出务工和易地扶贫搬迁重点任务进行调度，分析研判工作进度并向各地通报工作进展情况。落实《指导意见》要求，制定《关于按月调度各地挂牌督战进展情况的工作方案》，在日常跟踪调度各地工作进度基础上，2次召开视频调度会调度7省区挂牌督战工作进度。

三是重点督导挂牌县住房饮水安全问题。有关部门按月督导布拖、昭觉、美姑、金阳和喜德县住房建设进度，督促四川凉山州7个挂牌督战县、云南怒江州3个挂牌督战县2020年6月底前全部入住。水利部督促指导新疆伽师县加快水利工程建设进度，住建部强化对四川、广西等危房改造任务重的地区挂牌督战县指导支持。

2. 7省区整合力量，全面启动挂牌督战工作

一是高位推进挂牌督战工作。7省区均由省（区）委书记、省长（主席）挂帅督战。各省区通过党委常委会、政府常务会等方式对挂牌督战工作进行了安排部署。绝大多数挂牌县至少安排一名省级领导联县督导。广西、四川、贵州、云南、新疆从脱贫县和行业部门抽调人员成立了专项督导组，广西、云南成立脱贫攻坚挂牌督战办公室，贵州成立省州县三级联合督战专班。甘肃、宁夏调动行业部门作为督战力量。目前，7省区党政主要领导同志已带队到挂牌县村开展了实地调研督战工作，省级领导已对52个挂牌县进行了全覆盖实地督战。

二是制定督战方案和作战方案。《指导意见》印发后，各地积极行动，结合实际制定了本区域的挂牌督战方案。国务院扶贫办认真贯彻落实《指导意

见》精神，及时发现预防层层督战的倾向性问题，督促7省区完善省级督战方案，指导各地按照“底数清楚、措施精准、时间明确、责任压实”的要求，制定52个县和1113个村的脱贫攻坚作战方案。

三是多措并举强化“作战”政策供给。广西、云南、四川等省区加大对挂牌县资金投入力度，较往年有了大幅提升。贵州、甘肃、新疆等省区通过开发公益岗位、定向劳务输出等多渠道支持促进贫困劳动力就业，积极应对疫情影响。广西成立148个突击队，安排突击队员402人驻村帮扶，排查基层需协调的问题建议，安排行业部门回应解决。甘肃结合工作调度，对未摘帽县、未退出贫困序列的村、未脱贫人口脱贫进度进行全面分析。贵州、云南制定了易地搬迁、危房改造等重点行业部门的专项督战方案。

3. 社会力量结对助力帮扶挂牌督战村

社会力量认真贯彻落实习近平总书记在决战决胜脱贫攻坚座谈会上的重要讲话精神，2020年4月8日，31家民营企业和社会组织主动发起倡议，号召一个民营企业、一个社会组织至少参与帮扶一个挂牌督战村。4月9日，中央广播电视总台、《人民日报》、新华社等官方主流媒体刊发了《31家民营企业和社会组织联合倡议社会力量助力脱贫攻坚》的新闻报道。4月13日，国务院扶贫办组织召开了社会力量助力挂牌督战视频会，下发了《关于组织社会力量助力挂牌督战工作的通知》，成立了工作专班，全力做好沟通协调推动工作。截至2020年4月24日，东部地区和中部的江西、安徽等省共组织动员833家企业、228个社会组织与挂牌督战村建立结对关系，实现对1113个挂牌督战村结对帮扶全覆盖，结对情况已在中国社会扶贫网进行公示。参与挂牌督战的民营企业和社会组织将依托自身优势，围绕就业扶贫、产业扶贫、消费扶贫、残疾人和留守儿童等弱势群体帮扶、少量基础设施配套等脱贫攻坚短板弱项方面做“拾遗补漏”的帮扶工作。

四、挂牌督战的基层落实

乡、村两级干部是挂牌督战冲在第一线的战斗员，核心任务就是打好攻坚战，逐个攻破剩下的最后堡垒。

一要认真落细落实作战方案。目前，挂牌县村都制定了作战方案，特别是村一级的作战方案是比较详细的，包括任务清单、完成时限、工作举措、责任单位和责任人等。对于一线的指战员来说，这个作战方案就是操作手册，要对照方案内容，用好各方资源和力量，结合实际因地制宜抓紧推进工作，逐户逐人逐项解决短板问题，保质保量完成各项工作任务。

二要强化时间观念全力推进工作。习近平总书记在决战决胜脱贫攻坚座谈会上明确要求，“易地搬迁配套设施建设、住房和饮水安全扫尾工程任务上半年都要完成”，这是底线的目标时限。对各项工作任务，我们要分清轻重缓急，早计划、早安排、早实施，一件事一件事地去办，千万不能等着拖着。对工作推进过程中遇到的困难，自己能解决的，要抓紧推进落实。对无法解决的，要第一时间上报，不要搁置问题，防止不能按时完成任务，影响脱贫攻坚大局。

三要用好各方力量。党中央、国务院高度重视挂牌督战工作。中央和地方积极调动资源力量来帮助攻坚克难，国务院扶贫办专门组织社会力量助力挂牌督战。一定要把好事办好，确保好钢用在刀刃上。西部地区的扶贫干部特别是驻村干部和乡村干部，要结合作战方案，明确最急需完成的任务，及时主动沟通对接，借助帮扶单位的资源优势解决短板问题和突出困难。但要注意合理确定需求项目，不能提不切实际的过高需求。

乡村的工作是脱贫攻坚所有政策措施落实的“最后一公里”，工作是否到位，关系脱贫攻坚的成色，更关系脱贫攻坚战的成败。基础工作一定要做实做细，千万不能弄虚作假，搞数字脱贫、指标脱贫。对此，一定要有清醒的认识，要严明纪律，纠正不良作风，坚决把各项政策措施落到实处，确保贫困村全部出列、贫困人口全部脱贫，如期全面完成脱贫攻坚目标任务。

第九章
前景展望

QIANJING ZHANWANG

一个不落

YI GE BU LA

脱贫摘帽不是终点，而是新生活、新奋斗的起点。要针对主要矛盾的变化，理清工作思路，推动减贫战略和工作体系平稳转型，统筹纳入乡村振兴战略，建立长短结合、标本兼治的体制机制。这项工作，中央有关部门正在研究。总的要有利于激发欠发达地区和农村低收入人口发展的内生动力，有利于实施精准帮扶，促进逐步实现共同富裕。有条件的地方，也可以结合实际先做起来，为面上积累经验。

——习近平：《在决战决胜脱贫攻坚座谈会上的讲话》（2020 年 3 月 6 日）

习近平总书记在决战决胜脱贫攻坚座谈会上指出，到 2020 年现行标准下的农村贫困人口全部脱贫，这是党中央向全国人民作出的郑重承诺，必须如期实现，没有任何退路和弹性。进入决战决胜阶段的中国脱贫攻坚，既要坚决打赢脱贫攻坚战，更要巩固脱贫成果，还要接续推进全面脱贫与乡村振兴有效衔接，为建立解决相对贫困问题的长效机制奠定基础。

一、巩固拓展脱贫攻坚成果

党的十九届五中全会明确要求："实现巩固拓展脱贫攻坚成果同乡村振兴有效衔接。"脱贫成果的巩固是全面完成脱贫攻坚目标任务的重要标志，是衡量脱贫攻坚成色的重要指标，是衔接乡村振兴战略的基础。习近平总书记高度重视脱贫成果巩固问题，作出了一系列重要指示批示。这些重要论述，为打赢脱贫攻坚战、巩固与提升脱贫攻坚成效指明了前进方向，提供了根本遵循。

（一）深刻领会巩固脱贫攻坚成果的指导思想

党的十九大报告作出“脱贫攻坚取得决定性进展”的科学判断。党的十九大后，习近平总书记开始重视脱贫攻坚成果巩固问题，多次作出重要论述。

2018 年 2 月 12 日，习近平总书记在打好精准脱贫攻坚战座谈会上的讲话中指出，贫困群众短期脱贫容易、长期脱贫致富难度大的问题也很突出。产业扶贫是稳定脱贫的根本之策，但现在大部分地区产业扶贫措施比较重视短平快，考虑长期效益、稳定增收不够，很难做到长期有效。如何巩固脱贫成效，实现脱贫效果的可持续性，是打好脱贫攻坚战必须正视和解决好的重要问题。

2019 年 10 月 17 日，第六个全国扶贫日到来之际，习近平总书记指出，脱贫攻坚已到了决战决胜、全面收官的关键阶段。各地区、各部门务必咬定目标、一鼓作气，坚决攻克深度贫困堡垒，着力补齐贫困人口义务教育、基本医疗、住房和饮水安全短板，确保农村贫困人口全部脱贫，同全国人民一道迈入小康社会。要采取有效措施，巩固拓展脱贫攻坚成果，确保高质量打赢脱贫攻坚战。

2020 年 3 月 6 日，习近平总书记在决战决胜脱贫攻坚座谈会上的讲话指出，多措并举巩固成果。国务院扶贫开发领导小组 2019 年底组织各地对已脱贫的 9300 多万人口开展全面排查，查找漏洞缺项，要一项一项整改到位。对存在返贫风险的近 200 万人和存在致贫风险的近 300 万人实施针对性预防措施，及时将返贫和致贫人口纳入帮扶。要加大就业扶贫力度，加强劳务输出地和输入地精准对接，稳岗拓岗，支持扶贫龙头企业、扶贫车间尽快复工，提升带贫能力，利用公益岗位提供更多就近就地就业机会。要加大产业扶贫力度，种养业发展有自己的规律，周期较长，要注重长期培育和支持。这几年，扶贫小额信贷对支持贫困群众发展生产发挥了重要作用，要继续坚持。要加大易地扶贫搬迁后续扶持力度。全国易地扶贫搬迁 960 多万贫困人口，中西部地区还同步搬迁 500 万非贫困人口，相当于一个中等国家的人口规模。

现在搬得出的问题基本解决了，下一步的重点是稳得住、有就业、逐步能致富。保持脱贫攻坚政策稳定。对退出的贫困县、贫困村、贫困人口，要保持现有帮扶政策总体稳定，扶上马送一程。

2020年4月23日，习近平总书记在陕西考察时指出，民生是人民幸福之基、社会和谐之本。要坚持以人民为中心的发展思想，扎实办好民生实事。要瞄准突出问题精准施策，做好剩余贫困人口脱贫工作，因地制宜发展区域特色产业，加快建立防止返贫监测和帮扶机制，加强易地扶贫搬迁后续扶持，多措并举巩固脱贫成果。

2020年5月12日，习近平总书记在山西考察时指出，乡亲们脱贫后，他最关心的是如何巩固脱贫、防止返贫，确保乡亲们持续增收致富。习近平强调，要着力夯实农业农村基础，加大粮食生产政策支持力度，坚决守住耕地红线，深入推进农业供给侧结构性改革，加强农业农村基础设施建设。要做好剩余贫困人口脱贫工作，做好易地扶贫搬迁后续扶持，强化返贫监测预警和动态帮扶，推动脱贫攻坚和乡村振兴有机衔接。

2020年5月20日，习近平总书记对毛南族实现整族脱贫作出重要指示，强调当前脱贫攻坚已经到了决战决胜的关键时期，越到紧要关头越要坚定信心、真抓实干。各级党委和政府要坚定不移地把党中央决策部署落实好，克服新冠肺炎疫情带来的影响，集中力量啃下脱贫硬骨头，多措并举巩固成果，确保高质量完成脱贫攻坚目标任务，奋力夺取脱贫攻坚战全面胜利。

习近平总书记关于巩固脱贫攻坚成果的重要论述内涵丰富，集中体现在三个方面。

1. 充分体现了中国共产党以人民为中心的发展思想

党的十八大以来，习近平总书记反复强调“人民对美好生活的向往就是我们的奋斗目标”，突出以人民为中心的发展思想。以习近平同志为核心的党中央在继承中国共产党人民观的基础上，结合治国理政的实践与反思，逐渐形成了以人民为中心的发展思想，并不断丰富完善。以人民为中心的发展思想是要从人民群众的根本利益出发来谋发展、促发展，促进人的全面发展。习近平总书记关于巩固脱贫攻坚成果的重要论述中所要求的坚决打赢脱贫攻坚战，巩固脱贫攻坚成果，并建立稳定脱贫的长效机制，是中国共产党坚持以人民为中心发展思想的生动体现。这些重要论述，一方面，要求决战决胜脱贫攻坚战，坚决完成剩余脱贫攻坚任务，巩固脱贫成果，在实现全面建成小康社会的过程中“决不能落下一个贫困地区、一个贫困群众”；另一方面，要求脱贫攻坚必须深入贯彻新发展理念，创造更多物质财富和精神财富，提供更多优质产品与服务，不断满足人民日益增长的美好生活需要。可见，高质量完成脱贫攻坚目标任务，对各地脱贫攻坚成效进行全面检验，确保经得起历史和人民检验，体现了我们党以人民为中心的发展理想，体现了发展为了人民、发展依靠人民、发展成果由人民共享，让人民群众有更多获得感的价值追求。习近平总书记关于巩固脱贫攻坚成果的论述，丰富发展了中国特色社会主义理论体系，是习近平新时代中国特色社会主义思想的重要内容。

2. 充分体现了中国共产党实事求是的思想路线

习近平总书记指出，敢不敢坚持实事求是，考验着我们的政治立场，考验着我们的道德品质，始终是领导干部党性纯不纯、强不强的一个重要体现。坚持实事求是的原则，是推动中国特色社会主义事业不断前进，推进高质量打赢脱贫攻坚战全面建成小康社会的前提和基础。习近平总书记在打好精准脱贫攻坚战座谈会上的讲话中指出，贫困群众短期脱贫容易、长期脱贫致富难度大的问题也很突出。这是对决战决胜脱贫攻坚战阶段现实状况的理性且实事求是的认知。随着脱贫攻坚工作的逐步开展，“两不愁三保障”的突出问题已经得到有效解决，但在一些地方，产业发展的持续性问题还普遍存在。特别是一些短期化与极端化的产业扶贫方式，严重背离了精准扶贫的重要思想，难以确保贫困户真正持久、稳定实现脱贫，有返贫的风险。解决好这些问题，就必须建立稳定脱贫的长效机制，以此巩固脱贫攻坚成果。习近平总书记关于巩固脱贫攻坚成果的重要论述，要求在决战决胜脱贫攻坚的具体实践中，要将巩固脱贫攻坚成果、实现脱贫效果的可持续性作为打好脱贫攻坚战的重要内容，深刻阐述了巩固脱贫攻坚成果的原因、现状以及多种实践举措，是对脱贫攻坚面临挑战的正视和重视，是对打赢脱贫攻坚战目标要求的深化和清晰，实际上是中国共产党实事求是思想路线在脱贫攻坚中的科学运用和生动体现。

3. 充分体现了中国共产党对科学发展规律的遵循

习近平总书记在决战决胜脱贫攻坚座谈会上的讲话中明确指出："巩固脱贫成果难度很大。已脱贫的地区和人口中，有的产业基础比较薄弱，有的产业项目同质化严重，有的就业不够稳定，有的政策性收入占比高。据各地初步摸底，已脱贫人口中有近 200 万人存在返贫风险，边缘人口中还有近 300 万存在致贫风险。""脱贫攻坚战不是轻轻松松一冲锋就能打赢的，从决定性成就到全面胜利，面临的困难和挑战依然艰巨，决不能松劲懈怠。"这些重要论述深刻阐明了确保脱贫攻坚取得扎实成效的前提，就是要加大工作力度，保持脱贫攻坚政策相对稳定。巩固脱贫攻坚成果必须多措并举，加大就业扶贫力度和产业扶持力度。要通过稳岗拓岗、增加就业、培育产业，夯实贫困人口持续增收、贫困地区可持续发展的基础。这些重要论述是基于打赢脱贫攻坚战面临的困难挑战基础上作出的科学论断和科学规划，为打赢脱贫攻坚战、巩固脱贫攻坚成果指明了前进方向、提供了行动指南。这些重要论述从增强发展的科学角度出发，阐述了巩固脱贫攻坚成果、建立稳定脱贫长效机制的重大意义、实现路径和工作方法，体现了以习近平同志为核心的党中央对扶贫工作思考的深邃，对脱贫攻坚工作总结和反思的深刻，对发展规律和贫困演变规律的遵循。

（二）客观分析巩固拓展脱贫攻坚成果的主要挑战

当前巩固脱贫攻坚成果面临不少困境与挑战，其主要体现在：深度贫困地区脱贫难度大、新冠肺炎疫情影响深刻、贫困户内生动力有待提升以及扶贫政策的长效机制有待完善。

1. 深度贫困地区脱贫难度大

当前我国处于决战决胜脱贫攻坚的阶段，对于剩余的脱贫任务要尽快解决方能实现全面打赢脱贫攻坚战的目标。首先，"两不愁三保障"是贫困人口脱贫的基本要求和核心指标，当前在一些地方特别是深度贫困地区，在义务教育、基本医疗、住房安全方面还存在一些薄弱环节。这些问题以及短板能否得到有效解决将影响脱贫质量，影响真脱贫、脱真贫目标的实现。其次，深度贫困地区的脱贫攻坚任务依然艰巨，深度贫困问题依然存在，成为打赢脱贫攻坚战的关键。“三区三州”等深度贫困地区是贫中之贫、困中之困，脱贫工作是难中之难、坚中之坚。解决深度贫困地区的脱贫攻坚问题，切实巩固“两不愁三保障”，防止反弹是实现打赢脱贫攻坚战以及巩固脱贫攻坚成果的重点工作。深度贫困地区的脱贫工作已经取得显著成就，但脱贫容易受自然条件、意外事故、发展基础等因素影响，还存在不小的返贫风险。最后，边缘贫困人口成为新的不稳定因素。边缘贫困人口的年均纯收入在脱贫标准上下摆动，处于相对贫困状态，存在较大的返贫与致贫风险。上述问题的存在，对于防止返贫、巩固脱贫攻坚成果产生较大的挑战。

2. 新冠肺炎疫情影响深刻

低收入家庭在经济方面的承受能力脆弱，容易受到自然灾害以及疾病等因素影响。2020 年春突然爆发的新冠肺炎疫情不可避免地会对我国减贫发展以及巩固脱贫攻坚成果的进程产生影响，甚至在一定程度上影响部分贫困地区的脱贫质量和水平。主要体现在以下方面：农产品需求不足、运输不畅通、销售渠道受阻，导致农民收入下降；劳动力外出打工受到影响，影响农民的经济收入；一些扶贫项目停工，帮扶工作受到影响。此外，新冠肺炎疫情防控常态化对于贫困地区也是一大考验。受到疫情冲击，自身发展基础薄弱、后劲不足、承受突发风险能力有限的贫困地区以及贫困对象，返贫致贫的风险加大。

3. 贫困户内生动力有待提升

在脱贫攻坚中，既要重视经济和物质层面的帮扶，又要重视贫困户内生动力的激发与提升，把扶贫同扶志、扶智相结合。贫困户脱贫致富的强烈意愿和发展能力是实现稳定脱贫并巩固脱贫攻坚成果的根本。国内外实践均表明，如果贫困群众内生动力没有得到激发和培育，是难以彻底解决返贫问题的。尽管脱贫攻坚进入了决战决胜阶段，但仍然存在部分贫困户自我发展弱、主体意识不强、主动脱贫致富动力与意愿不足等问题，少数地方等靠要思想还比较严重。部分贫困户自身综合素质较低，接受新知识和新技能的能力较弱，缺乏脱贫致富的信心与毅力。部分贫困户生计能力脆弱，抵御风险的能力较弱。因此，只有充分调动贫困户主动脱贫的意愿，激发贫困户的内生动力，才能真正斩断贫困的根源。

4. 扶贫政策的长效机制有待完善

巩固脱贫攻坚成果离不开完善的政策制度，巩固脱贫攻坚成果需要强化、完善扶贫政策的长效机制。产业是发展的重要根基，产业扶贫是“五个一批”中的重要组成部分，推进产业扶贫政策是实现贫困地区脱贫发展的重要举措。只有在产业兴旺的基础上，群众收入才能稳步提升。在决战决胜脱贫攻坚阶段，贫困地区因地制宜发展区域特色产业是重要扶贫举措之一。但一些地区产业发展普遍存在同质化、追求短平快、市场竞争力不强以及抵抗风险能力较弱等问题。建立有效的扶贫政策长效机制，是增强贫困地区以及贫困对象脱贫发展可持续性的关键。

（三）完善稳定脱贫长效机制，巩固拓展脱贫攻坚成果

在习近平总书记关于巩固脱贫攻坚成果重要论述的指引下，国家出台一系列政策措施，着力建立稳定脱贫的长效机制以巩固脱贫攻坚成果。这些机制集中在政策稳定机制、持续增收机制、内生动力激发机制、防范返贫预警机制等方面。

1. 完善政策稳定机制

建立与完善稳定脱贫的长效政策，保持脱贫政策的稳定性与连续性，是建立稳定脱贫长效机制的重要保障。巩固脱贫攻坚成果，需要脱贫相关政策的持续、稳定，并机制化。也就是要落实“四不摘”，具体就是：坚持摘帽不摘责任，毫不动摇地加强党对脱贫攻坚工作的坚强领导，强化五级书记抓巩固提升，担当起共产党人“扶上马送一程”的政治责任；坚持摘帽不摘政策，坚持落实现有扶贫政策，并加强产业扶贫的持续性以及易地搬迁后续扶持工作，建立解决相对贫困问题的长效机制，实现高质量脱贫；坚持摘帽不摘帮扶，保持扶贫工作队、驻村工作队继续坚守岗位，不撤退，继续落实脱贫与巩固提升脱贫成效的相关帮扶发展举措，巩固脱贫攻坚成效；坚持摘帽不摘监管，对致贫返贫风险进行防控，确保脱贫户稳定脱贫。尤为需要注意的是，当前脱贫攻坚工作解决的是我国农村地区的绝对贫困问题，随着绝对贫困问题的解决，相对贫困问题会逐渐凸显。确保稳定脱贫保障政策的稳定性，并将解决相对贫困问题的政策制度纳入脱贫保障政策体系中，加大政策的扶持

力度，覆盖相对贫困对象，逐步形成解决相对贫困的长效机制，对于巩固脱贫攻坚成果具有重要意义。同时，应总结脱贫攻坚经验，将被实践证明有效的政策制度化、常态化，巩固脱贫攻坚成果。

2. 巩固持续增收机制

产业发展是实现脱贫根本之策。推动产业发展是稳定脱贫、巩固脱贫攻坚成果的重要举措。产业发展是实现由“输血式”向“造血式”扶贫转变的重要举措。巩固脱贫攻坚成果阶段所建立的产业发展体系，增强支柱产业的经济效益以及带动脱贫效益，并强化优势产业发展。产业扶贫能够通过新的发展模式提升农产品的附加值，为贫困对象持续增收提供多种渠道与途径，带动贫困人口脱贫并巩固脱贫成果。产业发展可以增强贫困地区的内生发展动力，通过其自身的发展带动当地经济发展，为贫困地区民众提供稳定就业和可持续收入，进而形成稳定的脱贫长效机制，巩固脱贫攻坚成果，助力实现乡村振兴。在产业扶贫的基础上，推动产业振兴，以此实现打赢脱贫攻坚战，巩固脱贫攻坚成果，建立解决相对贫困的长效机制。

3. 强化动力激发机制

在脱贫攻坚阶段，仅仅依靠外部帮扶难以从根本上解决贫困问题，需要激发贫困对象以及贫困地区内生发展动力，以此实现脱贫发展。强化脱贫内生动力的激发机制是提升并巩固脱贫攻坚成果、建立稳定脱贫长效机制的关键举措。首先，要逐渐破除贫困对象对扶贫政策及资源的“福利依赖”心理。坚持扶贫同扶志、扶智相结合，引导贫困户树立脱贫主体意识，实现从“要我脱贫”向“我要脱贫”转变。在全面掌握与了解贫困户贫困状况、劳动能力以及发展意愿等实践中，对其脱贫内生动力进行分类分级，并以此为依据合理有效地配置扶贫资源，进一步激发贫困户脱贫发展的内生动力，将扶贫资源有效传递到最需要的贫困对象手中，避免产生“福利依赖”心理。其次，重视提升贫困对象的“造血能力”。在决战决胜脱贫攻坚阶段以及巩固脱贫攻坚成果阶段，都需要把贫困对象能力建设摆在重要位置。实施免费的实用技术培训，激励贫困对象积极参与培训，建立与职业教育机构、用工企业之间的长期合作关系，根据实际开展有针对性的培训，使贫困对象提升就业能力，解决就业问题，提高经济收入水平。最后，营造良好的脱贫社会氛围以及激励约束机制。通过设置相应的奖补机制，激发贫困对象的脱贫内生发展动力，建立稳定脱贫的长效机制。

4. 建立防止返贫预警机制

加强政策实施效果的监测，建立防止返贫的预警机制，是打赢脱贫攻坚战并实现巩固脱贫攻坚成果的重要举措。刚脱贫的贫困对象自身生计能力脆弱，容易陷入返贫的困境。一些边缘人口受自然灾害、政策调整等因素的影响可能再次跌入贫困的困境。规范防止返贫的预警管理机制，能够及时跟踪监测脱贫成效，及时对产生的返贫预警做出相应的反应，巩固脱贫攻坚成果。一是明确返贫的评定标准，建立研判机制。健全防止返贫监测预警和应急救助机制，将“回头看”“回头帮”常态化。通过定期反馈、个人申报、系统对比等途径，及时收集与掌握贫困户返贫的情况，对未达到“两不愁三保障”标准的及时纳入预警处置，并采取相应的预案措施。二是及时进行动态管理，完善分级管理机制。及时更新返贫的贫困对象和贫困家庭的返贫原因以及脱贫发展情况，并根据实际情况及时进行帮扶管理。针对不同贫困等级的贫困对象采取不同的帮扶举措，有针对性地帮助贫困对象缓解贫困，增强脱贫的稳定性。尤其是针对受 2020 年新冠肺炎疫情影响而返贫的对象，要分类施策，切实做好因疫致贫返贫人口的帮扶，关注受疫情影响的贫困人口情况，保障其基本生活。三是强化外部监督作用，确保脱真贫真脱贫。针对返贫对象的帮扶进度要进行严格的督查，严格执行退出的标准和程序，杜绝数字脱贫、虚假脱贫，让脱贫的成效能够经得起检验。同时，可将群众纳入监督的主体范围，将群众的认可度与获得感作为监督脱贫攻坚工作以及巩固脱贫攻坚成果的重要内容。

二、建立防止返贫监测和帮扶机制

2020 年是全面建成小康社会目标实现之年，脱贫攻坚进入收官阶段。在脱贫攻坚已经取得决定性成就的背景下，现行标准下农村贫困人口绝大多数实现脱贫。但由于大病、残疾、灾害、创业失败和就业不稳等多方面原因，一些脱贫人口存在返贫风险，一些边缘人口存在致贫风险。2019 年，国务院扶贫办在动态调整工作中对脱贫不稳定户和边缘户进行了摸底调查。据各地初步摸底，已脱贫的建档立卡人口中，近 200 万人存在返贫风险；在边缘人口中，有近 300 万人存在致贫风险。而巩固脱贫攻坚成果任务不仅包括这近 500 万人口，还包括 9000 多万脱贫人口脱贫成果的稳定。因此，在即将全面脱贫之际，迫切需要建立防止返贫监测和帮扶机制，为巩固脱贫攻坚成果提供制度保障。

在国务院扶贫办的支持和指导下，2018 年以来，河北、贵州等省率先探索建立防止返贫机制，取得初步成效。此后，中西部其他省份陆续开展了防止返贫工作，形成了一些成功经验和做法，为制定《关于建立防止返贫监测和帮扶机制的指导意见》提供了实践基础。从 2019 年下半年开始，国务院扶贫办认真贯彻习近平总书记关于巩固脱贫成果、减少和防止返贫的重要指示精神，落实中央领导的批示要求，组织有关人员先后赴河北、贵州等地开展调研，总结经验。邀请有关省份扶贫办和市县负责同志进行座谈，邀请专家进行研讨。在全面总结各地试点经验和充分调研的基础上，国务院扶贫办拟定了《关于建立防止返贫监测和帮扶机制的指导意见》，于 2020 年 3 月以国务院扶贫开发领导小组名义印发。同年 4 月，国务院扶贫办会同财政部印发了《关于贯彻落实〈关于建立防止返贫监测和帮扶机制的指导意见〉的通知》。

建立防止返贫监测和帮扶机制的政策主要包括：基本原则、监测对象、监测范围、认定程序、落实帮扶等内容。

坚持基本原则。坚持事前预防与事后帮扶相结合、坚持开发式帮扶与保障性措施相结合、坚持政府主导与社会参与相结合、坚持外部帮扶与群众主体相结合的基本原则，各地在建立机制、指导工作、具体操作等方面要深刻理解基本原则，体现基本原则的精神实质，结合实际，因地制宜，抓好落实。

准确界定监测对象。监测对象以家庭为单位，主要监测建档立卡已脱贫但不稳定户和收入略高于建档立卡贫困户的边缘户。这两类对象基本涵盖了易致贫返贫的群体，可以切实巩固脱贫成果；有利于聚焦重点，提高扶贫资源的使用效率和效益。

科学把握监测范围。监测对象规模一般为建档立卡人口的 5％左右，深度贫困地区原则上不超过10%。深度贫困地区就是指“三区三州”和除“三区三州”以外中西部169个深度贫困县。监测对象主要是人均可支配收入低于国家扶贫标准1.5倍左右的家庭，以及因病、因残、因灾、因新冠肺炎疫情影响等引发的刚性支出明显超过上年度收入和收入大幅缩减的家庭。主要有两点考虑：一是有实践基础。据初步统计，各省区市平均监测标准为农民人均可支配收入5000元，基本是国家扶贫标准（现价3218元）的1.5倍。二是比较符合实际。2019年底全国建档立卡已脱贫人口中，人均纯收入低于4000元的已经很少。监测标准过低会造成遗漏，标准过高又会难以保障重点。

严格监测认定程序。以县为单位组织开展，通过农户申报、乡村干部走访排查、相关行业部门筛查预警等途径，由县级扶贫部门确定监测对象，录入全国扶贫开发信息系统，实行动态管理。农户申报、乡村干部走访排查、相关行业部门筛查预警等三种监测途径是并行关系，不是串行关系。三种监测途径都可以作为初步筛选监测对象的方式，最终要经过县级扶贫部门根据规定程序和要求，审核把关确定，符合条件的纳入监测对象，不符合条件的坚决不能纳入。梳理各地的监测程序，主要有三种方式：一是村组提出初步名单、乡镇入户复核、分类预警录入信息，县区最终确定并安排帮扶措施。二是双向同步开展认定。自上而下筛查和自下而上申请同步开展。自上而下筛查主要通过医保、教育、公安、民政、应急管理等行业部门定期开展数据筛查发现疑似名单。自下而上由驻村工作队或村两委，对照脱贫监测户和边缘户认定的标准进行排查，提出拟纳入脱贫监测户和边缘户人员名单，由县扶贫办组织行业部门开展信息对比反馈给乡村干部组织核实，县级扶贫开发领导小组进行审定。三是三种方式并行认定。采取农户申请、乡村干部入户走访排查、行业部门信息筛查，以任意一种方式进行排查，县级扶贫开发领导小组进行审核认定。

及时落实帮扶措施。防止返贫致贫的核心是要提前采取针对性的帮扶措施，防止脱贫人口返贫、边缘人口致贫。对监测对象主要采取五项帮扶支持政策。一是产业帮扶。对具备发展产业条件的监测对象，加强生产经营技能培训，提供扶贫小额信贷支持，动员龙头企业、专业合作社、贫困村创业致富带头人等带动其发展生产。二是就业帮扶。对有劳动能力的监测对象，加强劳动技能培训，通过劳务扶贫协作、扶贫车间建设等，帮助其转移就业。统筹利用公益岗位，多渠道积极安置监测对象。鼓励监测对象参与农村项目建设。三是综合保障。对无劳动能力的监测对象，进一步强化低保、医疗、养老保险和特困人员救助供养等综合性社会保障措施，确保应保尽保。对因病、因残、因灾等意外变故返贫致贫的家庭，及时落实健康帮扶和残疾人、灾害、临时救助等政策，保障其基本生活。四是扶志扶智。引导监测对象通过生产和就业脱贫致富，对自强不息、稳定脱贫致富的监测对象，探索给予物质奖励和精神激励。积极开展乡风文明建设，发挥村规民约作用，倡导赡养老人、扶养残疾人。五是其他帮扶。鼓励各地创新帮扶手段。多渠道筹措社会帮扶资金，为监测对象购买保险，及时化解生活生产风险。广泛动员社会力量参与扶贫助困。

防止返贫需要处理好相关问题：

一是入户排查。乡村干部的入户排查，一定要实事求是，客观公正，坚持标准，把符合条件的一户不漏地排查识别出来，不符合条件的坚决不能纳入。同时要严格按照认定标准和程序，做好信息采集、调查核实等工作。

二是政策宣讲。向群众耐心讲清防止返贫监测预警和帮扶机制各项政策，特别是做好其他群众的工作。进行核查不是大面积的贫困人口识别，不是简单的发钱发物，而是为了防止返贫，巩固脱贫成果。对群众咨询，要积极回应，坚决防止把小事拖大，及时化解群众疑惑，防止造成新的矛盾和不公。

三是情况核实。对于相关行业部门预警信息和国家扶贫开发信息系统反馈的问题、各类整改督查检查发现的问题，及时组织力量入户核实，主要核实家庭收入、生产生活条件，特别是教育、医疗、住房和安全饮水的情况。高度关注因病、因残、因灾、因新冠肺炎造成的收入骤减及支出大幅增加的情况，高度关注低保户、五保户、临时救助人口、重度残疾人的家庭状况，综合分析研判，及时发现可能返贫致贫的困难群众。

四是落实帮扶。对已经纳入的脱贫不稳户和边缘户，根据家庭情况、实际需求和致贫风险等，因户因人开展精准帮扶因户施策，完善即时帮扶人口帮扶措施，利用产业、就业、综合保障、扶志扶智和防贫保险等各项政策，打好政策组合拳，用钉钉子的精神持续抓好各项帮扶措施的落实到位。

五是跟踪监测。持续跟踪监测帮扶措施的落实情况，掌握家庭成员收入和生产生活条件等变化情况，及时评估帮扶效果，直至彻底消除致贫返贫因素，按照程序在相关系统中进行销号标注。对已经消除各类风险的边缘户，可不再进行帮扶。在开展工作中，注意避免增加群众负担，减少对群众生产生活的干扰。

在实际工作中，需要特别注意以下环节：一是要合理确定监测对象。既要防止监测对象扩大化，加重巩固脱贫攻坚成果的任务，也要防止不作为不监测，出现脱贫人口返贫或边缘人口致贫现象。二是要防止只监测不帮扶。对监测对象，要根据风险因素和农户实际，对需要帮扶支持的，尽快落实帮扶措施，加强跟踪监测和效果评估，实行动态管理。对返贫致贫风险已经消除的脱贫监测户和边缘户，在系统中标注后保留信息。三是要注重创新探索解决问题的措施。实际工作中要因地制宜探索创新，及时总结推广好经验、好做法，及时发现和解决防止返贫监测和帮扶机制实施过程中的苗头性、倾向性问题，在实践中不断完善工作机制，改进工作方式，提高工作成效。

三、接续推进全面脱贫与乡村振兴有效衔接

（一）深刻把握脱贫攻坚与乡村振兴衔接的理论逻辑

这是促进两者衔接的思想、认识基础。习近平总书记关于扶贫工作和“三农”工作等重要论述蕴含了“脱贫攻坚”与“乡村振兴”共通的理论逻辑，集中体现在：脱贫攻坚与乡村振兴都是中国特色社会主义道路的重要组成，都指向全体人民共同富裕的目标，都坚持以人民为中心的基本立场，都包含了补短板的方法论思维。

1. 脱贫攻坚与乡村振兴衔接是中国特色社会主义本质的具体体现

社会主义的本质是解放生产力，发展生产力，消灭剥削，消除两极分化，最终实现共同富裕。马克思主义的产生，就是为了解决贫困及其背后的制度性原因，进而促进人的自由全面发展，这是关于无产阶级和全人类解放的科学。中国共产党以马克思主义为指导思想，只有把解决贫困问题摆在治国理

政的重要位置，才能体现社会主义避免两极分化、实现共同富裕的制度优越性，才能体现实现全体人民共享发展成果的根本要求，中国特色社会主义道路才会赢得人民群众的真心拥护。从全球发展实践看，反贫困是古今中外治国理政的一件大事，“乡村振兴”也是各国应对乡村衰败的重要举措。由此，对于二者的理解不仅应从普遍规律的角度切入，还应从中国特色社会主义发展道路的高度来认识。

脱贫攻坚的目标就是在中华民族几千年发展历史上首次消除整体绝对贫困现象，由此看来，打赢脱贫攻坚战意义深远。一是事关全面建成小康社会。全面小康是惠及全体人民的小康，是不能有人掉队的小康，绝不能把贫困地区和贫困人口排除在外。全面建成小康社会最艰巨的任务是脱贫攻坚，最突出的短板就是农村还有几千万贫困人口。我们不能一边宣布全面建成小康社会，另一边还有几千万人口的生活水平处在扶贫标准线以下。如期完成脱贫攻坚任务是全面建成小康社会的刚性目标、底线目标。只有脱贫攻坚目标如期实现，才能凸显全面小康社会成色，让人民群众满意、国际社会认可。二是事关增进人民福祉。改革开放以来，伴随着经济社会持续发展，我国组织实施了大规模扶贫开发行动，扶贫开发取得了举世瞩目的成就，人民生活水平不断得到提升。只有继续坚定不移地推进中国特色扶贫开发事业，才能不断增强贫困群众的获得感和幸福感，展示和证明中国共产党领导和中国特色社会主义制度的优越性。三是事关巩固党的执政基础。得民心者得天下。中国共产党的根本宗旨是全心全意为人民服务。我们党只有始终践行以人民为中心的发展思想，坚持为人民服务的根本宗旨，真正做到为人民谋幸福，执政基础才能坚不可摧。只有全体人民过上好日子了，才能巩固党的执政基础。打好脱贫攻坚战，是“十三五”时期的头等大事和第一民生工程，必须坚持把扶贫脱贫作为我们党治国理政的一项重要工作。四是事关国家长治久安。改革开放以来，我国扶贫开发事业大踏步发展，极大地改变了贫困地区人民群众的生产生活状态和精神面貌，对促进社会进步、民族团结和谐、国家长治久安发挥了重要作用。在新的发展起点上，扶贫开发的标准在提高，更加注重发展型的民生改善。“十三五”时期，扶贫开发工作不仅要在改善贫困人口生产生活条件上着力，更要注重提升教育、医疗、文化等方面的公共服务水平，使他们跟上全面小康的步伐。只有让全体人民安居乐业，社会才能和谐稳定，国家才能长治久安。

2. 乡村振兴是促进区域和人的全面发展的历史任务

党的十九大报告指出："中国特色社会主义进入新时代，我国社会主要矛盾已经转化为人民日益增长的美好生活需要和不平衡不充分的发展之间的矛盾。"这一主要矛盾在广大农村地区表现得更为明显和突出。实施乡村振兴战略，是以习近平同志为核心的党中央在深刻把握中国现实国情、深刻认识中国城乡关系变化特征和农业农村发展现代化建设规律的基础上，着眼党和国家事业全局，着眼于实现"两个一百年"奋斗目标和补齐农业农村短板的问题导向，顺应亿万农民对美好生活的向往，对"三农"工作作出的重大决策部署，是基于中国特色社会主义进入新时代和社会主要矛盾转化作出的重大判断和战略安排，是决胜全面建成小康社会、全面建设社会主义现代化国家的重大历史任务，是新时代做好"三农"工作的总抓手。乡村振兴是关系中华民族伟大复兴的千年大计，是实现中华民族伟大复兴的中国梦的历史使命，是政治、经济、社会、文化和生态"五位一体"全面发展的系统工程。乡村振兴既是一场攻坚战，又是一场持久战。

中国共产党始终高度重视"三农"工作，始终把解决好"三农"问题作为全党工作的重中之重，始终将"三农"问题置于关系国计民生的战略高度和核心地位，在不同的历史阶段提出了不同的发展战略。党的十六大提出统筹城乡发展，党的十六届五中全会提出建设社会主义新农村；党的十七大提出建立以工促农、以城带乡长效机制，形成城乡经济社会发展一体化新格局；党的十八大提出要推动城乡发展一体化。乡村振兴战略的提出，是长期以来农业农村发展由量变到质变、由渐进性变革到革命性变革的历史必然，也是决胜全面建成小康社会、全面建设社会主义现代化强国的历史必然，其根植于新时代的历史背景和一脉相承的理论指引，具有明确的目标任务和清晰的战略定位，是管长远、管根本、管全局的高瞻远瞩的制度安排，更是中国特色社会主义道路的重要组成，是新的历史条件下社会主义本质的具体体现。

3. 脱贫攻坚与乡村振兴衔接坚持以人民为中心发展思想的重要实践

"为了谁发展、依靠谁发展"，是以人民为中心的发展思想所要回答的基本问题。党的十八大以来，我国经济社会发展各个环节、各个领域，以不同方式诠释以人民为中心的发展思想，在实践中不断解决人民最关心、最直接、最现实的利益问题，努力让人民过上更好的生活。脱贫攻坚与乡村振兴是这一思想的重要实践，前者是全面建成小康社会的底线任务，后者是顺应亿万农民对美好生活的向往作出的重大决策，都指向“人民对美好生活的向往”这一奋斗目标。

坚持以人民为中心，就要始终把人民对美好生活的向往作为我们的奋斗目标。中国特色社会主义进入新时代，我国社会主要矛盾的变化决定了发展必须更加重视全面与共享，更加重视高质量发展，永远把人民对美好生活的向往作为奋斗目标，不断推进全体人民共同富裕。习近平总书记在阐述扶贫工作时反复强调，我们党是全心全意为人民服务的党，在扶贫的路上，不能落下一个贫困家庭，不能丢下一个贫困群众，绝不能让一个少数民族、一个地区掉队，要让 14 亿中国人民共享全面小康的成果。“共享发展注重的是解决社会公平正义问题”，全面建成小康社会，一个也不能少；共同富裕的路上，一个也不能掉队。这既是社会主义本质的生动体现，也是共享发展的具体要求。共享主要是解决“不均”的问题，由共建而共享，逐步走向共同富裕是其核心要求。说到底，就是要突破利益固化的藩篱，让改革发展的成果更多更公平地惠及全体人民，让全体人民共享改革发展、全面小康的成果。“我们必须坚持发展为了人民、发展依靠人民、发展成果由人民共享，作出更有效的制度安排，使全体人民朝着共同富裕方向稳步前进，绝不能出现‘富者累巨万，而贫者食糟糠’的现象。”① “我们要以更大的力度、更实的措施，加强和创新社会治理，坚决打赢脱贫攻坚战，促进社会公平正义，在幼有所育、学有所教、劳有所得、病有所医、老有所养、住有所居、弱有所扶上不断取得新进展，让实现全体人民共同富裕在广大人民现实生活中更加充分地展示出来。”② 显然，脱贫攻坚和乡村振兴的目标指向就是不断满足人民对美好生活向往目标的逐步实现。从总体上看，脱贫攻坚是实现共享发展、共同

① 习近平：《在党的十八届五中全会第二次全体会议上的讲话》（2015 年 10 月 29 日）。
② 习近平：《在第十三届全国人民代表大会第一次会议上的讲话》（2018 年 3 月 20 日）。

富裕的基础，只有解决绝对贫困问题、不断缓解相对贫困问题，共享发展才有基础，共同富裕“大厦”的根基才会牢固。而只有乡村振兴，才能在更大范围、更宽的领域、更高的层次体现发展成果由人民共享，发展差距缩小到一定幅度，共同富裕才能实现。

坚持以人民为中心，就要充分激发蕴藏在人民群众中的创造伟力，让人民群众有更多、更直接、更实在的获得感、幸福感、安全感。改革开放是我们党的一次伟大觉醒，正是这个伟大觉醒孕育了我们党从理论到实践的伟大创造。40多年来，从农村改革到其他领域的改革，从东部开放到中西部开放，从经济领域改革到全面改革，都是从尊重群众首创精神先行试点到逐步推开。充分体现了人民群众的创造伟力，人民是改革和中国特色社会主义伟大事业的主体，改革发展的成果应当惠及全体人民。全面建成小康社会一个不能少，共同富裕的路上一个不能掉队。依靠人民创造历史伟业，带领人民创造美好生活，是中国共产党人始终不渝的遵循。人民拥护不拥护、赞成不赞成、高兴不高兴，是我们党制定政策的依据，也是检验一切工作得失成败的标准。脱贫攻坚与乡村振兴衔接充分体现了“发展依靠人民”的重要内涵。关于脱贫攻坚，习近平总书记指出：“脱贫攻坚必须依靠人民群众，组织和支持贫困群众自力更生，发挥人民群众主动性。”① 关于乡村振兴，习近平总书记指出：“要尊重广大农民意愿，激发广大农民积极性、主动性、创造性。”② 这意味着，无论是打赢脱贫攻坚战，还是实施乡村振兴战略，都要坚持群众主体，依靠群众力量，激发内生动力。习近平总书记这方面的论述十分丰富，比如依靠人民创造历史伟业，带领人民创造美好生活，人民对美好生活的向往就是我们的奋斗目标，以造福人民为最大政绩，时代是出卷人，我们是答卷人，人民是阅卷人，等等。习近平总书记的这些论述表明了中国共产党人的根本宗旨和价值追求，中国共产党人的最大“初心”就是以人民为中心。人民至上，以人民为中心，是习近平新时代中国特色社会主义思想的基本立场和核心理念，体现了习近平新时代中国特色社会主义思想的显著特征和价值取向。

---

① 习近平：《在十八届中央政治局第三十九次集体学习时的讲话》（2017年2月21日）。

② 2018年3月8日，习近平总书记在参加十三届全国人大一次会议山东代表团审议时的讲话。

脱贫攻坚和乡村振兴价值追求的契合性。无论是立足于决胜全面建成小康社会的脱贫攻坚战略，还是着眼于把我国建成富强民主文明和谐美丽的社会主义现代化强国的乡村振兴战略，都把服务于最广大人民群众的根本利益作为各项工作的出发点和落脚点。马克思主义群众史观充分强调人民群众在创造社会物质财富和精神财富以及推动社会变革等方面的作用，并指出人民群众是历史的创造者。新时期，维护最广大人民群众的根本利益也是以人民为中心思想的根本要求。从脱贫攻坚到乡村振兴，维护广大人民群众的根本利益是我们党一切工作的根本出发点和落脚点，也是“立党为公、执政为民”本质要求和践行全心全意为人民服务根本宗旨的有力体现。

总而言之，习近平总书记关于扶贫工作和乡村振兴的重要论述和党中央关于脱贫攻坚、乡村振兴的决策部署，以及由此带来的全国脱贫攻坚、乡村振兴的伟大实践，深刻回答了发展为了谁、依靠谁、成果由谁共享的根本问题，体现了以习近平同志为核心的党中央坚持发展依靠人民、一切为了人民的根本信念，体现了心系民生，心系贫困地区和贫困群众的政治操守，体现了中国共产党人的根本立场，诠释了我们党全心全意为人民服务的根本宗旨，体现了为中国人民谋幸福、为中华民族谋复兴的不变初心，蕴含了人民是推动发展根本力量的唯物史观，指明了新时代中国特色社会主义的根本追求。

（二）在习近平总书记关于脱贫攻坚与乡村振兴衔接重要论述指引下促进两者有效衔接

习近平总书记指出，要把脱贫攻坚同实施乡村振兴战略有机结合起来。只有打赢打好脱贫攻坚战，才能为乡村振兴奠定坚实基础。只有实现乡村振兴，才能从根本上解决贫困问题。

1. 打好脱贫攻坚战是实施乡村振兴战略的优先任务

从目标上看，脱贫攻坚与乡村振兴是高度重合的。乡村振兴战略着眼于从根本上解决“三农”问题，促进城乡社会平衡发展和乡村充分发展。通过农业和乡村优先发展，实现产业兴旺、生态宜居、乡风文明、治理有效、生活富裕的乡村振兴。打赢脱贫攻坚战，旨在稳定实现农村贫困人口不愁吃、不愁穿，义务教育、基本医疗和住房安全有保障，贫困地区农民人均可支配收入增长高于全国平均水平，基本公共服务主要领域或指标接近全国平均水平，现行标准下农村贫困人口实现脱贫、贫困县全部摘帽，解决区域性整体贫困。可见，脱贫攻坚和乡村振兴具有一致性的目标，都致力于实现农民"居者有其屋"、生活富裕、乡村产业发展、社区有效治理。显然，脱贫攻坚的直接成效，将为贫困地区特别是贫困村振兴奠定基础。乡村振兴战略的实施，将为贫困群众稳定脱贫进而致富创造条件。

从乡村发展逻辑看，脱贫攻坚的多维贫困治理契合乡村振兴的发展需要。乡村振兴涵盖经济、文化、社会、生态等多方面的发展。脱贫攻坚具有多维贫困治理特点，"五个一批"脱贫路径包含收入增加、人力资本提升、生态保护、基本权利保障等多个维度。多维贫困治理的特性使脱贫攻坚有效推动农村贫困人口全面发展和贫困乡村整体发展，因而与乡村振兴的发展需要相契合。比如，脱贫攻坚中的特色产业脱贫，采取扶持建立一批贫困人口参与度高的特色农业基地、加强贫困地区农民合作社和龙头企业培育、强化龙头企业与贫困户的利益连接机制、支持贫困地区发展农产品加工业、加快一二三产业融合发展等举措。而乡村振兴战略把着力建构现代农业产业体系、生产体系、经营体系，培育新型农业经营主体，健全农业社会化服务体系，实现小农户和现代农业发展有机融合等方面作为重要内容。又比如，脱贫攻坚中的资产收益扶贫，要求支持农民合作社和其他经营主体通过土地托管、牲畜托管和吸收农民土地经营权入股等方式带动贫困农户增收，贫困地区水电、矿产等资源开发，赋予土地被占用的村集体股权，让贫困人口分享资源开发收益。乡村振兴战略也要求完善"三权"分置制度，保障农民财产权益，壮大集体经济。再如，脱贫攻坚中的生态保护脱贫，要求各类生态保护工程在项目安排上进一步向贫困地区倾斜，加大贫困地区生态修复力度，创新生态补偿资金使用方式，有劳动能力的部分贫困人口转为护林员等生态保护人员。乡村振兴战略中也提出要保护好生态环境，将乡村建设成生态环境优美、宜居的社区。

从实践进程看，脱贫攻坚的历史性成就为贫困地区乡村振兴奠定了坚实的基础。党的十八大以来，我国扶贫开发进入脱贫攻坚新阶段。在习近平总书记关于扶贫工作的重要论述指引下，确定精准扶贫精准脱贫基本方略，全面打响脱贫攻坚战。经过不懈努力，脱贫攻坚取得决定性进展和历史性成就。现行标准下农村贫困人口由近亿万减少到数百万，仅仅还有52个贫困县未实现脱贫摘帽，解决区域性整体贫困已经迈出了坚实步伐。贫困地区农村公路建设力度空前加大，贫困人口饮水安全问题解决进程加快，易地扶贫搬迁千万贫困人口，危房改造700万贫困农户，自然村通电接近全覆盖，71%的自然村通上宽带，完成近10万所义务教育薄弱学校改造任务，累计救治大病和慢性病贫困患者400多万人，贫困地区基础设施和基本公共服务显著改善。贫困县地区生产总值年均增长幅度，比全国平均水平高2.2个百分点，贫困地区一大批特色优势产业得到培育壮大，贫困地区生态环境明显改善。通过派驻近300万名驻村干部和第一书记深入贫困村，组织开展贫困识别、精准帮扶、贫困退出和大规模轮训，农村基层治理能力和管理水平大幅提升，农村基层党组织创造力凝聚力战斗力明显增强。围绕精准扶贫精准脱贫，全面深化扶贫领域改革创新，逐步建立起脱贫攻坚责任体系、政策体系、投入体系、动员体系、监督体系和考核体系，为脱贫攻坚提供了制度保障。

党的十八大以来，精准扶贫精准脱贫基本方略的全面实施，脱贫攻坚战的决定性进展，形成了多方面的实践成果和理论成果，这些理论方法、治理体系安排，为乡村振兴战略的有效实施提供了重要借鉴。脱贫攻坚的成功实践为乡村振兴提供了精准思维、系统思维、辩证思维等思维方法。脱贫攻坚以精准扶贫为基本方略，引发的“三变”改革、“减贫大数据”系统的运用、“四到县”的改革、扁平化政府管理、督查快考核评估体系完善、驻村帮扶方式的探索、新型产业扶贫体系构建以及推进新型金融扶贫、资本市场扶贫、保险扶贫、电商扶贫、基层组织建设等体制机制模式创新，为乡村振兴提供了实践参考。

2. 推动脱贫攻坚与乡村振兴有机结合、相互促进

一是要准确把握衔接的基本原则，为衔接明确方向。坚持精准扶贫思想，坚持分阶段有序推进，坚持分地区逐步推进。

二是促进观念衔接，为衔接奠定思想基础。从脱贫攻坚向乡村振兴过渡是从被动式的政府扶持转为主动自愿式的自发运动。在这个过程中，要注重理论指导的连续性，深刻领会、准确把握习近平总书记关于扶贫工作重要论述和乡村振兴战略思想的精神实质，继承“精准”理念，总结脱贫攻坚先进理论和优秀经验，指导精准扶贫和乡村振兴工作。还要实现从“被动扶”到“主动兴”转变，进一步提升贫困人口自主脱贫的能力，让人民群众从内心深处转变观念，主动依靠自己的勤奋努力，早日过上富裕生活。

三是促进规划衔接，为衔接提供指导路径。在乡村振兴战略统筹安排下，明确制订符合地方实际情况的短期过渡计划，使脱贫工作和乡村振兴有效衔接。规划应遵循乡村建设规律，坚持科学规划、注重质量、从容建设，编制好市县总体规划、镇村发展总体规划、土地利用总体规划以及扶贫搬迁、产业结构调整等专业规划。针对不同发展水平、不同类型的村庄，各地区、各部门应加强分类规划指导，梯次推进。

四是促进政策衔接，为衔接提供有力支持。政策衔接要完善和优化政策体系，促进相关政策向常规性、普惠性和长效性转变，为脱贫攻坚和乡村振兴有机衔接提供具体的指导方案和实施细则。比如，按照乡村振兴的目标要求，抓紧对现有扶贫政策进行梳理。适应从脱贫攻坚向乡村振兴的形势转变，分类确定需要取消的、接续的、完善的或强化的扶贫政策，注重总结梳理脱贫攻坚中成熟的理论成果、实践经验，用于完善乡村振兴政策体系、制度框架。再比如，促进特惠性政策向常规性、普惠性政策转变。把临时性帮扶政策转成常态化支持政策，强化脱贫攻坚政策与农村社会保障政策的衔接，逐步将针对绝对贫困的脱贫攻坚举措调整为针对相对贫困的常规性社会保障措施。同时，均衡发展农村基础设施和教育、医疗等公共服务，避免“政策悬崖”问题的出现。

（三）在乡村振兴战略框架下不断巩固脱贫攻坚成果和增强贫困地区发展的可持续性

一是以乡村振兴促进相对贫困问题的缓解。2020 年我国现行标准下农村贫困人口实现脱贫，贫困县全部摘帽。这并不意味着扶贫工作的结束，破解相对贫困将成为 2020 年后农村工作的重点，并与乡村振兴相互交融。这一阶段必须要以乡村振兴为契机，在促进农村崛起的同时重点解决相对贫困问题。一要制定2020年后过渡期政策，确保脱贫人口不返贫。由于各地区的经济发展、贫困程度等存在差异，各地扶贫进度不同、脱贫质量不一，因此在脱贫摘帽后，应允许贫困地区相关扶贫政策在完善提升的前提下，在一段时期内保持稳定，确保贫困群众脱贫不返贫，防止发生新贫困。二要做好2020年后扶贫对象与乡村振兴对象的衔接，继续坚持“精准”定位。随着绝对贫困人口的消失，未来减贫的对象将转向相对贫困人口，而乡村振兴面对的是整个农村地区。因此，必须科学识别相对贫困人口和乡村振兴的微观对象，明确范围、划分重点，进而制定精准策略。

二是创新完善减贫和乡村振兴衔接的体制机制。第一，要借鉴脱贫攻坚成功经验，实行“中央统筹、省负总责、市县抓落实”工作机制，强化五级书记抓乡村振兴的制度保障，尽早研究出台责任落实、组织保障、工作推进、考核评价等方面的实施细则。第二，根据脱贫摘帽的进度安排，适时调整并优化各级乡村振兴的协调机制，指导贫困地区逐步将工作重心转移到乡村振兴上来。第三，完善落实项目统筹机制，科学研判脱贫攻坚项目中需要延续和升级的内容，并纳入乡村振兴的项目规划中。第四，落实考核评价机制，在乡村振兴初期应借鉴脱贫攻坚中形成的较为成熟的评价机制，在此基础上建立合理的阶段性考核指标体系。

三是构建减贫和乡村振兴结合的投入支撑体系。2020年后，应继续发挥政府投入的主导和主体作用、金融资金的引导协同作用以及社会资金的参与补充作用，加大财政涉农资金统筹整合力度，确保资金投入与提高脱贫质量、巩固脱贫攻坚成果、实现乡村振兴相匹配。要强化资金“整合”，发挥规划的统筹引领作用，把脱贫攻坚、公共事业发展和涉农资金等多方投入统筹起来，充分发挥资金整合规模合力效益。要强化资金“撬动”，借鉴并创新脱贫攻坚的资金筹措方式，通过以奖代补、贴息、担保等方式，发挥财政资金的杠杆作用，引导金融和社会资本更多地投向扶贫和乡村振兴事业。

（四）在“五大振兴”实践中实现脱贫攻坚与乡村振兴有效衔接

一是促进产业减贫及升级，实现产业兴旺。将乡村振兴战略的思想和原则融入具体的产业发展中，牢牢把握产业选择、资金筹措、技术服务、农民培训、组织形式、利益联结机制，打一场振兴乡村经济的产业革命。制定县级、乡级以及村级的产业振兴规划，在乡村振兴总体规划指引下，发挥各地特色，制定阶段性的产业规划。鼓励多元产业发展，在原有扶贫产业基础上，推动一二三产业融合发展，延长农业产业链、价值链，提高产品增加值。促进小农户和现代农业发展有机衔接，培育新型农业经营主体，发展规模经营，提升小农生产经营组织化程度，把小农生产引入现代农业发展轨道。

二是坚持绿色减贫及发展，实现生态宜居。在观念继承层面，生态振兴要继续以“两山”思想为指导，将生态振兴与产业振兴融合起来，推动生态资源向资产与资金有序转化，实现生态保护与经济发展“双赢”。在内容上，要从生态保护、农业新业态、农业标准化生产方面促进贫困地区绿色发展，加快乡村振兴进程。在实施方法上，采取法律方式保证绿色发展和环境保护政策切实落地，通过立法保护乡村整体环境。

三是促进组织衔接及强化，实现治理有效。做好省市县乡村五级书记抓扶贫与乡村振兴的有效衔接，将其总结提炼、推广运用到乡村振兴中。建立起相对完善的组织力量，将脱贫攻坚的组织机制与乡村振兴衔接，利用驻村干部振兴、第一书记振兴、对口帮扶振兴等方式，奠定乡村振兴战略的组织基础，提升乡村治理的领导能力。着力打造自治、法治、德治相结合的乡村治理体系。在继承发扬脱贫攻坚治理理论的同时，重点抓好法治建设，以法治推进乡村振兴。

四是推动文化减贫及振兴，实现乡风文明。把培育和践行社会主义核心价值观的根本要求贯穿始终，通过教育引导、舆论宣传、文化熏陶、道德教化、实践养成和制度保障，形成良好的家风家规，同时外化为自觉行动。乡村应借鉴国内外乡村文明的优秀成果，结合实际找到最适合自身情况的方法，形成富有特色的乡村文化。加快实现乡村文化产业化，运用市场化的手段，做好“文化＋旅游”“文化＋市场”“文化＋产品”等产业，保持乡村文化的生命力和创新力。

五是强化人才培养及提升，实现人才振兴。以“内育”培养乡土人才。

通过加强教育和培训，培养新时代的乡土人才，使其成为乡村振兴的“领头雁”。以“外引”促进乡村人才的最优化配置。引进懂科技、懂管理、懂市场、懂法律的现代化人才，为乡村振兴注入新的活力和动力，为乡村振兴战略的实施提供坚实的人才支撑和智力保障。

案例：防返贫防致贫的“邯郸样本”

——河北邯郸市创建完善精准防贫机制的做法

河北省邯郸市从2017年开始，在集中力量攻克贫困堡垒的同时，积极探索，开拓创新，率先建立了精准防贫机制，较好地解决了贫困人口返贫和边缘户缺乏政策支持可能致贫的问题，有效控制了贫困增量。2019年以来，全市没有一户贫户返贫，没有一户非贫户致贫。

（一）主要做法

1. 防止返贫是巩固脱贫攻坚成果的开始

邯郸位于河北省南部，是农业大市。2015年、2016年邯郸市与其他地区一样，边脱贫边返贫边致贫现象比较突出。特别是不稳定脱贫户和边缘户，大都收入不高、积蓄不多，一旦遇到生大病、子女上学或发生意外事故等，就会滑入贫困行列。2017年初，邯郸市委、市政府认识到，边脱贫边返贫、边减贫边增贫的问题，如果不采取有效措施加以解决，就无法实现到2020年“小康路上不落一人”的目标。因此，提出了“未贫要防”的工作思路和要求，把建立精准防贫工作机制作为全市创制性改革的重点任务和打赢脱贫攻坚战的重要举措去抓，针对原先不在贫困序列但陷入贫困风险较高、已经脱贫但脱贫成果不稳定的人群，推出了一套防止其因病、因学、因灾而致贫的精准防贫措施，具有起步早、措施实、效果好等特点，已经形成一整套较为成功成熟的精准防贫机制，在脱贫攻坚中发挥了重要作用，对习近平总书记关注的“减少和防止贫困人口返贫，研究解决那些收入水平略高于建档立卡贫困户的群体缺乏政策支持等新问题”进行了有益探索。

2. 完善防贫机制是实现稳定脱贫的关键

自2017年以来，邯郸市精准防贫工作经历了先行试点、全面推开、总结完善三个阶段。2017年6月，邯郸市扶贫开发和脱贫工作领导小组制定了《关于开展精准防贫试点工作的实施意见》，开始在魏县、馆陶县开展精准防贫试点，初步探索针对非高标准脱贫户（不稳定脱贫户）和非贫低收入户（边缘户）支出负担过重易返贫致贫问题而采取的防贫措施。试点取得初步成效后，2017年9月，印发《关于全面开展精准防贫工作的通知》，以魏县模式为主、馆陶模式为辅，在全市全面推开精准防贫工作，各县（市、区）按照市试点意见和通知要求，结合当地实际，制定防贫方案，迅速推动实施。2018年6月，鉴于各县（市、区）工作中存在的防贫对象认定不精准、救助标准不统一、工作流程不规范、机构设置不科学等影响工作效果的问题，印发《关于统一全市精准防贫有关政策标准的通知》，对全市精准防贫政策标准进行了统一和规范，此政策标准成为邯郸精准防贫创新的主要部分。2019年3月，鉴于防贫对象因劳动力减弱家庭收入减少易致贫返贫问题，印发《关于做好防贫救助对象后续帮扶工作的通知》，明确了防贫救助对象就业援助、专人帮扶等后续帮扶措施。2019年7月，针对家庭中因存在未成年人、老年人、重病患者、重度残疾人等特困人群易致贫返贫问题，制定了《关于推进农村特殊困难群体社会救助兜底保障工作防返贫防致贫助脱贫的实施方案》，从强化社保兜底方面对防贫机制进行了完善。2020年3月，系统总结提炼近几年做法，并进行完善和提升，制定了《邯郸市精准防贫工作实施办法（试行）》，形成了“四个二”精准防贫机制，防贫工作进入系统化、规范化、制度化新阶段。

“四个二”精准防贫机制主要内容有四点。一是关注两个重点人群。分别是脱贫不稳定户（非高标准脱贫户）和边缘易致贫户（非贫低收入户）。二是设定两个认定条件。同时符合收入条件和支出条件的便可列为防贫对象。收入条件即家庭年人均可支配收入在国家贫困线1.5倍以下；支出条件分四个方面，或因病，一年内住院自付费用，脱贫不稳定户达到5000元以上的，边缘易致贫户达到2万元以上的；或因学，年支付学费、住宿费、教科书费合计超过8000元的；或因意外事故，在商业保险赔付和社会救助后损失超过1万元；或因产业风险，主要是自然灾害和经营不善造成损失超过5000元的。三是采取两种筛查方式。分别是自上而下通过县级医疗、教育等部门的大数据进行筛查高支出户和农户通过自下而上申请，并按程序和条件标准进行防贫对象确认。四是实施两类救助措施。分别是针对支出问题实施基金救助和针对收入问题实施产业援助和社保兜底。

（二）基本经验

1. 基金救助，防止因病、因学、因意外、因产业风险造成支出或损失过重而返贫致贫

基金救助实施模式是以县为单位，按农村人口10%左右的比例框定防贫人数，为“一群人”参加防贫保险；按“参保人”每人每年50元的标准，设立防贫救助资金池，实行基金式管理，年内资金不足的县级财政补齐，余额结转下一年度；救助程序或由县级防贫机构定期通过医保、教育、交警、消防、民政等部门数据筛查发现高支出户，然后交给经办机构入户查勘等，或农户认为符合防贫救助条件的可通过村委会直接向县防贫机构申请，县级防贫机构交给经办机构入户查勘等，时间均不超过15个工作日，救助金额最高可达20万元。救助对象的核查认定等工作采取政府购买服务方式，交由保险公司专业人员经办，政府按年度防贫救助总额的一定比例支付保险公司经办服务费用；保险机构入户查勘后认为符合救助条件的，交由乡村评议公示、县级相关部门信息比对、防贫机构备案后，保险公司方可实施防贫救助，从程序上保障救助工作公开透明。精准防贫工作开展以来，全市共监测核查防贫救助对象36738户，核实救助3305户，支付救助资金3729.48万元。其中2019年监测核查16070户，核实救助1454户，支付救助金额1755万元。

2. 就业援助，防止因就业出现问题而返贫致贫

对有完全劳动能力的，通过引进和新上项目增加就业岗位，扩大转移就业；对因身体原因或家庭原因无法外出务工的，探索建立了590家村级“扶贫微工厂”，带动4万人实现家门口就业，其中贫困人口1万多人；对劳动力减弱的，通过光伏扶贫收益、资产收益等设置公益岗位安排1万多人。

3. 社保兜底，防止因没有或丧失劳动能力而返贫致贫

对没有劳动能力的，全部纳入农村最低生活保障，确保一个也不掉到贫困线以下。凡是符合整户纳入低保条件的，全部整户施保。对不符合整户纳入低保条件的防贫救助对象，其家庭成员中有靠家庭供养的重度残疾人、重病患者、困难老人、未成年人等完全或部分丧失劳动能力和没有劳动能力的农村特殊困难群体，参照单人户纳入农村最低生活保障范围，实施社会救助兜底保障。2019 年，全市 26.3 万建档立卡贫困人口中有 7.5 万人纳入农村低保，占比 28.5%；接受防贫救助的 2379 个边缘户中有 316 户纳入农村低保，占比 13.3%。

4. 专人帮扶，防止救助对象因缺乏持续帮助而返贫致贫

建立防贫救助对象后续帮扶工作台账，对实施防贫救助后的 2379 个非建档立卡低收入户，以乡村干部为主，每户明确一名帮扶联系人；非高标准脱贫户，原帮扶责任人履行帮扶联系人职责。帮扶联系人（责任人）每季度至少入户走访一次，了解防贫救助对象家庭“两不愁三保障”情况，并做好防贫救助对象的扶志、扶智工作，帮助其提高战胜贫困的内生动力和能力，发现问题随时帮助解决，帮扶联系人解决不了的，报告村两委和乡镇党委、政府予以解决。

（三）初步成效

邯郸精准防贫机制初衷是控制贫困增量，但从目前效果看，已经远远超出预期。

1. 有效解决了边脱贫边返贫、边减贫边增贫的问题

从致贫情况看，邯郸市 2016 年为 47646 人，2017 年为 1763 人，2018 年为 1661 人，2019 年以来全市没有一户非贫户致贫。从返贫情况看，2016 年邯郸市返贫 641 户 2254 人；2017 年开展防贫试点并全面推开后返贫规模降到了 104 户 355 人，返贫户数和人数分别比 2016 年降低了 83.78%、84.25%；2018 年返贫的只有 6 户 20 人，返贫户数和人数分别比 2016 年降低了 99.06%、99.11%；2019 年以来全市没有一户脱贫户返贫。

2. 有效解决了低收入户缺乏政策支持问题

建档立卡识别贫困人口时，一些在贫困边缘的农村低收入户按规定不能被确定为贫困户，虽然与贫困户家境差距不大，但不能享受扶贫政策，难免形成社会矛盾。建立防贫机制后，这些人在遇到困难时，能够及时得到防贫政策的救助，不至于因没有政策支持而陷入贫困，缩小了贫与非贫的政策差距。

3. 有效解决了公开、公平、公正操作问题

防贫基金救助，政府不直接操作，由第三方专业机构实施，不仅提高了工作效率，达到了“不养人、能办事，少花钱、办大事”的目的，而且使干部由操作者变为监管者，避免了优亲厚友等问题的发生。

4. 为 2020 年后解决相对贫困问题探索了一条路子

3 年来，全市支出 3729 万元，防贫救助 3305 户。邯郸市防贫救助对象，目前看是“两类人员”，但从 2020 年以后看，绝对贫困人口已经消除了，这两个群体就是相对贫困人口。邯郸市通过建立“四个二”精准防贫机制，将防贫基金、就业援助、社保兜底等政策有效衔接，解决了脱贫不稳定户、边缘易致贫户等相对贫困群体的返贫致贫问题。

案例：贵州江口创新防贫工作机制，巩固脱贫攻坚成果

江口县位于贵州省东北部、铜仁市中部，地处武陵山主峰梵净山下，是武陵山集中连片贫困地区、国家级扶贫开发重点县。2014年，全县有贫困村80个，建档立卡贫困人口4.3万，贫困发生率19.85%。通过全力脱贫攻坚，2017年江口县实现脱贫摘帽，2019年减少贫困人口758户1917人，实现全县建档立卡贫困人口全部如期脱贫。

在脱贫攻坚中，江口县按照习近平总书记关于“防止返贫和继续攻坚同样重要”的指示要求，探索建立了“防贫监测预警保障”长效机制，切实巩固脱贫攻坚成果。

一、建立监测机制，摸清对象底数

锁定监测对象。围绕已脱贫人口稳定脱贫、未脱贫人口全部脱贫、坚决阻止源头致贫“三大目标”，针对未脱贫的建档立卡贫困人口（该目标2019年已实现全部脱贫）、有返贫风险的已脱贫户、有致贫风险的非贫边缘人口，把家庭年人均纯收入低于4000元，因病、因学刚性支出远大于收入以及因突发事故等导致基本生活陷入困境的重点人群纳入监测对象，实现对全县监测对象精准掌握。

明确监测程序。对家庭年人均纯收入低于4000元以及因病、因学刚性支出远大于收入等导致基本生活陷入困境的监测对象，采取“群众申请、入户调查、部门比对、村民小组评议、村民代表审议、村级公示、乡镇复核、县级备案”程序进行识别；对因灾、突发大病、突发事故等导致基本生活陷入困境的监测对象，采取简易程序及时纳入予以扶助救助。同时，以村民小组、易地搬迁点楼房为基本网格单元，明确网格员逐户开展走访摸排，定期了解监测对象家庭生活及就医就学情况。

建立监测台账。通过县、乡、村三级自下而上逐级、逐户进行研判，全面摸清“四类”重点监测对象底数，建立监测对象台账。自2019年5月启动以来，全县共识别监测对象1785户4643人。通过“三重保障”已消除948

户2409人的返贫致贫风险，恢复发展能力，实现良性发展。

二、建立预警机制，强化动态管理

动态预警。按照“统一管理、动态调整”原则，对重点监测对象，落实网格员、驻村工作队、帮扶责任人“三支队伍”每月进行走访对比，定期了解收入支出、产业就业、就医就学、住房饮水等情况，按照识别程序，常态掌握监测对象变化情况。把防贫对象分为“返贫致贫临界户”“返贫致贫边缘户”“返贫致贫监测户”三类人员，实行红、橙、黄三级管理。

分类标识。对录入系统的重点监测对象，根据家庭收支、生产生活、因病、因学、因灾等方面情况，按照“返贫致贫临界户”“返贫致贫边缘户”“返贫致贫监测户”进行分类管理，实行红、橙、黄三级管理，逐户制定防贫方案、提出保障评估报告，形成“一户一报告”。同时，将评估报告录入管理台账，实现标识清、底数明、措施实，常态化监管。

责任包保。在建档立卡贫困户原有帮扶责任人的基础上，对未脱贫人口实行31名县级干部和690名乡科级干部“1+1”包保帮扶，对非建档立卡贫困户监测对象由驻村工作队和网格员负责，实时监测家庭情况，及时协调解决相关困难，确保全面打赢脱贫攻坚战。

三、建立保障机制，阻断贫困根源

整合资源保障。整合“扶贫产业、就业培训、创业支持、医疗救助、政策平台、教育支助、应急救助、住房保障、低保保障”9项政策类资源，争取“项目众筹、个体众筹、社会团体、公司企业、公益平台、中国扶贫网、慈善基金、慈善一日捐、爱心人士”9项公益类支持，重点对“四类”重点监测对象进行有效保障。同时，通过深入推进产业革命，大力发展生态茶、冷水鱼、猕猴桃三大主导产业和中药材、蔬菜两大增收项目“3+2”产业，按照“龙头企业+合作社+农户”模式，实现重点监测对象每户均有1—2个产业覆盖，通过入股分红、参与务工等方式，长效增收、稳定脱贫。

因户施策保障。对全县识别出的家庭年人均纯收入低于4000元有劳动力的对象，采取东西部协作劳务输出、开发公益岗位就业、产业扶贫、集体经济利益联结等帮扶予以帮扶。对因病、因学导致家庭刚性支出远大于收入的对象，采取纳入民政重点保障对象、落实医疗救助、教育资助和社会扶助等帮扶措施，减轻困难家庭刚性支出。对民政兜底保障的对象，采取民政兜底、自愿服务、爱心捐助等措施予以保障，并整合农村闲置学校、村委会等资源，建成敬老院10所、规范化农村互助幸福院34所，对其中的252名残疾人、智力障碍者等农村特殊困难群体进行集中供养，确保全部达到“两不愁三保障”标准。

防贫救助保障。建立县级防贫救助资金池和10个乡镇（街道）防贫救助资金池，重点对因灾、突发大病、突发事故等新致贫对象，通过相关政策和公益资源扶持后，仍然无法达到“两不愁三保障”标准的防贫对象，及时启动“防贫救助”项目，由县防贫预警监测工作中心负责统筹协调和审核实施，县、乡两级组建核查工作组，按照核查、认定、公示的要求实施救助，确保不出现一例返贫、不发生一起致贫。截至2020年6月，全县资金池争取到社会资金315.3万元，已使用147万元。

四、建立长效机制，提升造血功能

产业发展长效机制。县委、县政府研究并印发《江口县关于建立健全产业扶贫利益联结机制的实施方案》，大力推广“龙头企业＋合作社＋农户”的组织方式，围绕生态茶、冷水鱼、猕猴桃三大主导产业和中药材、蔬菜两大增收项目深入推进农村产业革命。截至2020年6月，全县已建成茶园15.7万亩，全省最大的茶叶企业贵茶集团已在江口建成投产；建成特色水产养殖6650亩，成为贵州省冷水鱼养殖产量最大、面积最宽的县；建成猕猴桃基地1.4万亩，种植蔬菜15万亩、中药材3.4万亩，实现全县贫困家庭在家劳动力通过经营、务工等方式参与到扶贫产业中。

就业扶持长效机制。全面施行“培训资源优先满足搬迁群众、新增公益岗位优先安排搬迁群众、新增城镇就业岗位优先推荐搬迁群众、安置点门面优先让利搬迁群众、城市服务产业优先扶持搬迁群众和创业政策优先落实搬迁群众”6个优先政策。2019年以来，共开展易地扶贫搬迁培训19期1300人次，为搬迁群众解决公益性岗位和就业援助岗位145个，发放创业贴息贷款2000余万元，实现易地扶贫搬迁群众有劳动力家庭至少1人就业，48%的有劳动力家庭实现多人就业。

社会保障长效机制。对义务教育、基本医疗、住房安全和饮水安全保障政策落实进行“回头看”，确保各项惠民政策落到实处。2019年以来，兑现教育补助资金92.5万元，实现6—16周岁义务教育阶段应入学率达100%，无一人因贫失学辍学；兑现“三重医疗保障”3091.91万元，实际补偿比达90.81%。全面推行“以水养水”，对全县饮水安全工程进行全覆盖管理，实现全面正常运行。对兜底脱贫的1106名贫困人员，整合农村闲置校舍、村委会，建成敬老院10所、农村互助幸福院34所，对其中的252名生活无法自理的农村特殊困难群体进行集中供养，确保生病不愁、生活无忧。

搬迁群众市民化管理长效机制。在易地扶贫安置点社区实行市民化管理，截至2020年6月，全县9个易地扶贫搬迁安置点水电费收缴率达100%，物业管理费收缴率达84%以上，实现搬迁群众由农民向市民转变。

案例：兰考推进脱贫攻坚与乡村振兴有效衔接的探索

兰考在全国第一批实现“率先脱贫”后，认真贯彻落实习近平总书记关于“三农”工作重要论述，坚持以乡村振兴引领脱贫攻坚，以脱贫攻坚助推乡村振兴，“三农”工作取得扎实成效。

一条主线统揽全局。作为县一级，坚持农业农村优先发展，现阶段必须坚定不移以脱贫攻坚统揽全局，做好持续帮扶工作，循序渐进与乡村振兴有效衔接，稳定脱贫后应坚持以乡村振兴统揽经济社会全局。一是在思想认识上统揽。实践证明，脱贫攻坚是新中国成立以来，“三农”领域制度设计最精准、工作抓手最完善、考核机制最严格、社会认同度最高的一项历史工程。必须坚定不移以脱贫攻坚统揽经济社会发展全局不动摇，牢固树立全面打赢脱贫攻坚战就是为乡村振兴开好头起好步的思想共识，围绕“两不愁三保障”提高脱贫质量，有效减少返贫和防止新致贫，确保“不落一户、不掉一人”全面脱贫。二是在组织力量上统揽。统揽全局要体现在强有力的组织保障上。强化“书记县长负总责，四大班子齐上阵”的工作机制，完善帮扶组织架构，加强行业扶贫部门和乡镇专职扶贫力量，进一步明晰行业部门、乡镇（街道）和村级职责，确保组织力量不但不减，而且更强。三是在发展实践上统揽。习近平总书记在兰考调研时指出，县域治理“要把强县和富民统一起来，把改革和发展结合起来，把城镇和乡村贯通起来”。县域治理“三个结合起来”是指导县一级科学发展和有效治理的根本遵循和方法论。做好巩固脱贫“后半篇文章”，必须坚持农业农村优先发展，以强链补链增强产业带动能力，以改革创新激发内生动力，以城乡面貌大改观提振群众信心和精气神。

两个重点夯实基础。农民增收是全面小康的基本要求。提高贫困群众收入、巩固提升脱贫攻坚成效奔小康最有效最直接的方式是发展产业和充分就业。一是选准做优带贫产业。兰考针对贫困群众就业创业能力不足的问题，构建了“龙头企业做两端，农民兄弟干中间，普惠金融惠全链”的产业带贫模式，重点发展兰考蜜瓜、优质红薯、民族乐器等特色扶贫产业，使建档立卡户有两项以上实实在在的产业支撑。二是千方百计促进就业。兰考搭建5种就业模式，覆盖所有有就业能力、就业条件、就业意愿的贫困家庭。为解除外出务工贫困群众的后顾之忧，开展“每月一次饺子宴（为留守老人过生日）、为留守儿童辅导学习、协调机械帮助夏秋两季有偿收割”三项服务，提高贫困群众满意度。

三个落实稳定脱贫。贫困县摘帽后，不能马上撤摊子、甩包袱、歇歇脚，要继续完成剩余贫困人口脱贫问题，做到摘帽不摘责任、摘帽不摘政策、摘帽不摘帮扶、摘帽不摘监管。兰考在具体工作中，一是分层明责促责任落实。在实践中，兰考明确科级以上干部侧重重点帮扶，责任组、工作队、村两委成员侧重日常帮扶，双管齐下，确保帮扶到位。二是对标整改促政策落实。针对有的政策落实不到位、有的拔高标准的问题，要结合中央巡视整改和年度考核反馈意见，举一反三，对标整改，在严格落实中央、省级扶贫政策的基础上，优化调整县级政策，重点解决“两不愁三保障”突出问题。三是建章立制促工作落实。兰考把“支部连支部”活动作为推动脱贫攻坚以及基层基础工作的组织架构和总抓手，持续开展“支部连支部、干部联到户”、领导干部“百日驻村”活动，集中攻坚解决问题，确保各项部署落到实处；建成县级贫困监测系统，对贫困人口、脱贫人口、边缘人口进行动态管理，筑牢防返贫和新致贫防线。

四个强化提升本领。乡村振兴是一个全新课题，没有成熟的模式可以照搬，在脱贫攻坚战中暴露出的本领不足问题必须补齐提升。一是强化基层基础，提升政治领导本领。几年来，兰考在提升基层组织力方面进行了一些实践探索：完善乡、村两级治理机制，围绕聚焦主责主业，完善乡镇（街道）运行架构，党政正职牵头，副书记主抓脱贫攻坚，其他班子成员各司其职、术业专攻；坚持抓基层、抓支部，以“支部连支部”为组织架构，开展“5+N”主题党日、“农村党员看兰考”等系列活动，结对党支部互助共建、共同发展；建立争先创优机制，“学习弘扬焦裕禄精神好干部”，脱贫攻坚、基层党建、乡风文明、美丽村庄“四面红旗村”，扶贫工作标兵，“以劳动换积分，以积分换物品”等激发干群内生动力。二是强化人才培育，提升学习本领。实现人才振兴，引进人才重要，培养人才更重要，要普遍提升学习本领，吸引培育各类人才参与脱贫攻坚和农村发展。兰考在加强乡土人才培育和吸引外出人才返乡创业的同时，在全国率先筹建了“兰考三农学院”，开发实用课程，探索开展“一懂两爱”干部培训和新时代职业农民专项培训，创建兰考乡村振兴人才培训品牌。三是强化谋划规划，提升科学发展本领。严格按照“资金跟着项目走、项目跟着规划走、规划跟着脱贫目标走、目标跟着扶持对象走”的原则，重点实施产业扶贫、基础设施、能力建设等项目，解决短板问题；要科学制订规划，强化“多规合一”理念，完善《乡村振兴战略规划》，开展精品示范村规划设计和编制实用性村庄规划，有效指导实施；要严格执行规划，坚持“先规划后建设，无规划不建设”，强化规划落实。四是强化要素激活，提升改革创新本领。用改革的思维破除体制机制障碍，以创新的举措应对遇到的新问题，整合各类要素，为最后脱贫攻坚和乡村振兴提供支撑。要提升资产运营能力，调整资产结构，盘活存量，分类管理，做好市场化经营；盘活农村资源要素，积极推进农村耕地改革、乡村建设用地改革和农村集体产权制度改革等；增强金融服务能力，鼓励金融机构开发适合乡村发展的金融产品，支持涉农银行、保险机构在乡镇（街道）设立网点，完善村级金融服务站功能。

五个衔接深入推进。一是从培育特色产业向产业兴旺推进。脱贫攻坚中的产业扶贫，解决的是没有产业、没有收益的问题，主要集中在农业，扶贫模式相对单一、产业链短、附加值较低。乡村振兴的产业发展，应着眼于优化一产，在此基础上大力发展二三产业，推动农村一二三产业融合发展。在实践中，兰考结合供给侧结构性改革，立足本地优势，招大引强、延链强链，引进了恒大、正大、光大等国内外龙头企业，培育壮大了品牌家居制造、绿色畜牧、循环经济三个特色产业体系，城乡统筹、一二三产业融合发展的产业布局基本形成。同时，健全农业社会化、电子商务进农村、农业技术服务体系，围绕“三品一标”打造名优品牌，培育一批本地知名农产品品牌，增强特色产业核心竞争力。二是从基础设施提升向生态宜居推进。脱贫攻坚中，重点是在贫困村修路搭桥、通电架网，解决的是补齐基础设施短板的问题。乡村振兴中的生态宜居则要以提升群众生活品质为重点，健全农村环境治理长效机制。实践中，兰考持续聚焦农村生活垃圾处理、生活污水治理、村容户貌整治，扎实推进农村人居环境整治行动计划，稳步推进农村厕所革命，既改善农村环境卫生，又转变农民陈旧的思想观念，群众的环境和卫生意识得到显著提升。三是从激发内生动力向乡风文明推进。乡风文明是乡村振兴在精神层面的直观表现，必须以社会主义核心价值观为引领，深入推进脱贫致富与文化小康的衔接，以乡风文明诠释乡村振兴，以新乡贤文化推动乡村文明跃升，实现城乡公共文化服务体系一体推进、一体建设。为加快乡风文明建设，兰考探索开展了“四级文明创建活动”，以“兰考文明户”评选为载体，促进群众两个文明齐头并进，引导广大人民群众争做文明人、争当文明户，推动形成乡村文明新风尚。四是从依靠各级帮扶向治理有效推进。在整个治理体系中，乡村是最基本的单元，是国家治理体系的“神经末梢”。乡村治理有效了，社会治理就有了坚实的基础，这也是乡村振兴要实现治理有效的实质意义所在。实践中，兰考围绕“健全自治、法治、德治”相结合的乡村治理体系，构建“一中心四平台”县乡治理体系，深化“一约四会”推进村民自治，实施“一警一堂一中心”建设法治乡村，农村社会既充满活力又和谐有序。五是从“两不愁三保障”向生活富裕推进。脱贫攻坚解决的是群众基本生活保障问题，生活富裕是要让群众过上更加幸福美好的生活，两者都是群众综合满意度指标体现。兰考通过产业、就业带动群众增收的同时，不断完善公共服务体系，实施农村学校“改薄”工程，新招聘的教师全部安排到乡村，新建、改建乡镇敬老院让老人养老有了好去处，对乡镇卫生院、村级卫生室进行标准化建设改造，让农村群众的生活质量得到有效提升。

后 记

2020年是脱贫攻坚决战决胜之年。党的十八大以来，以习近平同志为核心的党中央把脱贫攻坚摆在治国理政突出位置，在习近平扶贫重要论述指引下，以精准扶贫精准脱贫为基本方略，全面打响脱贫攻坚战。8年精准扶贫、5年脱贫攻坚，实现了中国历史上最好的减贫成绩，创造了人类发展史上的奇迹。如何在亲历脱贫攻坚实践的过程中，全面总结、深入思考、系统凝练蕴含在这场波澜壮阔、彪炳史册攻坚战中的理论逻辑，伟大成就背后的普适性经验，不断丰富发展中国特色减贫道路，这个问题始终萦绕在我的脑海里，伴随着我过去8年的工作生活。这或许正是尽管工作繁忙，我还是应广西人民出版社的邀约，完成了《一个不落——决战决胜脱贫攻坚的理论与实践》创作的主要原因。

本书是《新时代脱贫攻坚理论实践研究丛书》（三部曲）——《鉴往知来——十八世纪以来国际贫困与反贫困理论评述》（简称《鉴往知来》）、《一诺千金——新时代中国脱贫攻坚的理论思考》（简称《一诺千金》）之后的第三本。

《鉴往知来》主要梳理国际减贫理论的演进发展，说明中国的减贫事业是全球减贫的一部分，中国扶贫理论的发展借鉴了国际减贫理论成果，体现了中国减贫发展理论的国际性、包容性，是对外传播全球减贫中国智慧中国方案、学习领会习近平扶贫重要论述的认识基础。《一诺千金》是对习近平总书记关于扶贫工作重要论述的阐释和解读，实际上是阐述了中国脱贫攻坚是如何在习近平扶贫重要论述的指引下进行顶层设计的，展示脱贫攻坚制度政策体系的科学理论基础。这本书选取了不同层级实施精准扶贫精准脱贫的案例，展现了习近平扶贫重要论述的科学性和指导性。

本书《一个不落》共分九章。第一章“世界奇迹”，总结了中国减贫战略演进和脱贫攻坚的历史意义，分析了脱贫攻坚的世界贡献。第二章“指导思想”，阐述了中国扶贫理论形成发展和习近平扶贫重要论述理论体系，深入解读了新时代脱贫攻坚的科学指南——习近平扶贫重要论述。第三章“制度优势”，由三节组成，分别是抓党建促脱贫攻坚的理论与实践、脱贫攻坚彰显制度优势、脱贫攻坚彰显治理能力。第四章“基本方略”，在梳理习近平精准扶贫论述形成发展的基础上，阐述了习近平精准扶贫方略的丰富内涵，从多个维度阐释了习近平精准扶贫方略的生动实践。第五章“精准扶贫”，系统分析了资金投入与管理、精准扶贫工作机制、精准扶贫成效考核评估、精准攻克深度贫困等重点工作的做法及成效。第六章“社会动员”，重点总结了政府如何主导、市场如何参与、社会扶贫如何加强、消费扶贫如何创新等方面的成果。第七章“内生动力”，在学习领会习近平关于扶贫同扶志、扶智相结合的重要论述的基础上，总结分析了十项激发内生脱贫动力的典型路径。第八章“决战决胜”，客观分析了全面认识决战决胜面临的前沿问题、决战决胜脱贫攻坚形势任务和困难挑战，阐述了如何精准发力综合施策决战决胜的建议。第九章“前景展望”，包括巩固拓展脱贫成果，建立防止返贫监测和帮扶机制，持续促进全面脱贫与乡村振兴有效衔接三个方面的论述。

本书《一个不落》重在理论与实践结合，立体呈现在习近平扶贫重要论述指引下，围绕打赢脱贫攻坚战做到“一个不落”作出的决策部署，各地各部门贯彻落实相关政策措施所取得的成效及积累的宝贵经验，并用典型案例展现习近平扶贫重要论述如何落地生效。这是一本通俗理论读物，可供各级参与脱贫攻坚工作的干部、减贫发展研究领域的专家学者、关心中国扶贫工作的国内外读者学习研究习近平扶贫重要论述，更准确了解中国扶贫工作使用。

在本书出版之际，衷心感谢始终支持我在工作中研究、在研究中工作的亲朋好友和领导、同事们，真诚感谢广西人民出版社温六零社长、韦鸿学副社长和周莉主任对本书出版予以的支持和付出！

黄承伟

2020 年 11 月 30 日